Scott Kelby

iPOD – DAS BUCH

iPod Classic, iPod nano, iPod shuffle, iPod touch
und iTunes 8 für Mac und Windows

Bibliografische Information der Deutschen Nationalbibliothek
Die Deutsche Nationalbibliothek verzeichnet diese Publikation in der Deutschen Nationalbibliografie;
detaillierte bibliografische Daten sind im Internet über http://dnb.d-nb.de abrufbar.

Die Informationen in diesem Produkt werden ohne Rücksicht auf einen eventuellen Patentschutz
veröffentlicht. Warennamen werden ohne Gewährleistung der freien Verwendbarkeit benutzt.
Bei der Zusammenstellung von Texten und Abbildungen wurde mit größter Sorgfalt vorgegangen.
Trotzdem können Fehler nicht ausgeschlossen werden. Verlag, Herausgeber und Autoren können
für fehlerhafte Angaben und deren Folgen weder eine juristische Verantwortung noch irgendeine
Haftung übernehmen. Für Verbesserungsvorschläge und Hinweise auf Fehler sind Verlag und
Autor dankbar.

Fast alle Produktbezeichnungen und weitere Stichworte und sonstige Angaben, die in diesem Buch
verwendet werden, sind als eingetragene Marken geschützt. Da es nicht möglich ist, in allen Fällen
zeitnah zu ermitteln, ob ein Markenschutz besteht, wird das ®-Symbol in diesem Buch nicht
verwendet.

Umwelthinweis:
Dieses Buch wurde auf chlorfrei gebleichtem Papier gedruckt.

Authorized translation from the English language edition, entitled The iPod Book, 5th Edition,
978-0-321-56935-6 by Scott Kelby; published by Pearson Education, Inc, publishing as Peachpit Press,
Copyright © 2009

GERMAN language edition by PEARSON EDUCATION DEUTSCHLAND GmbH, Copyright © 2009

Autorisierte Übersetzung der englischsprachigen Originalausgabe mit dem Titel »The iPod Book«
von Scott Kelby, 5. Ausgabe, ISBN 978-0-321-56935-6, erschienen bei Peachpit Press, ein Imprint
von Pearson Education Inc.; Copyright © 2009

© der deutschen Ausgabe 2009 Addison-Wesley Verlag,
ein Imprint der PEARSON EDUCATION DEUTSCHLAND GmbH,
Martin-Kollar-Str. 10–12, 81829 München/Germany
Alle Rechte vorbehalten

10 9 8 7 6 5 4 3 2 1

11 10 09

ISBN: 978-3-8273-2779-6

Übersetzung: Kathrin Lichtenberg, Ilmenau
Fachlektorat: Claudia Koch, Ilmenau
Lektorat: Sylvia Hasselbach, shasselbach@pearson.de
Satz: text&form GbR, Fürstenfeldbruck
Korrektorat: Petra Kienle, Fürstenfeldbruck
Herstellung: Claudia Bäurle, cbaeurle@pearson.de
Einbandgestaltung: Marco Lindenbeck, webwo GmbH, mlindenbeck@webwo.de
Druck und Verarbeitung: Firmengruppe APPL, aprinta druck, Wemding
Printed in Germany

For my precious angel,
Kira Nicole Kelby.
The best things come
in little packages.

Über die Autoren

Scott Kelby

Scott Kelby ist Fotograf, Designer und preisgekrönter Autor von mehr als 50 Büchern. In den letzten Jahren war er in allen Kategorien der Nummer-1-Bestseller-Autor für Computerbücher. Zu seinen aktuellen Büchern gehören *Das iPhone-Buch, Digitale Fotografie (Band 1 & 2)*, *Photoshop für digitale Fotografie* und *Lightroom 2 für digitale Fotografie*. Scott hat einige Macintosh-Bestseller verfasst, wie etwa *Mac OS X Killer Tips, The Mac OS X Leopard Book* und das ausgezeichnete Buch *Macintosh: The Naked Truth* von New Riders und Peachpit Press. Seine Bücher wurden in Dutzende verschiedener Sprachen übersetzt, unter anderem Russisch, Chinesisch, Französisch, Deutsch, Spanisch, Koreanisch, Griechisch, Türkisch, Japanisch, Holländisch und Taiwanisch. Scott ist Chefredakteur und Herausgeber des *Photoshop User*-Magazins sowie des *Layers*-Magazins. Er ist Präsident und Mitbegründer der National Association of Photoshop Professionals (NAPP), des Fachverbands für Adobe® Photoshop®-Benutzer und Präsident der Kelby Media Group (Software, Training, Publishing). Scott ist Training Director für die Adobe Photoshop Seminar Tour, Conference Technical Chair für die Photoshop World Conference & Expo und Redner auf Fachkonferenzen auf der ganzen Welt. Er hat außerdem an einer Reihe von Adobe Photoshop-Trainings-DVDs und Online-Kursen mitgearbeitet und führt seit 1993 Workshops zu technischen Themen durch. Mehr über Scott erfahren Sie in seinem Blog »The Photoshop® Insider« unter www.scottkelby.com.

Terry White

Koautor Terry White ist Autor von *Secrets of Adobe Bridge* von Adobe Press sowie Koautor von *Das iPhone-Buch* und *InDesign CS/CS2 Killer Tips* von New Riders. Terry ist Direktor der North America Creative Pro Technical Sales von Adobe Systems, Inc. Er ist schon seit mehr als zehn Jahren bei Adobe, wo er ein Team von Entwicklern und Spezialisten leitet, das sich mit professionellem Publishing, Web-Authoring und digitalem Video/Audio befasst. Terry ist sowohl Adobe Certified Expert als auch Creative Suite Master. Er ist seit mehr als 20 Jahren im Geschäft und hat die größte Mac-Benutzergruppe Michigans, MacGroup-Detroit, gegründet, deren Präsident er auch ist. Er schreibt für das *Layers*-Magazin und für das *X-Ology Magazine*. Terry bietet den *Adobe Creative Suite Video Podcast* an, ist Autor von *Terry White's Tech Blog* (http://terrywhite.com/techblog) und tritt oft bei wichtigen Konferenzen auf der ganzen Welt auf.

www.kelbytraining.com

Inhaltsverzeichnis

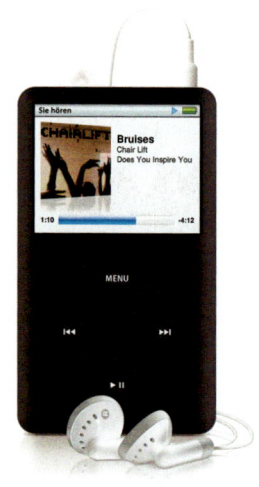

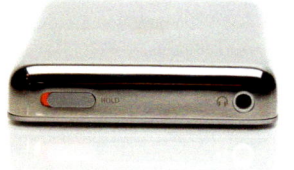

Inhaltsverzeichnis

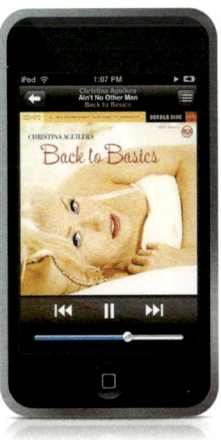

Inhaltsverzeichnis

Kapitel 8   **185**

Home Sweet Home
iTunes-Grundlagen

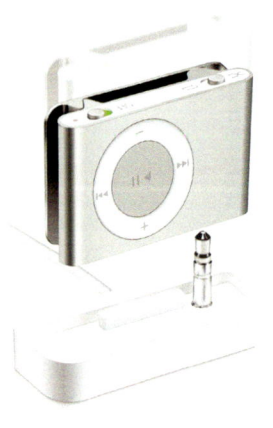

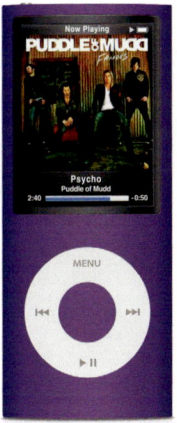

Inhaltsverzeichnis

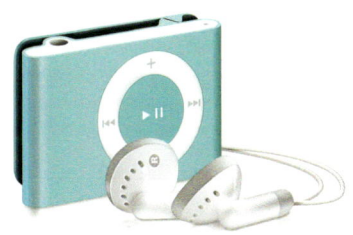
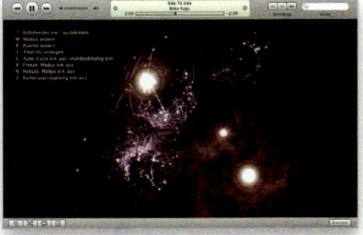

Sieben Dinge, die Sie wissen sollten (bevor Sie das Buch lesen)

1. Lesen Sie nicht Kapitel 1

Kapitel 1 ist nicht für Sie gedacht. Wenn Sie Ihren iPod bekommen, ist er im Prinzip nur ein Klotz. Er kann gar nichts, weil sich auf ihm weder Musiktitel noch Videos befinden. Nicht einer. Um den iPod wirklich benutzen zu können, müssen Sie Musik importieren, Wiedergabelisten anlegen, alles Mögliche lernen usw. Es gibt allerdings Leute (nicht Sie, natürlich), denen das egal ist und die einfach nur ein Lied hören wollen, ein Lied, aber sofort. Nun, dafür ist Kapitel 1 gedacht – es zeigt diesen Leuten (»ihnen«) nichts weiter, als schnell einen Titel auf den iPod zu laden und abzuspielen. Solange Sie also nicht zu »ihnen« gehören, können Sie gleich mit Kapitel 2 beginnen und Kapitel 1 einfach überspringen. Möglicherweise kennen Sie ja solche Kapitel-1-Leute. Wenn Sie ihnen dieses Buch borgen, dann sagen Sie ihnen, dass sie nur Kapitel 1 lesen müssen. Sie werden es Ihnen danken.

2. Wie Sie dieses Buch benutzen (das geht anders, als Sie glauben)

Ich habe dieses Buch so aufgebaut, dass Sie überall einsteigen können. Jede Seite in diesem Buch zeigt Ihnen eine einzige wichtige Sache. Ein Thema. Eine Idee. Eine Funktion. Falls Sie z.B. wollen, dass Ihr iPod automatisch die Lautstärke zwischen Titeln ausgleicht, dann blättern Sie auf Seite 60 und ich zeige Ihnen Schritt für Schritt, wie Sie genau das hinkriegen. Kein großes Palaver über Aufnahmetechniken oder Raumakustik – einfach nur Lautstärke anpassen. Ich habe den technischen Kram weggelassen und zeige Ihnen alles so, wie ich es einem Freund zeigen würde.

Wenn Sie also etwas Bestimmtes über Ihren iPod lernen wollen, dann suchen Sie dieses Thema im Inhaltsverzeichnis, blättern auf diese Seite und finden in Sekundenschnelle die gesuchten Antworten.

3. Das Buch ist absolut logisch aufgebaut. Quasi.

Das Buch sollte folgenden Aufbau haben: (1) zwei Seiten über das Laden Ihres iPods, (2) ungefähr 100 Seiten über das Benutzen von iTunes und dem iTunes Store, inklusive des Imports, Erwerbs und der Übertragung von Musiktiteln auf Ihren iPod, und schließlich (3) wie Sie die Funktionen Ihres iPods benutzen (schließlich müssen Sie den Kram auf den iPod bekommen, bevor Sie ihn benutzen können, oder?). Das wäre eine ideale Möglichkeit, das Buch zu strukturieren, aber ich habe es anders gemacht. Wenn Leute nämlich ein Buch über den iPod kaufen, dann wollen sie das Buch aufschlagen und gleich viel über den iPod erfahren. Deshalb habe ich es auch so gemacht, aber das funktioniert im Großen und Ganzen auch ganz gut, weil man das Buch nicht wie einen Roman von vorn bis hinten durchlesen soll – stattdessen suchen Sie sich die Seite, auf der das steht, was Sie interessiert, und lesen es sich durch. Lassen Sie sich also vom Aufbau des Buchs und der Reihenfolge der Themen nicht beeindrucken – springen Sie herum, lesen Sie das, was Sie wollen, und ignorieren Sie alles, was Sie nicht interessiert. So ein Buch ist das!

4. Ist dieses Buch für Windows- oder für Mac-Benutzer gedacht?

Für beide. Der iPod und iTunes sind auf dem Mac und unter Windows identisch. Allerdings lernen Sie in den Kapiteln über iTunes einige Tastenkürzel kennen und da die Tastaturen von Mac und PC sich ein wenig unterscheiden, gebe ich die Kürzel in beiden Varianten an.

5. Wie sieht es aus, wenn ich einen iPod touch oder einen Nano oder einen shuffle habe?

Der iTunes-Kram gilt im Prinzip überall – unabhängig von der Art des iPod, den Sie besitzen. Da allerdings der iPod touch andere Bedienelemente und Funktionen aufweist, habe ich ihm ein eigenes Kapitel gewidmet (Kapitel 7). Die Bedienelemente des iPod nano sind fast identisch mit denen des iPod Classic und werden deshalb im gleichen Kapitel behandelt (auf Unterschiede habe ich natürlich hingewiesen). Es gibt außerdem ein eigenes Kapitel für den iPod shuffle (Kapitel 9). Sehen Sie, immer wenn Sie denken, ich sage hü – sage ich hott. Keine Ahnung, was das heißt.

6. Die Kapiteleinleitungen sind … nun … anders.

Die erste Seite eines Kapitels soll Ihnen eine kurze mentale Verschnaufpause bieten und hat, ehrlich gesagt, nicht viel mit dem Kapitel zu tun. Sie hat eigentlich nicht viel mit irgendetwas zu tun. Es ist sozusagen eine Art Tradition, dass ich diese seltsamen Kapiteleinleitungen schreibe (ich mache das leider in allen meinen Büchern), aber wenn Sie zu den eher ernsthaften Typen gehören, dann würde ich die Seite an Ihrer Stelle überblättern, weil sie Ihnen bestimmt auf die Nerven geht.

7. Die überaus wichtige »siebte Sache«

Okay, eigentlich gibt es keine siebte Sache, aber »sechs Dinge, die Sie wissen sollten« klingt irgendwie blöd. Ich habe darüber nachgedacht, ob ich als siebte Sache eine kurze motivierende Rede halten sollte, um Ihnen die Reise in den Lernprozess zu erleichtern, den Sie jetzt vor sich haben, aber dann habe ich gemerkt, dass ich einfach keine Lust auf so einen Quatsch verspüre. Deshalb bin ich … na ja, wissen Sie … einfach gegangen und habe ein ausführliches Nickerchen gehalten. He, aber ich bin wirklich eingeschlafen, deshalb, tja, hat es sich gelohnt. Aber ernsthaft, ich hoffe, Ihnen gefällt dieses Buch und Sie steigen wirklich in die coolen Dinge ein, die Sie mit Ihrem iPod, iTunes und dem iTunes Store anstellen können. Es gibt mehr zu erfahren, als Sie glauben – und das ist gut so. Legen Sie also los. Viel Spaß!

Kapitel 1

I Can't Help Myself

Für Leute, die sofort ein Lied spielen müssen

⏩ Okay, nur damit Sie es wissen – Sie müssen dieses Kapitel NICHT lesen. Dieses Kapitel ist nur für Leute gedacht, die eigentlich keine Lust haben, die Benutzung ihres iPod oder von iTunes zu lernen oder sich mit dem ganzen Vorgang des »Ripping, Mixing, Burning« (wie Apple es einst genannt hat) zu befassen. Dieses Kapitel ist für einfache Leute, die einfach nur ein Lied spielen wollen, wirklich nur ein Lied, jetzt gleich. Diese Leute haben den verzögerten Befriedigungsquotienten einer mongolischen Wüstenrennmaus, weshalb sie sich nicht um die »richtige Methode« oder die »beste Methode« kümmern – sie wollen einfach nur gleich ein Lied spielen, egal was. Deshalb habe ich als Titel dieses Kapitels den Four Tops-Hit »I Can't Help Myself« gewählt. Wenn dieses Lied erwähnt wird, steht in Klammern meist dahinter »Sugar Pie, Honey Bunch«. Sie werden jetzt sagen, »Oh, na klar, dieser Song«, es gibt nämlich ungefähr 20 Lieder namens »I Can't Help Myself«. Ich halte es mit der Version der Four Tops, da ich stramm auf die 100 zugehe. Alle Lieder, die ich kenne, wurden bereits vor Ihrer Geburt geschrieben. Aber das ist mir egal – Sie sollten nicht hier sein. Sie sollten bei Kapitel 2 anfangen (wie ich in der Einführung zu diesem Buch deutlich gesagt habe) und Sie wissen das verflixt nochmal ganz gut. Wenn Sie also hier herumlungern, dann müssen Sie eben das nehmen, was es hier gibt – alte, abgedroschene Musik von einem schrulligen alten Kerl. Ernsthaft Leute, es stimmt – gehen Sie zu Kapitel 2 und machen Sie es richtig. Es ist nicht zu spät, Ihr Leben zu ordnen, und das beginnt mit dem Treffen der richtigen Entscheidungen. Schneiden Sie sich zum Beispiel die Haare. Wie wollen Sie mit dieser Frisur einen anständigen Job bekommen? Und nehmen Sie diese Hippie-Perlen weg. Außerdem reicht es jetzt mit den Peace-Zeichen und diesem ganzen »Flower Power«-Kram…

Lesen Sie dies, bevor Sie IRGENDETWAS ANDERES lesen!

WARNUNG: Denken Sie daran, lesen Sie dieses erste Kapitel nur, falls Sie Ihren ersten iPod gerade gekauft haben und jetzt so aufgeregt sind, dass Sie auf der Stelle ein Lied laden und abspielen wollen. Beginnen Sie ansonsten bei Kapitel 2. Ist das, was Sie in diesem kurzen Kapitel gelernt haben, die empfohlene Vorgehensweise? Nein. Idealerweise laden Sie Ihren iPod, während Sie in iTunes arbeiten (das ist das frei herunterladbare Programm, mit dem Sie Ihre Musik organisieren und auf Ihren iPod übertragen können). Sie importieren Lieder von CDs, laden sie aus dem iTunes Store herunter und legen dann Ihre eigenen Wiedergabelisten an (Sie werden feststellen, dass dieses Organisieren und Sortieren einen Großteil des Reizes am Besitz eines iPod ausmacht). Sobald alles in eigene Wiedergabelisten aufgeteilt und bereit ist, während der drei Stunden, die es dauert, Ihren iPod zu laden, übertragen Sie alle Lieder auf das Gerät. Dann können Sie mit dem coolen Kram auf Ihrem iPod herumspielen. Falls Sie jedoch dieses Kapitel lesen, können Sie keine drei Stunden warten. Sie wollen sofort ein Lied auf Ihrem iPod hören (aber da gibt es noch keins, Sie müssen erst eins hinlegen). Nun, in diesem Kapitel wird Ihnen gezeigt, wie Sie ein Lied auf Ihren iPod laden, damit Sie herumlaufen und Ihr *Lied* hören können. Zum Glück wird niemand mitbekommen, dass Sie sich nur *ein* Lied anhören, und Sie werden ungefähr so cool aussehen, als hätten Sie alles »richtig« gemacht. Tut es irgendjemandem weh, wenn Sie einen Song herunterladen und anhören? Nein. Wieso also nicht? Genau mein Rede – fangen wir an.

Laden Sie Ihren iPod noch nicht

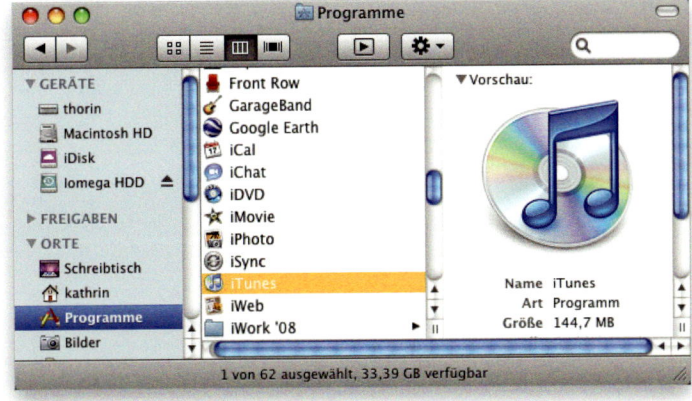

Da es in diesem Kapitel nur darum geht, auf der Stelle ein Lied abzuspielen, können Sie das Laden Ihres iPod im Moment wahrscheinlich überspringen, da iPods normalerweise mit ausreichend Akkuladung ausgeliefert werden, um sie einzuschalten und ein paar Lieder abzuspielen. Das Problem ist: iPods werden ohne Lieder verkauft (nun, es gab zwar einmal einen iPod, bei dem das nicht so war – der Special Edition U2 iPod vor einigen Jahren hatte alle U2-Songs auf seiner Festplatte –, aber ich schätze, dass Sie diesen iPod nicht haben). Um also Lieder von Ihrem Computer auf Ihren iPod zu bekommen, benutzen Sie Apples kostenlose iTunes-Software (für Mac oder PC). Falls Sie einen Mac haben, dann ist iTunes auf allen Macs, die in den letzten sechs oder sieben Jahren gebaut wurden, bereits vorinstalliert (werfen Sie einfach einen Blick in das Dock; falls das iTunes-Icon dort nicht zu sehen ist [es handelt sich um eine CD mit Noten darauf], dann finden Sie es im Programme-Ordner). Haben Sie iTunes aus irgendeinem Grund gelöscht, dann laden Sie die neueste Version kostenlos von Apple.com/de/itunes herunter. Keine Sorge, wenn Sie einen PC haben; auch Sie kommen kostenlos in den Genuss von iTunes. Holen Sie es sich von derselben Stelle. Lassen Sie das Laden also einstweilen sein und starten Sie stattdessen iTunes (oder laden Sie es sich zunächst herunter und installieren Sie es. Schon sind Sie bereit, mit Ihrem ersten Lied zu beginnen.

Ihr Lied aussuchen

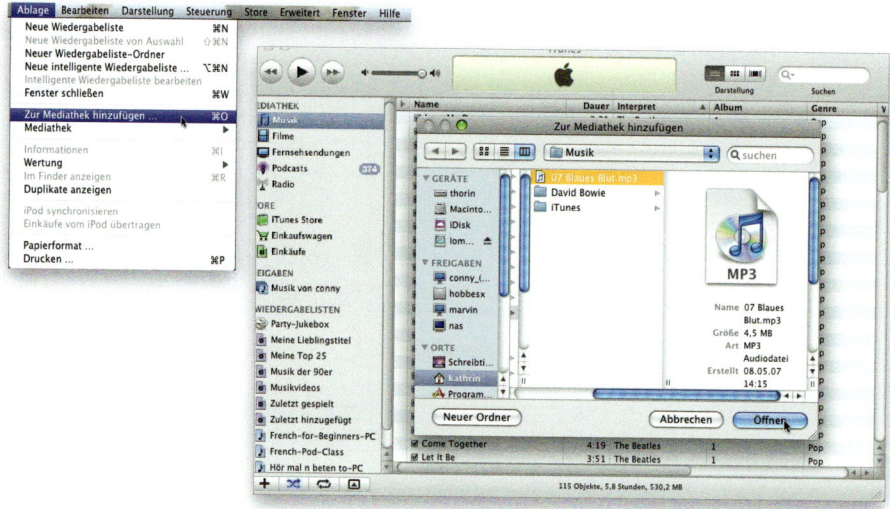

Okay, Sie haben also iTunes installiert – was nun? Tja, Ihr Lied kann von drei Stellen kommen: (1) Sie haben bereits ein Lied auf Ihrem Computer, (2) Sie importieren ein Lied von einer Musik-CD oder (3) Sie kaufen einen Titel im iTunes Music Store (darauf kommen wir später ausführlich zurück). Im Moment (nur für diesen Augenblick, in dem wir versuchen, so schnell wie möglich ein Lied abzuspielen) befassen wir uns nur mit den Möglichkeiten (1) und (2). Wir beginnen mit (1): Wenn sich auf der Festplatte Ihres Computers bereits ein MP3-Titel befindet, dann gehen Sie in das Ablage-Menü von iTunes und wählen Zur Mediathek hinzufügen. Navigieren Sie anschließend an die Stelle, an der sich auf Ihrer Festplatte die gesuchte MP3-Datei befindet, und klicken Sie auf den Öffnen-Button. Das Lied wird nun nach iTunes importiert und sollte in Ihrer Musikliste auftauchen. Das war ganz einfach. Was jedoch, wenn Sie auf Ihrem Computer kein Lied haben? Nun, das ist der nächste Schritt.

Was tun, wenn auf Ihrem Computer (noch) kein Lied ist?

Falls sich auf Ihrem Computer kein MP3-Titel befindet, dann greifen Sie sich eine normale Musik-CD und legen diese in das CD-ROM-Laufwerk Ihres Rechners. Die Lieder auf Ihrer CD erscheinen daraufhin in iTunes (sie werden möglicherweise als Titel01, Titel02 angezeigt, aber wenn Sie währenddessen mit dem Internet verbunden sind, dann werden die Titelnamen wahrscheinlich automatisch für Sie ermittelt – mehr dazu später). Außerdem wird ein Dialog angezeigt, in dem Sie gefragt werden, ob Sie die CD importieren wollen. Klicken Sie jetzt erst einmal auf NEIN. Welches Lied nehmen Sie nun also? Falls die Titelnamen aus dem Internet importiert wurden, dann ist es leicht – wählen Sie einfach das Lied, das Sie immer und immer und immer wieder anhören können. Falls Sie jedoch nur Titel01, Titel02 usw. sehen, dann doppelklicken Sie einfach direkt auf irgendein Lied. Auf diese Weise können Sie sich jedes Lied anhören und sich schließlich für eines entscheiden. Sehen Sie all die kleinen Checkboxen links neben den Titeln? Jedes Lied, das Sie so markieren, wird in iTunes importiert, aber Sie wollen ja nur einen Titel haben, oder? Klicken Sie mit gedrückter ⌘-Taste (PC: Strg-Taste) auf die Checkbox links neben dem Lied. Damit werden die Häkchen bei allen Liedern entfernt. Klicken Sie jetzt auf die leere Checkbox, um wieder ein Häkchen zu setzen und dieses Lied für den Import auszuwählen. Anschließend klicken Sie auf den Button CD IMPORTIEREN in der unteren rechten Ecke des iTunes-Fensters. Dieses Lied wird nun nach iTunes importiert. Sie haben es fast geschafft.

Den iPod an Ihren Computer anschließen

Sie haben nun ein Lied nach iTunes importiert (entweder von Ihrer Festplatte oder von einer Musik-CD) und können es nun von iTunes auf Ihren iPod kopieren. Dazu schließen Sie Ihren iPod mit dem USB-Verbindungskabel, das dem iPod beigelegt war, an Ihren Computer an (falls Sie einen iPod shuffle haben, sehen USB-Kabel und -Stecker ein wenig anders aus). Das kleinere Ende wird an einen der USB-Ports an Ihrem Computer angeschlossen, der breitere, flachere Stecker kommt an das untere Ende des iPods. Dieser einfache Vorgang – der Anschluss des Kabels – startet iTunes (falls es noch nicht geöffnet ist) und überträgt automatisch das Lied auf den iPod. (Man bezeichnet diese Aktion als »Synchronisieren«, weil in iTunes und auf Ihrem iPod nun das gleiche Zeug zu finden ist. Sie sind synchron.) Das war's – das Lied ist auf Ihrem iPod. Gleich kann es losgehen.

---

iTipp: Falls Sie ein Firewire-Kabel haben

Falls Sie einen älteren iPod haben, dann wurde wahrscheinlich anstelle eines USB-Kabels ein FireWire-Kabel mitgeliefert (auf dem PC IEEE 1394-Kabel genannt). Das Synchronisieren funktioniert genauso, Sie schließen allerdings den kleineren Stecker an den FireWire-Port (oder IEEE 1394-Port) und nicht an den USB-Port an.

Von Ihrem Computer trennen

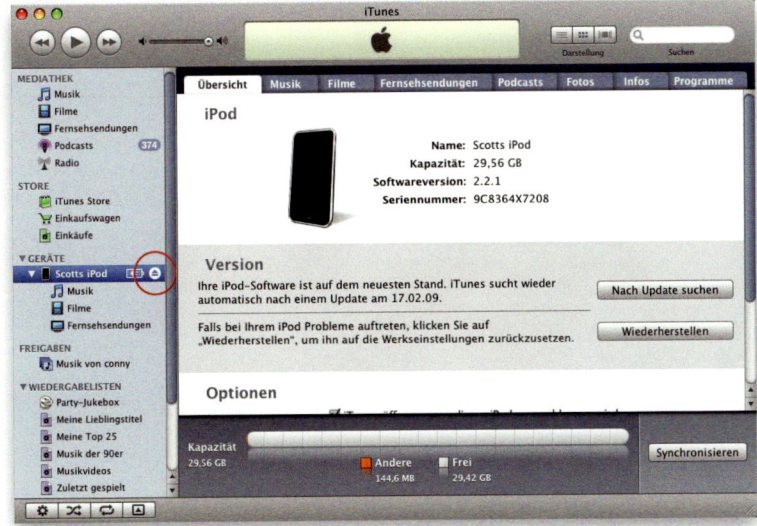

Während die Synchronisation läuft, steht auf Ihrem iPod etwas wie »Synchronisieren…«, die drei Punkte bedeuten so viel wie »Finger weg, bitte nicht trennen«. Wenn das Synchronisieren beendet ist, sehen Sie zuerst für einige Augenblicke »Auswerfen: Sie können die Verbindung jetzt trennen« und dann »Verbindung kann getrennt werden« mit einer Statusleiste, anschließend erscheint das Hauptmenü des iPod. Sie können sich den Verlauf der Synchronisierung auch im oberen Teil des iTunes-Fensters anschauen. Wenn das Synchronisieren beendet ist, steht dort »iPod-Sync abgeschlossen« und Ihr Lied befindet sich nun auf dem iPod. Jetzt können Sie den iPod auswerfen, indem Sie auf das kleine Auswerfen-Icon klicken, das rechts neben dem Namen des iPods in der Geräteliste auf der linken Seite des iTunes-Fensters erscheint.

Hinweis: Ein älterer iPod (wie der ursprüngliche iPod nano oder ein anderes älteres Modell) zeigt ebenfalls das Hauptmenü, wenn das Synchronisieren beendet wurde, könnte aber stattdessen auch einen großen Haken und die Worte »OK zum Trennen« auf dem LCD-Display des iPods zeigen. Wenn eine dieser Meldungen auf der Anzeige Ihres iPods auftaucht, dann können Sie das Kabel vom iPod und vom Computer abziehen, weil das Lied auf dem iPod angekommen ist.

Die Kopfhörer anschließen

TERRY WHITE

Um sich Ihr Lied anzuhören, müssen Sie die Kopfhörer (die sogenannten »Ohrstöpsel«) anschließen, die mit Ihrem iPod geliefert wurden. Sie stecken diese Ohrstöpsel direkt an den Kopfhörereingang entweder oben an Ihrem iPod oder unten an Ihrem iPod nano. Schließen Sie sie einfach an und stopfen Sie sich dann die Ohrstöpsel ins Ohr (ich hätte diesen ganzen »stecken Sie es sich ins Ohr«-Teil wahrscheinlich auch weglassen können, oder?).

Ihren iPod aufwecken und ein Lied abspielen

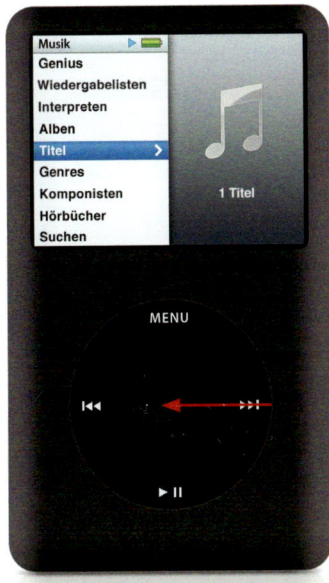

Bis Sie Ihren iPod von Ihrem Computer getrennt, Ihre Ohrstöpsel gefunden und diese angeschlossen haben, ist Ihr iPod möglicherweise schlafen, d.h. in den Ruhezustand, gegangen (um
die Batterie zu schonen, was an dieser Stelle wichtig ist, da Sie sie noch nicht geladen haben). Um
ihn aufzuwecken, drücken Sie auf den Knopf in der Mitte Ihres iPod (Sie können in Wirklichkeit
jeden Knopf drücken, aber er ist der größte, Sie werden ihn deshalb wohl nicht verfehlen) oder
auf den Home-Knopf auf Ihrem iPod touch. Zu Anfang befinden Sie sich im Hauptmenü. Um also
Ihr Lied zu finden, lassen Sie Ihren Finger vorsichtig im Uhrzeigersinn über das sogenannte Click-
Wheel, das große Einstellrad auf der Vorderseite des iPod, gleiten. Sie werden sehen, wie beim
Bewegen des Fingers die verschiedenen Einträge des Menüs hervorgehoben werden. Halten Sie
bei Musik an (Musik sollte im Hauptmenü schon markiert gewesen sein) und drücken Sie die in
der Mitte gelegene Auswahltaste. Wenn das Musik-Menü erscheint, wählen Sie mit Hilfe des Click-
Wheel den Eintrag Titel und drücken noch einmal die Auswahltaste. Jetzt sehen Sie es – Ihr Lied.
Drücken Sie entweder die Auswahltaste in der Mitte des Click-Wheel oder die Start-/Pause-Taste
direkt darunter. Genießen Sie Ihr Lied von Ihrem iPod.

Pause, anhalten, noch einmal hören

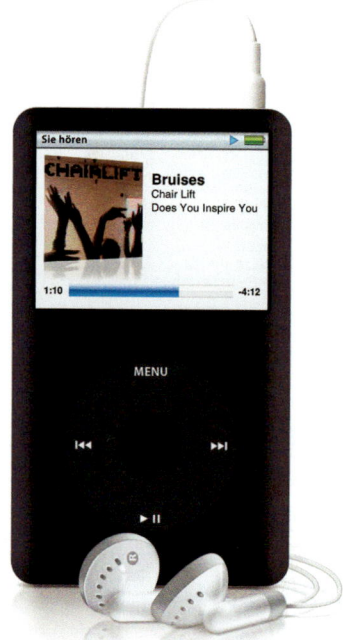

Um Ihr Lied anzuhalten, drücken Sie erneut die Start-/Pause-Taste. Um das Lied weiter abzuspielen, drücken Sie noch einmal diese Taste (um genau zu sein, benutzen Sie dieselbe Taste, um ein Lied abzuspielen und anzuhalten. Okay, technisch gesehen stoppen Sie das Lied nicht, sondern Sie legen eine »Pause« ein, aber Sie verstehen schon …). Sie wollen ans Ende des Lieds springen? Drücken und halten Sie die Taste NÄCHSTER TITEL/VORSPULEN (auf der rechten Seite). Sie wollen das Ganze noch einmal hören? Drücken Sie die Taste VORHERIGER TITEL/ZURÜCKSPULEN, wenn das Lied vorbei ist. Es ist ein Teufelskreis.

Sie haben es geschafft!

TERRY WHITE

Das war's. Sie haben ein Lied nach iTunes importiert, dieses Lied auf Ihren iPod übertragen und es (wahrscheinlich mehrmals) über Ihre Kopfhörer abgespielt. Das Leben ist schön. Sie haben jedoch nur an der Oberfläche dessen gekratzt, was die ganze iPod-Erfahrung ausmacht, und davon handelt der Rest dieses Buchs – er soll Ihnen die ganzen coolen Sachen zeigen, die den iPod zu einem so tollen Gerät machen (Musikabspielgerät, Videoplayer, Fotoanzeige, Spielekonsole, cooles Schnickenpfiffi usw.) und die Musikwelt für immer geändert haben. Nachdem Sie mit dem »Ich-muss-sofort-und-auf-der-Stelle-ein-Lied-abspielen«-Ding durch sind, wird es Zeit, »es richtig zu machen«. Blättern Sie also um und fangen Sie an.

Kapitel 2
The Outsiders
Wie der Kram außen auf Ihrem iPod funktioniert

⏩ Ich bin ehrlich gesagt von dem Wort »Kram« im Untertitel dieses Kapitels nicht begeistert. Da es aber kein allumfassendes Wort gibt, um die ganzen Tasten, Regler, Räder und Eingaben auf der Außenseite Ihres iPod zu beschreiben, ist das Wort »Kram« wohl doch ganz passend. Okay, was ist mit dem Titel »The Outsiders«? Nun, damit soll der Band gleichen Namens aus den 60ern Tribut gezollt werden, die mit dem Lied »Time Won't Let Me« einen Riesen-Hit gelandet hat. Angesichts der Tatsache, dass es in diesem Kapitel darum gehen soll, wie der ganze »Kram« auf der Außenseite Ihres iPod benutzt wird, ist das kein ganz schlechter Name. Wie ich auf diesen Namen gekommen bin? Es ist genial, wirklich, aber um zu verstehen, wie es dazu kam (und um den eigentlichen Moment nicht zu verpassen), müssen Sie die Einleitung zu Kapitel 3 lesen. Richtig, Sie müssen die Einleitung eines weiteren Kapitels lesen, obwohl Sie wahrscheinlich schon gemerkt haben, dass diese Kapiteleinleitungen weniger mit dem zu tun haben, was in dem eigentlichen Kapitel geschieht, und mehr damit, wie spät es war, als ich diese Einleitungen geschrieben habe, und wie viele Gläser Wein ich vorher getrunken habe. Gut, die letzte Zeile soll mich eigentlich nur wie einen mondänen Schriftsteller klingen lassen, der Wein schlürft, feine Zigarren schmaucht und beim Flackern eines Kaminfeuers tippt. Eine sehr romantische Version der Wahrheit, die eher so aussieht: Es ist Samstagabend, 21:14 Uhr, ich sitze am Küchentisch mit einer halb aufgegessenen Pizza vom Lieferservice und einer leeren Flasche koffeinfreier Diätcola. Sehen Sie, ich hätte bei der Weingeschichte bleiben sollen.

Wo iTunes ins Spiel kommt

Das Programm, das Ihre Lieder, Filme, Fernsehsendungen, Podcasts und Fotos von Ihrem Computer auf den iPod kopiert, ist Apples iTunes (für Windows-PCs und Macintosh-Computer). iTunes ist auf jedem Mac, der seit 2001 gebaut wurde, vorinstalliert (falls Sie es nicht finden, schauen Sie in den Programme-Ordner), die Windows-Version kann kostenlos von Apple heruntergeladen werden. iTunes kann aber noch mehr – es ist Ihre Unterhaltungszentrale, mit deren Hilfe Sie Musik und Videos verwalten und direkt auf dem Computer abspielen können. Der ganze Vorgang macht unheimlich viel Spaß – das Organisieren Ihrer Musik in Wiedergabelisten mit Ihren Lieblingsbands oder -musikstilen, das Anschauen von Videos auf Ihrem Computer oder der Online-Einkauf von Musik und Videos im iTunes Store (das ist der beliebteste Online-Plattenladen der Welt). Ein wesentlicher Teil dieses Buchs widmet sich deshalb den Feinheiten von iTunes, weil Sie dort nämlich eine Menge Zeit verbringen werden. iTunes hat viele treue (okay, irre) Fans, weil es zu den coolsten, tollsten Programmen zählt, die Apple jemals herausgebracht hat. Und obwohl es ziemlich einfach zu erlernen und zu bedienen ist, ist es überraschend leistungsfähig. Im Prinzip geht es so: Sie importieren Musik- und Videodateien nach iTunes (oder laden sie aus dem iTunes Store herunter) und wenn Sie Ihren iPod an Ihren Computer anschließen, wird iTunes gestartet und kopiert die Musik und die Videos, die Sie in iTunes haben, automatisch auf Ihren iPod. Das klingt ganz einfach, und das ist es auch, fangen wir also an.

Lieder von einer CD importieren

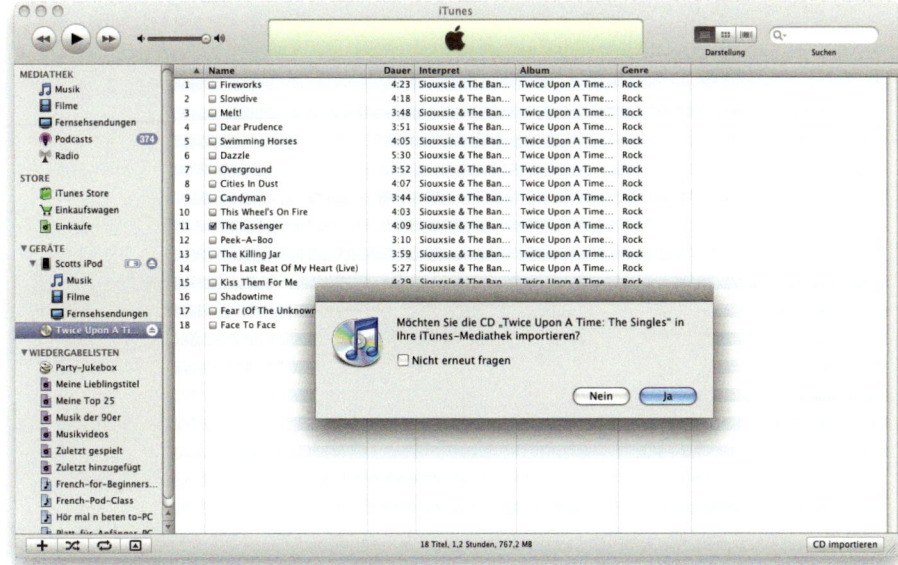

Das Importieren von Liedern von einer Musik-CD direkt nach iTunes ist ganz einfach: Starten Sie Apples iTunes und legen Sie dann eine Musik-CD in das CD-ROM-Laufwerk Ihres Computers ein. Die Lieder auf der CD erscheinen im Hauptfenster von iTunes. (Wenn es sich um eine kommerziell hergestellte CD handelt und Sie mit dem Internet verbunden sind, fügt iTunes automatisch die Titelliste hinzu. Bei einer nichtkommerziell produzierten CD – einem eigenen Mix oder der CD der Band Ihres Schwagers – werden die Lieder mit den generischen Namen »Titel 01«, »Titel 02« usw. angezeigt.) Auf jeden Fall erscheint ein Dialog, in dem Sie gefragt werden: »Möchten Sie die CD [Name der CD] in Ihre iTunes-Mediathek importieren?« Klicken Sie auf JA, werden alle Lieder von der CD auf Ihren Computer kopiert. Das war's. Falls Sie nicht alle importieren wollen, wählen Sie die gewünschten Titel aus, indem Sie die entsprechenden Checkboxen neben den einzelnen Liedern anklicken (nur Lieder mit einem Häkchen werden importiert). Falls Sie übrigens nur ein Lied importieren wollen, dann drücken und halten Sie die ⌘-Taste (PC: Strg) und klicken Sie einmal auf die Checkbox neben dem gewünschten Lied. Alle Markierungen werden entfernt. Klicken Sie nun noch einmal auf die Checkbox neben dem Lied, das Sie importieren wollen.

---

iTipp: Klicken Sie den CD importieren-Button

Falls aus irgendeinem Grund der oben erwähnte Dialog nicht erscheint, können Sie immer auf den Button CD IMPORTIEREN in der unteren rechten Ecke des iTunes-Fensters klicken.

Titel importieren, die bereits auf Ihrem Computer sind

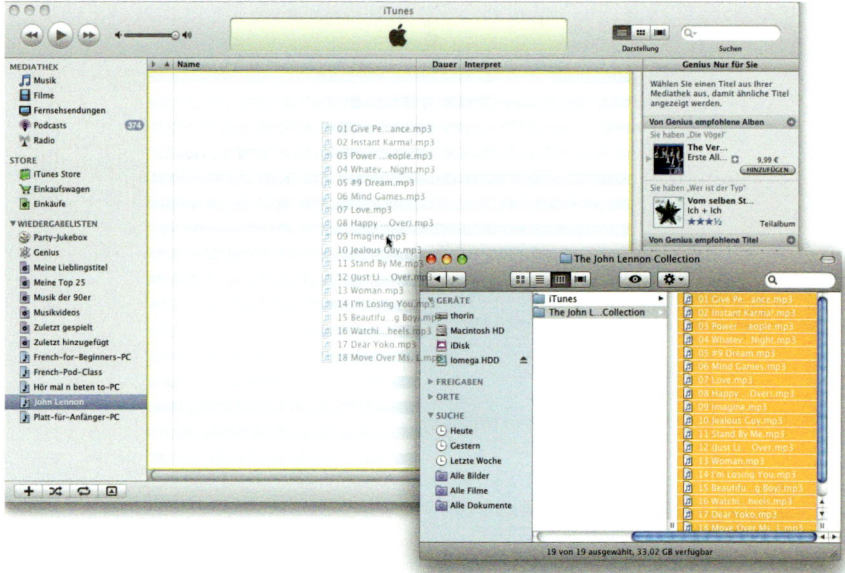

Falls Sie bereits Lieder auf Ihrem Computer haben, dann ist es kinderleicht, diese nach iTunes zu importieren. Am schnellsten geht es, wenn Sie iTunes starten und dann diese Lieder auf Ihrem Computer direkt in das Hauptfenster von iTunes ziehen und dort fallenlassen. Sie werden dann automatisch importiert. Eine andere Möglichkeit bietet das ABLAGE-Menü (in der Menüleiste). Wählen Sie dort ZUR MEDIATHEK HINZUFÜGEN (PC: DATEI/ZUR MEDIATHEK HINZUFÜGEN) oder drücken Sie das Tastenkürzel ⌘-O (PC: Strg-O). Es erscheint der normale ÖFFNEN-Dialog, in dem Sie zu der Stelle navigieren können, an der sich das Lied oder Video befindet, das Sie nach iTunes importieren wollen. Klicken Sie auf die gewünschte Datei, betätigen Sie dann den ÖFFNEN-Button und iTunes erledigt den Rest. Falls Sie dabei mit dem Internet verbunden sind, sucht iTunes auch noch das Cover für die Lieder, die Sie importiert haben. So einfach ist das.

Lieder aus dem iTunes Store herunterladen

Der iTunes Store ist der bahnbrechende, innovative Online-Laden, mit dem alles begann. Er ist so gut aufgebaut, dass das Einkaufen von Musik, Filmen, Fernsehsendungen, Podcasts, Spielen und Videos richtig Spaß macht. Um zum iTunes Store zu gelangen, starten Sie iTunes und klicken dann auf den iTunes Store-Link auf der linken Seite des iTunes-Fensters. *Hinweis:* Es ist ein Online-Geschäft, Sie brauchen also eine Internetverbindung, um auf den Laden zugreifen zu können. Der iTunes Store bietet so viele coole Möglichkeiten, dass ich ein ganzes Kapitel darüber geschrieben habe (Kapitel 10). In aller Kürze, es funktioniert so: Sie stöbern im Laden herum, um Ihre Lieblingslieder, -filme usw. zu finden, und wenn Sie etwas gefunden haben, klicken Sie auf KAUFEN. Sie müssen einen Account für den Store einrichten (das dauert nur einen Augenblick – Sie brauchen natürlich auch eine Kreditkarte), aber dann startet sofort der Download und Ihr Lied, Film, Musikvideo – was auch immer – erscheint in Ihrer iTunes-Mediathek. Wenn Sie dann irgendwann wieder Ihren iPod anschließen, wird das, was Sie im iTunes Store gekauft haben, auf Ihren iPod kopiert (falls Sie das so eingestellt haben). Sie können Ihre Downloads entweder auf dem iPod oder auf Ihrem Computer direkt in iTunes anhören oder anschauen. (Wenn Sie natürlich einen iPod shuffle besitzen, der keine Anzeige hat, können Sie Videos, die Sie heruntergeladen haben, nur innerhalb von iTunes anschauen. Sie wussten das, oder?)

Eine Wiedergabeliste anlegen

Sobald Ihre Musik in die iTunes-Mediathek importiert worden ist, gelangt sie quasi auf einen großen Haufen – sie ist nicht sortiert oder kategorisiert. Deshalb gibt es Wiedergabelisten. Man stellt Wiedergabelisten her, um seine Musiksammlung in irgendeiner Form zu ordnen. So könnten Sie z.B. eine Wiedergabeliste für Ihre Lieblings-Rocksongs oder für 70er-Jahre-Disco-Titel oder für Independent oder klassische Musik oder für Lieder eines bestimmten Künstlers oder für traurige oder langsame Lieder oder mit einem speziellen Mix für eine Ihrer berüchtigten Partys oder für romantische Lieder oder einfach nur für Ihre Lieblingslieder anlegen – ich denke, Sie haben's verstanden. Das Erzeugen einer Wiedergabeliste ist einfach: Sie klicken zuerst auf den ERSTELLT EINE WIEDERGABELISTE-Button in der unteren linken Ecke des iTunes-Fensters (der Button sieht aus wie ein Pluszeichen). Dadurch wird eine leere Wiedergabeliste in die entsprechende Liste auf der linken Seite des iTunes-Fensters eingefügt. Ihr Name ist bereits markiert, so dass Sie einen Namen für die neue Wiedergabeliste eintippen können. Anschließend drücken Sie die ⏎-Taste. Um Lieder in diese Wiedergabeliste einzufügen, klicken Sie oben links in der Mediathek auf MUSIK und scrollen dann durch Ihre Sammlung. Wenn Sie ein Lied finden, das Sie in die Wiedergabeliste aufnehmen wollen, dann ziehen Sie diesen Titel auf die neue Wiedergabeliste in der Quellenliste und schon wird dieser Titel der Liste hinzugefügt. Machen Sie das so lange, bis Sie fertig sind. Um jetzt nur die Lieder aus der Wiedergabeliste abzuspielen, klicken Sie sie an und doppelklicken auf den ersten Titel. Die Lieder werden in der angegebenen Reihenfolge abgespielt.

Ihre neue Wiedergabeliste anpassen

Wenn Sie sich die gerade erzeugte Wiedergabeliste anschauen, dann werden Sie bemerken, dass die Lieder normalerweise in der Reihenfolge erscheinen, in der Sie sie in die Liste gezogen haben. Glücklicherweise können Sie diese Reihenfolge verändern, indem Sie sie einfach an die gewünschte Position ziehen. Falls z.B der vierte Titel ganz vorn stehen soll, dann klicken Sie ihn an und ziehen in nach ganz oben in der Wiedergabeliste. Während Sie das Lied nach oben oder unten in der Liste ziehen, erscheint eine dünne schwarze Linie zwischen den Titeln, die Ihnen zeigt, wohin das Lied gelangen würde, wenn Sie die Maustaste in diesem Augenblick loslassen würden. Lassen Sie die Maustaste an der gewünschten Stelle los (das klingt jetzt vielleicht verwirrend; probieren Sie es einfach selbst aus, damit Sie wissen, was ich meine). *Hinweis:* Wenn Sie ein Lied in der Wiedergabeliste doppelt anklicken, dann beginnt das Abspielen der Liste mit diesem Lied. Falls Sie also auf den ersten Titel doppelklicken, werden alle Lieder der Wiedergabeliste in ihrer Reihenfolge abgespielt. Doppelklicken Sie dagegen auf den achten Titel, beginnt iTunes stattdessen an dieser Stelle und spielt alle nachfolgenden Lieder bis zum Ende ab (es sei denn, Sie haben WIEDERGABELISTE ERNEUT ABSPIELEN eingeschaltet; mehr über Wiedergabelisten erfahren Sie in Kapitel 11).

Die Musik in Ihren iPod bekommen

Wenn Sie Ihre Lieder in iTunes so angeordnet haben, wie Sie sie haben wollen (Sie haben Wiedergabelisten angelegt, die Lieder in die richtige Reihenfolge gebracht usw., wie in Kapitel 11 demonstriert wird), dann wird es Zeit, diese Lieder auf Ihren iPod zu bekommen. Das klingt kompliziert, könnte aber einfacher nicht sein. Verbinden Sie einfach das eine Ende des mit Ihrem iPod gelieferten USB 2-Kabels mit Ihrem iPod, das andere Ende mit Ihrem Computer, und dieser erledigt den Rest. Die Übertragung erfolgt automatisch – Ihr Computer startet automatisch iTunes und lädt Ihre Lieder, die Wiedergabelisten und alles herunter. (Beobachten Sie den oberen Bereich Ihres iTunes-Fensters. Wenn die Übertragung der Lieder abgeschlossen ist, sehen Sie die Nachricht: »iPod-Sync abgeschlossen«.) Falls Sie über ein iPod Dock verfügen, stecken Sie den iPod einfach in sein Dock, verbinden das USB 2-Kabel mit Ihrem Computer, lehnen sich zurück und entspannen sich. Jetzt können Sie den kleinen Auswerfen-Button (rechts neben dem iPod in der iTunes-Geräteliste) anklicken, um Ihren iPod wieder auszuwerfen (oder genauer gesagt: abzumounten), und sind bereit, die Show mit auf die Reise zu nehmen (sozusagen).

Ihren iPod ein- und ausschalten

Auch wenn es seltsam klingen mag (wie schalte ich es ein und aus), kann ich nicht sagen, wie viele Leute davon aus dem Konzept gebracht worden sind, dass es keinen Ein-/Ausschalter gibt. Wie schalten Sie das Gerät also ein? Drücken Sie eine beliebige Taste auf der Vorderseite Ihres iPod und er wird zum Leben erweckt (das heißt im Prinzip, dass jede Taste ein Einschalter ist). Das Ausschalten des iPod funktioniert jedoch nicht auf diese Weise. Um ihn auszuschalten, drücken und halten Sie für einige Sekunden die Start-/Pause-Taste. Manche Leute gewöhnen es sich an, den iPod immer mit derselben Taste ein- und auszuschalten – sie drücken immer Start/Pause, um ihn einzuschalten, und halten immer Start/Pause, um ihn auszuschalten.

Navigieren: iPods mit einem Click-Wheel

Alle iPods (mit Ausnahme des iPod touch) werden mit dem runden Click-Wheel auf der Vorderseite des Geräts gesteuert. Es gibt auf dem Rad fünf Knöpfe für iPods, die eine Anzeige mitbringen – unten Start/Pause, oben Menü, links Vorheriger Titel/Zurückspulen, rechts Nächster Titel/Vorspulen und in der Mitte Auswahl. (*Hinweis*: Das Rad des iPod shuffle ist anders – siehe unten.) Sie bewegen sich durch die Menüs Ihres iPod nach oben und unten, indem Sie mit Ihrem Finger leicht im Uhrzeigersinn oder entgegen diesem über das Rad gleiten (so als würden Sie einen Kreis ziehen). Wenn Sie an der gewünschten Stelle angekommen sind, drücken Sie die Auswahltaste. Ziemlich einfach das Ganze.

Der iPod shuffle besitzt ebenfalls fünf Knöpfe, die allerdings etwas anders sind, da es keine Anzeige gibt: Der mittlere Knopf ist für Start/Pause, die linke und die rechte Taste funktionieren genauso wie bei den anderen iPods. Der obere Knopf dagegen (ein Pluszeichen) erhöht die Lautstärke, während der untere Knopf (ein Minuszeichen) die Lautstärke verringert. Es gibt keinen Menü-Knopf, da bei einem iPod shuffle keine Anzeige vorhanden ist, um ein Menü zu präsentieren. Das vergrößert das Mysterium noch weiter. (Der letzte Satz steht hier nur aus Marketinggründen.)

Das Click-Wheel benutzen und Lieder abspielen

Das Click-Wheel selbst ist fest – Sie erledigen die ganze Arbeit, indem Sie mit dem Finger über das Rad streichen oder die Tasten auf dem Rad drücken.

Das Click-Wheel ist in Wirklichkeit eher so etwas wie ein Touchpad mit einem eingebauten Kippschalter (das klingt jetzt komplizierter, als es ist). Und so funktioniert es: Sie berühren es leicht mit Ihrem Daumen oder einem Finger und streichen vorsichtig mit Ihrem Finger im oder entgegen dem Uhrzeigersinn im Kreis herum. Wenn Sie also ganz oben in einem Menü sind und sich nach unten bewegen wollen, dann setzen Sie Ihren Finger an irgendeine Stelle des Rads und streichen im Uhrzeigersinn. Um in die andere Richtung zu gelangen (im Menü nach oben), ziehen Sie Ihren Finger einfach in der entgegengesetzten Richtung über das Click-Wheel. Sobald Sie zu einem Lied kommen, das Sie hören wollen, drücken Sie entweder die Start-/Pause-Taste am unteren Rand des Click-Wheel oder die Auswahltaste in der Mitte – wie auch immer, Ihr Lied wird gestartet.

---

iTipp: Ein Lied anhalten

Wenn Sie ein Lied abspielen und dieses anhalten wollen, dann drücken Sie einfach die Start-/ Pause-Taste. Das Abspielen soll fortgesetzt werden? Drücken Sie diese Taste erneut. Diese Taste hält an und spielt weiter und deshalb zeigt sie sowohl das Pause- als auch das Start-Symbol.

In einem Lied vorspulen

Falls Sie im aktuellen Lied vorspulen wollen, dann drücken und *halten* Sie die Taste Nächster Titel/ Vorwärtsspulen. Das Stichwort hier ist »halten«. Wenn Sie nämlich die Taste nur einmal drücken, springt der iPod zum nächsten Lied – Sie müssen die Taste drücken und *halten*. Das Zurückspulen funktioniert genauso, nur dass Sie hier natürlich die Taste Vorheriger Titel/Zurückspulen drücken und halten.

Nicht sicher, welches Lied Sie wollen?
Dann wählen Sie Musik

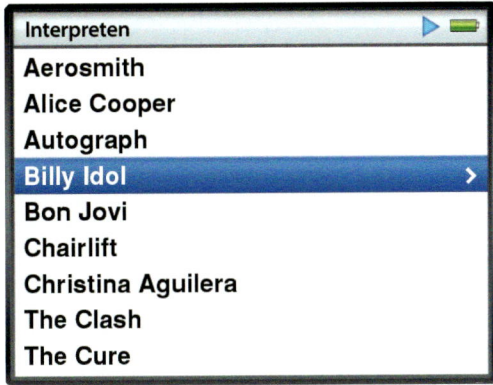

Falls Sie sich nicht ganz sicher sind, welches Lied Sie hören wollen, dann wird Ihnen die Musik-Funktion des iPod gefallen. Wählen Sie mit dem Click-Wheel den Menüpunkt Musik im Hauptmenü und drücken Sie die Auswahltaste. Jetzt müssen Sie festlegen, nach welchem Kriterium Sie blättern wollen: nach Interpreten, nach Alben, nach Musikrichtungen usw. Wenn Sie beispielsweise Interpreten wählen, dann sehen Sie eine Liste aller Künstler auf Ihrem iPod (wie oben gezeigt). Gefällt Ihnen eine der Gruppen? Klicken Sie einfach auf die Band, klicken Sie dann auf ALLE (falls Sie mehrere Alben dieser Band auf dem iPod haben) und Sie erhalten eine Liste aller Songs dieser Band, die sich auf Ihrem iPod befinden. Das ist ein bisschen wie eine Wiedergabeliste ausschließlich mit Liedern dieser Band. Drücken Sie die Start-/Pause-Taste, um sich alle anzuhören. Sie können auch nach Musikrichtungen suchen (etwa alle Jazz-Titel oder alle Alternative-Songs), wodurch es einfach ist, die Art von Musik zu spielen, auf die Sie gerade Lust haben, anstatt die Lieder einzeln herauszusuchen. Durchstöbern Sie Ihren iPod einfach eine Weile auf diese Art. Das rockt! Wirklich!

Wie man eine Ansicht zurückgeht

Falls Sie zu irgendeinem Zeitpunkt zur vorhergehenden Bildschirmansicht zurückspringen müssen, drücken Sie einfach auf den Menüknopf oben auf dem Click-Wheel. Drücken und halten Sie den Menü-Knopf, um direkt zum Hauptmenü zurückzugelangen.

Ihren iPod mit neuen Liedern versorgen

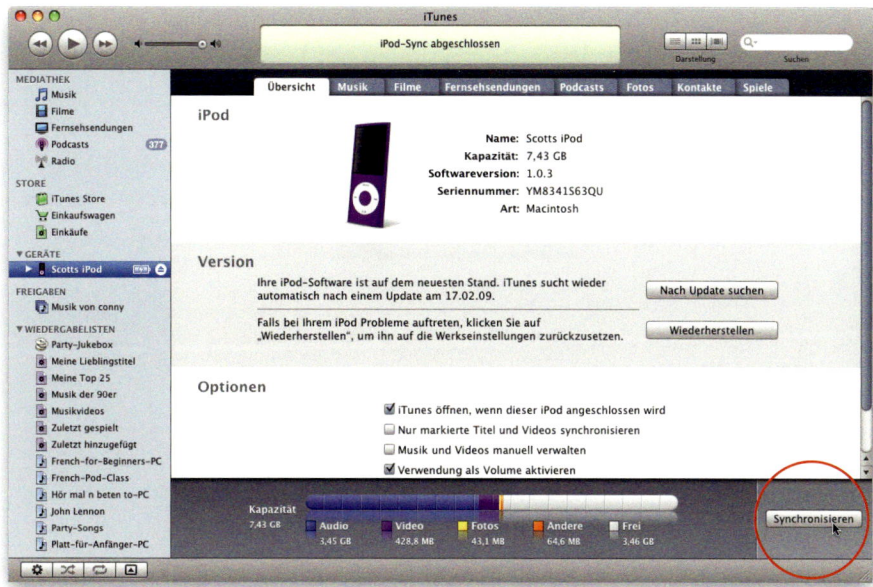

Wenn Sie in Ihr iTunes neue Lieder aufgenommen haben (vielleicht haben Sie einige Lieder im iTunes Store erworben oder von einer neuen CD importiert), dann wollen Sie diese auch auf Ihren iPod bekommen. Dazu verbinden Sie Ihren iPod mit Ihrem Computer (mithilfe des Docks oder des mitgelieferten USB 2-Kabels). iTunes startet und aktualisiert Ihren iPod automatisch mit den neuen Liedern (wenn Sie das so eingestellt haben). War jedoch Ihr iPod bereits an Ihren Computer angeschlossen gewesen, als Sie das neue Lied gekauft (oder von einer CD importiert) haben, dann geschieht diese Aktualisierung nicht automatisch – Sie müssen sie anfordern, indem Sie (a) in das ABLAGE-Menü von iTunes gehen und [NAME IHRES IPODS] SYNCHRONISIEREN wählen oder (b) indem Sie auf das iPod-Symbol auf der linken Seite des iTunes-Fensters Strg-klicken und dann aus dem Kontextmenü SYNCHRONISIEREN wählen.

Fertig gehört? Legen Sie ihn schlafen

Wenn Sie für eine Weile erst einmal genug Musik mit Ihrem iPod gehört haben, stehen Ihnen zwei Methoden zur Verfügung, um ihn in den Ruhezustand zu versetzen: (1) indem Sie die Start-/Pause-Taste drücken (nach einer oder zwei Minuten Pause geht Ihr iPod in den Ruhezustand, um die Batterie zu schonen) oder (2) indem Sie die Start-/Pause-Taste für einige Sekunden gedrückt halten. Ihr iPod merkt sich im Ruhezustand, an welcher Stelle in einem Lied er war, so dass er nach dem Aufwecken an der gleichen Stelle fortfährt. Nach 36 Stunden im Ruhezustand fällt Ihr iPod in den Deep-Sleep-Ruhezustand (also in den Tiefschlaf). Sie reaktivieren ihn auf die gleiche Weise, allerdings ist er dann etwas mürrisch und braucht erst einmal einen Kaffee ('tschuldigung, ich konnte einfach nicht widerstehen). Tatsächlich startet er nach einer Tiefschlafphase von Grund auf neu (mit Apple-Logo am Anfang usw.), was etwas länger dauert als das normale Aufwachen, da erst eine Startroutine durchlaufen werden muss.

Wie Sie verhindern, dass sich Ihre Batterie leert

Nachdem Sie Ihren iPod in den Ruhezustand versetzt haben und bevor Sie ihn in Ihre Tasche, Geldbörse, Ihren Rucksack, Ihre Computertasche usw. werfen, sollten Sie den Hold-Schalter (Sie finden ihn an der Oberkante des iPod) in die Position »HOLD« bringen (so dass der orangefarbene Teil sichtbar ist). Dadurch werden die Tasten des Click-Wheel gesperrt. Auf diese Weise verhindern Sie, dass irgendetwas, das gegen Ihren iPod stößt, diesen versehentlich einschaltet und die Batterie unnötigerweise leert. Falls die Batterie schon fast leer ist, sollten Sie die Tasten so wenig wie möglich verwenden (auch sie belasten die Batterie). Aber der vielleicht größte Stromfresser ist die Beleuchtung des Bildschirms. Vermeiden Sie das Herumblättern in den unterschiedlichen Menüs und sparen Sie Strom.

Die Beleuchtung einschalten

Beleuchtung aus *Beleuchtung an*

Was tun Sie, wenn Sie in einem dunklen, verräucherten Londoner Club zur iPod-Party sind, es aber zu dunkel ist, um Ihre Wiedergabelisten zu erkennen (schließlich ist es nicht nur dunkel, sondern dunkel und verräuchert)? Na das: Drücken Sie einfach irgendwo auf das Click-Wheel. Die Beleuchtung Ihres iPod schaltet sich ein und illuminiert das Display wie ein Leuchtfeuer in der Nacht.

Batterieschonung: Steuern Sie die Beleuchtungsdauer

Wenn Sie die Laufzeit Ihrer iPod-Batterie zwischen den einzelnen Ladevorgängen wirklich verlängern wollen, dann sollten Sie als Erstes hier einkehren. Falls Sie es sich erlauben können, die Beleuchtung völlig auszuschalten, werden andere »iPodder« Ihnen die lange Laufzeit Ihres Geräts neiden. Haben Sie das Gefühl, dass es nicht ganz ohne Beleuchtung geht, dann setzen Sie die Dauer auf 2 Sekunden. Auch hierbei sparen Sie Strom und schonen die Batterie. Sie finden diese Steuerung, indem Sie in das Hauptmenü gehen, dort mit dem Click-Wheel auf Einstellungen scrollen und die Auswahltaste drücken. Wählen Sie dann den Menüeintrag BELEUCHTUNG. (Auf dem neuen iPod nano scrollen Sie unter EINSTELLUNGEN nach unten und klicken auf ALLGEMEIN. Dort wählen Sie dann BELEUCHTUNG.) In der folgenden Ansicht haben Sie die Möglichkeit, sich für eine der angegebenen Beleuchtungsdauern zu entscheiden – von 2 Sekunden (wahrscheinlich etwas unpraktisch, da zu kurz) bis IMMER EIN (ideal für Leute, die sich nicht mehr als ein paar Meter von ihrem Ladegerät entfernen). Klicken Sie auf den Wert, der Ihnen für die Beleuchtungsdauer genehm erscheint.

Die Helligkeit Ihres Bildschirms steuern

Die Möglichkeit zum Steuern der Helligkeit Ihres Bildschirms ist relativ neu, dient aber einem wichtigen Zweck – die Batterielaufzeit zu verlängern. Das tolle Farb-Display benötigt eine Menge Strom und wenn Sie nicht die komplette Helligkeit brauchen (etwa, weil Sie sich auf einem Nachtflug befinden und die Kabinenbeleuchtung gedämpft ist), dann können Sie die Helligkeit des Bildschirms ein wenig herunterdrehen und die Batterie schonen. Um die Helligkeit zu steuern, gehen Sie in das Hauptmenü und wählen Einstellungen. Scrollen Sie dann zum Eintrag HELLIGKEIT und drücken Sie die Auswahltaste. (Auf dem neuen iPod nano klicken Sie in den EINSTELLUNGEN auf ALLGEMEIN und wählen dort die Auswahltaste.) Dort finden Sie den Helligkeitsregler. Der voreingestellte Helligkeitswert beträgt 50%, der iPod wird also ab Werk mit etwa der Hälfte der maximal möglichen Helligkeit ausgeliefert. Sie stellen die Helligkeit genauso ein wie die Lautstärke – um es heller zu machen, scrollen Sie mit dem Click-Wheel nach rechts, weniger hell wird es, wenn Sie nach links scrollen (und dabei sparen Sie sogar noch mehr Strom).

Ihre Batterie aufladen (mit dem USB-Kabel)

Wenn Sie einen iPod bekommen, müssen Sie zuerst die Batterie aufladen. Glücklicherweise enthält jeder iPod ein USB 2-Kabel, mit dem Sie ihn aufladen können, indem Sie das Kabel einfach an Ihren Computer anschließen. Und das geht so: Nehmen Sie das Kabel und stecken Sie die dünne flache Seite an der Unterseite Ihres iPod an. Dann verbinden Sie das andere Ende des Kabels mit dem USB-Port an Ihrem Computer. Das war's – Ihr iPod wird aufgeladen und Sie sehen entweder ein Ladesymbol oder die Bitte-nicht-trennen-Anzeige auf dem LCD-Bildschirm des iPod. Falls Sie das Gerät vom Computer trennen wollen, müssen Sie zuerst auf das Auswerfen-Icon rechts neben dem Namen des iPod in der Geräteliste klicken. Anschließend dürfen Sie den iPod abstöpseln, ohne dass Musik- oder Videodateien auf Ihrem iPod beschädigt werden.

Ihre Batterie aufladen (mit dem Dock)

Am vielleicht bequemsten geht das Laden Ihres iPod mit einem Apple Dock – Sie stellen Ihren iPod in das Dock, und es synchronisiert Ihren iPod und lädt ihn gleichzeitig. Die Verwendung des Dock bringt drei Vorteile mit sich: (1) Es ist einfacher, weil man nicht jedes Mal das USB-Kabel am unteren Ende des iPod anschließen muss, (2) der iPod steht aufrecht im Dock, so dass man das Display sehen kann, und (3) Sie können die Apple-Fernbedienung verwenden, um den iPod zu steuern, während er sich im Dock befindet. Sie schließen das flache Ende des beigelegten USB 2-Kabels (also das Ende, das Sie normalerweise in den iPod stecken würden) an das Dock an, das andere Ende an den USB 2-Port Ihres Computers und Sie sind fertig! (*Hinweis*: Der iPod nano wird mit einem speziellen weißen Kunststoff-Adapter geliefert, der in den normalen Dock-Anschluss kommt, damit der nano auch aufrecht stehen bleibt.)

Wie steht es um Ihre Batterie?

Ist es Zeit, Ihre Batterie zu laden? Werfen Sie einfach einen kurzen Blick in die obere rechte Ecke des iPod-Displays. Dort finden Sie ein kleines Batteriezeichen. Wenn dies ausgefüllt ist, dann sind Sie gut in Form. Ist es halbvoll, sind Sie Optimist. (Haben Sie es kapiert? Halbvoll? Ach, vergessen Sie es.) Tatsächlich bedeutet es, dass die Batterie noch zur Hälfte gefüllt ist. Ist das Batteriezeichen leer, dann bedeutet das, dass Sie Ihren iPod sofort wieder aufladen müssen, indem Sie ihn entweder an den Computer anschließen oder ihn in das Dock stellen (falls Sie eines haben).

---

iTipp: Benutzen, leer wird er sowieso

Es ist schon seltsam mit den iPods. Wenn Sie sie eine Weile nicht benutzen, halten sie ihre Batterieladung nicht – sie laufen langsam leer. Falls Sie z.B. Ihren iPod für eine Reise, die Sie in vier oder fünf Tagen antreten wollen, voll aufgeladen haben, dann kann es passieren, dass die Batterie tot ist, wenn Sie im Flugzeug ankommen, Ihre Kopfhörer anschließen und Ihren persönlichen Flugmix genießen wollen. Das ist nicht ungewöhnlich. Der Verlust wird wahrscheinlich von der internen Uhr des iPod verursacht, die weiterläuft, auch wenn der iPod ausgeschaltet ist. Die Batterie entlädt sich auch, wenn Sie Ihren iPod im Dock lassen, das über ein USB-Kabel angeschlossen ist, während der Computer sich im Ruhezustand befindet. An den USB-Ports liegt keine Spannung an, wenn der Computer im Ruhezustand ist. Ihr iPod hört auf, sich zu laden und geht ebenfalls schlafen.

Die Batterie Ihres iPod ersetzen

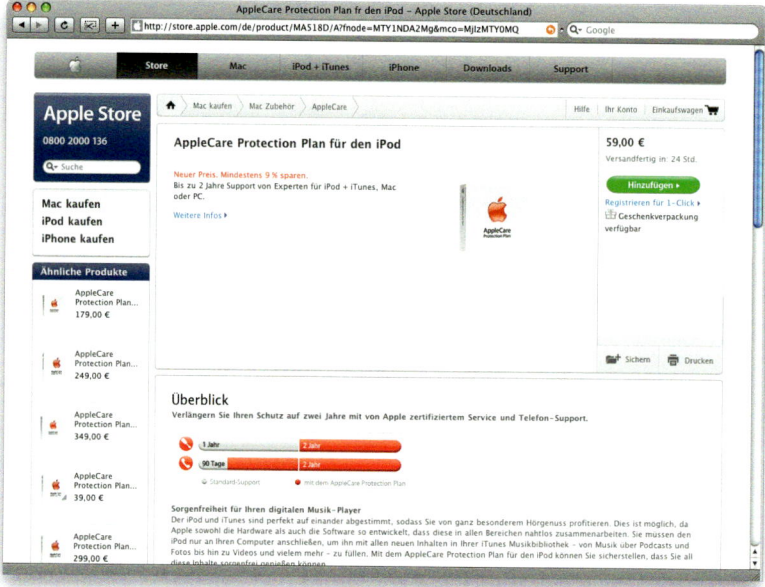

Irgendwann wird die Batterie Ihres iPod den Geist aufgeben (das bedeutet, dass sie ihre Ladung nicht mehr hält) und Sie müssen sie ersetzen. Nun ja, da gibt es eine gute und eine schlechte Nachricht. Die gute Nachricht: Selbst bei häufiger Benutzung wird die Batterie Ihres iPod eine Weile halten. Die schlechte Nachricht: Sie können nicht einfach zum lokalen Höker fahren und sich dort für 5,99€ eine neue Batterie holen. iPod-Batterien sind nicht billig (zum Zeitpunkt der Entstehung dieses Buchs verlangt Apple ab 59€, wenn Sie die Batterie bei einem Service-Partner tauschen lassen, und ab 70€, wenn Sie online einen Batterietausch anfordern). Der Wechsel sollte außerdem von einem qualifizierten Techniker vorgenommen werden. Falls Ihnen das zu teuer ist, haben Sie noch andere Möglichkeiten. Sie können sich beispielsweise zu einem Dritt-anbieter wie etwa www.ipodupgra.de begeben und den Batterietausch dort vornehmen lassen. Wenn Sie gern basteln, hindert Sie auch niemand daran, selbst Hand anzulegen. Werkzeuge und Anleitungen sind oft den Batterien der Drittanbieter beigefügt. Allerdings ist der eigene Wechsel der Batterie eigentlich nicht vorgesehen und wird durch die Konstruktionsweise des iPod für Laien nicht gerade leicht gemacht. Sie könnten daher auch in Erwägung ziehen, den AppleCare Protection Plan für den iPod in Anspruch zu nehmen. Für 39€ (iPod nano und iPod shuffle) bzw. 59€ (iPod classic und iPod touch) verlängert sich die Support- und Garantiezeit auf zwei Jahre. Im Bedarfsfall wird dabei natürlich auch die iPod-Batterie ersetzt.

Externe Lautsprecher benutzen

iPods waren zwar ursprünglich für den Einsatz mit Kopfhörern gedacht, inzwischen aber gibt es viele Lautsprechersysteme, die extra für die iPods geschaffen wurden. Die meiner Meinung nach heißesten externen Lautsprechersysteme sind das Bose SoundDock Series II Digital Music System für 300€, das JBL On Stage III, 150€, Apples iPod Hi-Fi system, ca. 350€, und (von Terry bevorzugt) das Sony ICF-C1iP Dock mit Uhr, 100€ (Sie erhalten diese und viele andere Lautsprechersysteme im Apple-Store). Alle besitzen eine eingebaute Halterung (ähnlich dem Dock), in der Ihr iPod während des Abspielens sitzt. Und alle laden gleichzeitig automatisch Ihren iPod wieder auf. Es gibt nur ein Manko – obwohl alle mit den normalen iPods oder dem iPod nano funktionieren, unterstützt nur Apples iPod Hi-Fi offiziell den iPod photo. Ich habe allerdings gelesen, dass das Bose SoundDock Dock-Adapter in einer anderen Größe besitzt und dass der größte von diesen den iPod photo unterstützt, jedoch habe ich das noch nicht selbst getestet, deshalb …

Videos auf Ihrem iPod abspielen

Falls Sie einen der neueren iPods, einen iPod nano oder einen iPod touch besitzen, dann können Sie Fernsehsendungen, Filme und Musikvideos abspielen, die Sie im iTunes Store kaufen und herunterladen können. Wenn Sie dann an Ihrem Computer Ihren iPod mit iTunes synchronisieren, werden alle Videos, die Sie im Online-Shop erworben haben, auf Ihren iPod geladen (falls Sie das so eingestellt haben). Um diese Videos abzuspielen, gehen Sie in das Hauptmenü und klicken auf Videos. Scrollen Sie im Videos-Menü (oben zu sehen) auf die Art des Videos, die Sie anschauen wollen, und drücken Sie die Auswahltaste. Alle Fernsehsendungen, die Sie heruntergeladen haben, sind hier aufgelistet. Um eine bestimmte Sendung abzuspielen, scrollen Sie zu ihr und drücken die Auswahltaste, damit Ihnen die Liste der einzelnen Folgen angezeigt wird. Wenn Sie die gewünschte Folge gefunden haben, drücken Sie erneut die Auswahltaste (oder die Start-/Pause-Taste).

---

iTipp: Video-Wiedergabelisten anlegen

Genau wie für Musik können Sie auch für Videos Wiedergabelisten anlegen, die Ihre Lieblingsfernsehsendungen, -filme oder Musikvideos versammeln. Denken Sie z.B. an eine Liste der Videos der Black Eyed Peas oder Videos mit Tanzmusikvideos oder mit Rock-Videos oder... Sie verstehen schon.

Kapitel 3

Pod's Theme

iPod-Grundlagen

▶▶ Ursprünglich hatte ich die Idee, das vorhergehende Kapitel »The Outside« zu nennen, da es alles behandelt, was Sie auf der Außenseite Ihres iPod vornehmen (wie etwa das Laden des iPod, das Verbinden des iPod mit Ihrem Computer und die Benutzung all der Tasten, die es auf der Außenseite Ihres iPod gibt; klingt logisch, oder?). Anschließend wollte ich dieses Kapitel »The Inside« nennen, weil es hier um die Dinge geht, die auf dem Bildschirm erscheinen – also quasi den Kram, der das Innenleben Ihres iPod steuert. Das erschien mir wie ein genialer Plan, bis ich merkte, dass die Idee absolut mies ist. Denn was würden Kapiteluntertitel wie »Inside« und »Outside« Leuten sagen, die sich das Inhaltsverzeichnis anschauen? Nichts. Verbinden Sie das mit einem Kapitelnamen wie »The Outsiders« (für die Band aus den 60ern) und es würde so aussehen: »Kapitel 2: The Outsiders: Outside«. Sehen Sie, eine blöde Idee. Wenn es aber heißen würde »The Outsiders« und dann »Wie der Kram auf der Außenseite Ihres iPod funktioniert«, wäre das sicher besser. Okay, könnten Sie bitte kurz die Augen schließen, während ich mit meinem Lektor spreche? (Lieber Lektor: Ist es zu spät, den Namen des vorhergehenden Kapitels in »The Outsiders« zu ändern? Nein? Toll!) Sie können die Augen wieder aufmachen. He, gute Nachrichten! Wir können für das vorige Kapitel »The Outsiders« nehmen. Aber bei diesem Kapitel über die Geschehnisse im Inneren bin ich ratlos. Wie wäre es mit »Pod's Theme« von Lesion? Okay, auf geht's! (Habe ich gerade laut gedacht?)

41

Das Hauptmenü anpassen

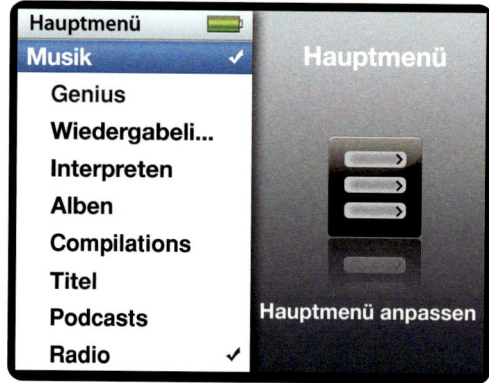

Der iPod besitzt ein Hauptmenü, das als eine Art Ausgangspunkt für Ihren Weg in die verschiedenen Bereiche des iPod dient. Sie werden oft mit diesem Hauptmenü zu tun haben und sollten es deshalb so anpassen, dass die Funktionen, die Sie am meisten benutzen, ganz oben stehen (damit Sie nicht mehr ständig gezwungen sind, sich durch die Menüs nach unten zu wühlen). Und so funktioniert die Anpassung: Scrollen Sie im Hauptmenü mit Hilfe des Click-Wheel auf den Punkt Einstellungen. Drücken Sie die Auswahltaste, scrollen Sie dann nach unten auf den Punkt Hauptmenü und drücken Sie erneut die Auswahltaste. Sie sehen nun eine Liste mit Menüeinträgen (auf dem neuen iPod nano scrollen Sie auf Allgemein, drücken die Auswahltaste, scrollen dann auf Hauptmenü und drücken erneut die Auswahltaste). Indem Sie mit der Auswahltaste für einen bestimmten Eintrag Ein oder Aus einstellen, legen Sie fest, ob dieser Eintrag im Hauptmenü auftauchen soll oder nicht (Elemente mit einem Häkchen erscheinen im Hauptmenü). Auf dem neuen iPod nano schalten Sie hier auch das Vorschau-Feld ein und aus.

---

iTipp: Zum Hauptmenü gelangen

Beim iPod beginnt fast alles im Hauptmenü. Da Sie vermutlich feststellen werden, dass Sie sehr oft dorthin zurückkehren, können Sie natürlich auch gleich lernen, wie Sie das jederzeit schaffen – drücken und halten Sie einfach die Menütaste und Sie sind wieder im Hauptmenü.

Die Suche nach Titeln erleichtern

Der iPod besitzt eine Suchfunktion, die Ihnen hilft, schnell ein Lied (oder einen Künstler) zu finden. Um zur Suchfunktion zu gelangen, begeben Sie sich in das HAUPTMENÜ, gehen zu MUSIK und scrollen dort auf SUCHEN. Im Suchmenü gibt es am unteren Rand des Fensters das Alphabet. Scrollen Sie auf den ersten Buchstaben des Lieds oder des Künstlernamens und betätigen Sie die Auswahltaste. Sobald Sie das tun, beginnt Ihr iPod mit der Suche und präsentiert Ihnen mit jedem weiteren eingegebenen Buchstaben Ergebnisse. Falls Sie z.B. nach Cheap Trick suchen, wird sofort (und ich meine sofort) jedes Lied und jeder Künstler auf Ihrem iPod aufgelistet, das bzw. der mit C beginnt. Wenn Sie mit H weitermachen und die Auswahltaste drucken, kommen alle Lieder und Künstler, die mit »Ch« beginnen. Sobald Sie dann noch das E gewählt haben, ist die Suche schon sehr eingeschränkt (auf meinem iPod werden dann nur noch Cheap Trick und *Cherry Pie* von Warrant angezeigt, weil »Cherry« ebenfalls »Che« enthält). Falls Sie einen falschen Buchstaben angeben, können Sie ihn mit dem Vorheriger Titel/Zurückspulen-Knopf löschen. Müssen Sie zwischen zwei Wörter ein Leerzeichen setzen, dann betätigen Sie die Nächster Titel/ Vorspulen-Taste. Wenn Sie mit der Suche fertig sind, drücken Sie den Menüknopf und die Such- leiste verschwindet wieder. Ihre Suchergebnisse werden im Fenster angezeigt. Klicken Sie nun das gewünschte Lied, Album usw. an. Das Ganze passiert schneller, als es hier klingt. Versuchen Sie es einmal und Sie werden es wieder und wieder verwenden, da es praktisch keinen schnelle- ren Weg gibt, zu einem gewünschten Lied zu kommen.

Visuelle Suche mit Cover Flow

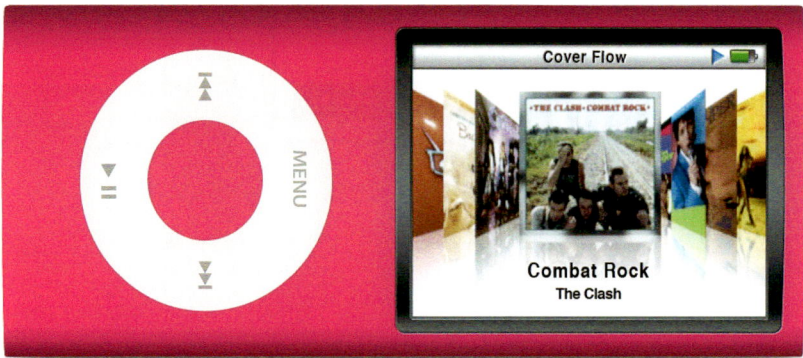

Wenn Sie eher der visuelle Typ sind, dann werden Sie es vermutlich vorziehen, Lieder mittels Cover Flow zu suchen. Dabei werden die Album-Cover der Lieder auf dem iPod angezeigt. Auf diese Weise blättern Sie durch die Cover. Wenn das Cover des gewünschten Albums auftaucht, drücken Sie einfach auf den Auswahlknopf. Sofort werden alle Lieder dieses Albums angezeigt! Wählen Sie im Hauptmenü zuerst Musik und klicken Sie dann auf Cover Flow. Beim neuen iPod nano müssen Sie einfach nur das Gerät auf die Seite legen. Sofort wechselt die Darstellung in den Cover-Flow-Modus. Jetzt können Sie Ihre gesamte Bibliothek durchblättern, indem Sie mit Ihrem Finger das Click-Wheel drehen. Halten Sie an, wenn Sie das gewünschte Album gefunden haben. Das geht vielleicht nicht so schnell wie die Suche nach dem Namen, macht aber definitiv mehr Spaß.

Ihren iPod als Stoppuhr benutzen

Ihr iPod enthält eine Stoppuhr-Funktion sowie einen Runden-Timer. Das ist prima für Ihr Training und beim Laufen oder … es gibt sicher noch andere gute Gründe, diese Funktionen zu haben, aber mir fällt beim besten Willen gerade keiner ein. Habe ich gesagt, dass sie sich gut fürs Training eignen? Moment … was ist mit Eierkochen (mit Musik)? Wie auch immer, so funktioniert es: Drücken und halten Sie die Menütaste, um in das Hauptmenü zu gelangen. Klicken Sie dort auf Extras. Scrollen Sie zur Stoppuhr und klicken Sie darauf. Um die Stoppuhr zu starten, drücken Sie den Auswahlknopf. Um sie zu stoppen, drücken Sie den Start-/Pause-Knopf. Jetzt werden auf dem Display verschiedene Optionen angezeigt (auf dem neuen iPod nano müssen Sie den Menüknopf drücken, um die Optionen zu sehen), wo Sie die Wahl haben, den Timer neu zu starten, das Runden-Log zu löschen (jedes Mal wenn Sie die Stoppuhr starten und stoppen, vermerkt das der iPod – um eine vollständige detaillierte Liste zu sehen, klicken Sie auf Aktuelle Übersicht) oder einen vollständig neuen Timer anzulegen. Ich finde es besonders cool, dass Sie zwar eine digitale Zeitausgabe haben, die analoge Stoppuhrgrafik sich aber trotzdem in Echtzeit bewegt. Sie hat keine weitere Aufgabe, als cool auszusehen – aber das ist ja nicht schlimm, oder?

Ihre Lieblinge bewerten

Auch wenn Sie wahrscheinlich sehr viele Lieder auf Ihrem iPod haben, werden das nicht alles Ihre »Lieblingstitel« sein. Offensichtlich mögen Sie einige mehr als andere und indem Sie auswählen, welche Ihnen am besten gefallen (durch die Vergabe von einem bis fünf Sternen), können Sie sicherstellen, dass Sie Ihre Lieblingstitel öfter hören. Sobald Sie nämlich Ihre Lieder bewertet haben, können Sie sie so sortieren, dass Ihre Lieblingstitel (fünf Sterne) zuerst gespielt werden, dann kommen die Lieder mit vier Sternen usw. (Noch besser, Sie können Intelligente Wiedergabelisten erstellen, in denen nur Vier- und Fünf-Sterne-Titel stehen – eine Wiedergabeliste Ihrer am höchsten bewerteten Lieder, aber mehr dazu in Kapitel 11!) Sie können Ihre Lieder in iTunes oder direkt auf Ihrem iPod bewerten, während sie abgespielt werden. Drücken Sie einfach dreimal die Auswahltaste (zweimal auf den neuen nanos und älteren iPods). Das Bewertungsfenster erscheint. Hier drehen Sie das Click-Wheel im Uhrzeigersinn, um Sterne hinzuzufügen – und entgegen dem Uhrzeigersinn, um sie zu entfernen.

---

iTipp: Ihre Bewertungen aktualisieren

Wenn Sie Ihre Lieder bewerten, spielt es keine Rolle, wo Sie dies tun – ob in iTunes oder auf Ihrem iPod, da alle neuen Bewertungen bei der nächsten Aktualisierung Ihres iPod (unabhängig davon, woher sie stammen) zwischen dem iPod und iTunes synchronisiert werden. Ihre Bewertungen werden an beiden Stellen automatisch aktualisiert, so dass sie immer auf dem neuesten Stand sind. Cool, oder?

Durch das aktuelle Lied »spulen«

Das Konzept des »Spulens« hat Apple sich in der Welt der digitalen Videobearbeitung abgeschaut. Damit können Sie schnell an eine beliebige Stelle im Lied vor- oder zurückspringen, während das Lied abgespielt wird. Dazu drücken Sie, während das Lied gespielt wird, einmal die Auswahl-taste und drehen das Click-Wheel im Uhrzeigersinn, um vorwärts zu spulen, bzw. entgegen dem Uhrzeigersinn, um rückwärts zu spulen. Auf dem Display erscheint ein Fortschrittsbalken, der Ihnen einen visuellen Anhaltspunkt bietet, an welcher Stelle Sie sich in dem Lied befinden (näher am Ende, naher am Anfang, in der Mitte usw.). Wenn Sie das Click-Wheel loslassen, beginnt das Abspielen des Lieds an der gewählten Stelle.

An die Wiedergabelisten gelangen

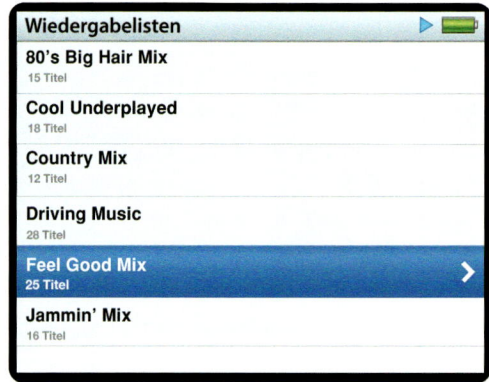

Um die Lieder von einer Ihrer Wiedergabelisten anzuhören, drücken Sie die Menütaste so lange, bis Sie wieder im Hauptmenü sind. Wählen Sie hier mit dem Click-Wheel Musik und drücken Sie die Auswahltaste. Wählen Sie nun Wiedergabelisten, um eine Liste aller Ihrer Wiedergabelisten angezeigt zu bekommen. Wenn Sie die gewünschte Wiedergabeliste gefunden haben, drücken Sie die Auswahltaste (Sie sind aber noch nicht fertig). Jetzt werden alle Lieder angezeigt, die sich auf der ausgewählten Wiedergabeliste befinden, aber welches Lied soll nun zuerst gespielt werden? Scrollen Sie nach unten bis zu dem Lied, das Sie hören wollen, und betätigen Sie erneut die Auswahltaste (oder die Start-/Pause-Taste – beide sind geeignet). Ihr Lied wird abgespielt, anschließend kommt das nächste Lied in der Wiedergabeliste usw.

Zufällige Wiedergabe

Wenn Sie sich für eine Wiedergabeliste entschieden haben und mit dem Abspielen der Lieder beginnen, kommen diese in der gleichen Reihenfolge, die Sie in iTunes für sie festgelegt hatten (hatten Sie sie also nach dem Namen sortiert, kommen zuerst Lieder, die mit A anfangen, anschließend alle Lieder mit B usw.). Nach einer Weile werden Sie beim Anhören eines Lieds bereits wissen, was als Nächstes kommt. Daher sollten Sie die Funktion ZUFÄLLIGE TITEL kennenlernen. Dabei werden die Lieder Ihrer aktuellen Liste in eine zufällige Reihenfolge gebracht (Sie können entweder alle Lieder in Ihrer Mediathek oder nur die Lieder in der aktuellen Wiedergabeliste mischen). Um alle Lieder in der Mediathek zu mischen, gehen Sie in das Hauptmenü und klicken dort auf ZUFALL, damit diese Funktion aktiviert wird. Falls Sie nur eine bestimmte Wiedergabeliste zufällig abspielen lassen wollen, drücken Sie die Auswahltaste viermal hintereinander (dreimal auf dem neuen nano und älteren iPods). Im unteren Teil der Titelanzeige erscheint eine Zufallssteuerung. Sie können mithilfe des Click-Wheels TITEL, ALBEN oder AUS wählen.

Das aktuelle Lied oder die aktuelle Wiedergabeliste wiederholen

Falls Sie wirklich einmal auf einen Song abfahren (wie etwa »Womanizer« von Britney Spears, den man Hunderte Male hintereinander anhören muss, um ihn richtig zu würdigen), dann gehen Sie in das Hauptmenü und scrollen auf den Punkt Einstellungen. Drücken Sie die Auswahltaste, scrollen Sie dann auf Wiederholen und betätigen Sie erneut die Auswahltaste, um nur das aktuelle Lied zu wiederholen (neben Wiederholen steht Ein und die kleine Grafik auf der rechten Seite besagt Aktuellen Titel wiederholen). Drücken Sie die Auswahltaste erneut, um die aktuelle Wiedergabeliste zu wiederholen (jetzt steht neben Wiederholen Alle und in der Grafik Aktuelle Liste wiederholen), und ein drittes Mal, um die Wiederholfunktion zu deaktivieren (auf der Grafik steht nun Aktuelle Liste einmal wiedergeben, was einfach nur Aus bedeutet – wie auch neben dem Wort Wiederholen zu sehen ist). *Hinweis*: Natürlich fehlt dem neuen nano die Anzeige auf der rechten Seite.

Titel importieren, die bereits auf Ihrem Computer sind

Falls Sie bereits Lieder auf Ihrem Computer haben, diese aber noch nicht in iTunes vorliegen, dann importieren Sie sie folgendermaßen: Starten Sie iTunes, gehen Sie dann ins ABLAGE-Menü und wählen Sie ZUR MEDIATHEK HINZUFÜGEN (PC: DATEI/DATEI ZUR MEDIATHEK HINZUFÜGEN). Navigieren Sie in dem sich öffnenden Dialog zu dem Ordner auf der Festplatte, in dem Sie die Lieder aufbewahren, wählen Sie die gewünschten Titel aus und klicken Sie auf den ÖFFNEN-Button, um diese Songs nach iTunes zu importieren. Ganz einfach.

---

iTipp: Ihre eigenen Videos auf den iPod bekommen

Neben Videos, Filmen und Fernsehsendungen, die Sie vom iTunes Store herunterladen, können Sie auch Ihre eigenen Videos auf Ihren iPod bringen. Dazu laden Sie zuerst das Video auf Ihren Computer. Anschließend öffnen Sie den Videoclip in QuickTime 7 Pro (Sie finden dies sowohl für Windows als auch für Macs auf der Apple-Website, falls Sie es noch nicht haben sollten). Gehen Sie in QuickTime 7 Pro in das ABLAGE-Menü und wählen Sie EXPORTIEREN. Geben Sie im EXPORTIEREN-Dialog als Exportmethode FILM FÜR iPOD an, klicken Sie dann auf SICHERN und die konvertierte Filmdatei erscheint auf Ihrem Computer. Ziehen Sie sie ins iTunes, stellen Sie dann eine Verbindung zu Ihrem iPod her und synchronisieren Sie beide. Das war's!

Welche Musikformate funktionieren mit Ihrem iPod?

Falls Sie sich fragen, wie Tausende von Liedern auf einen winzigen iPod passen, dann gibt es nur eine Antwort – Komprimierung. Die Lieder, die Sie auf Ihren iPod laden, liegen entweder als MP3 (eine Komprimierungstechnik für Musikdateien, die die Dateigröße Ihrer Lieder deutlich verringert, dabei aber nahezu CD-Qualität bewahrt) oder im AAC-Format vor, dem Format, das im iTunes Store verwendet wird und höherwertigen Klang sowie kleine Dateigrößen bietet. (*Hinweis*: Es gibt zwei AAC-Formate: das geschützte AAC M4P, das verschlüsselt ist, um der Musikpiraterie vorzubeugen, und das ungeschützte AAC M4A, das typisch für importierte Audio-CD-Dateien ist.) Falls Sie ein echter Audiophiler sind (Sie werden es schon wissen, wenn es so ist), dann sollten Sie sich den Apple Lossless-Codierer anschauen. Dieser bewahrt die volle Wiedergabetreue Ihrer Titel, bietet aber auch eine gewisse Komprimierung. Das Problem besteht darin, dass diese Dateien immer noch ziemlich groß sind und Ihr iPod daher schnell voll sein wird. Setzen Sie dieses Format deshalb mit Bedacht ein. Um den Importtyp zu ändern, öffnen Sie den iTunes-Einstellungen-Dialog (auf dem Mac im iTunes-Menü, auf dem PC im Bearbeiten-Menü) und klicken Sie im Karteireiter Allgemein auf Importeinstellungen. Wählen Sie in dem sich öffnenden Dialog einen Kodierer im Popup-Menü Importieren mit.

Feststellen, wie viel Platz noch für weitere Titel und Videos übrig ist

Sollten Sie sich fragen, wie viele weitere Titel und Videos Sie noch auf Ihrem iPod unterbringen können, gehen Sie folgendermaßen vor: Wählen Sie im HAUPTMENÜ den Punkt EINSTELLUNGEN und dort den Eintrag ÜBER. Dort sehen Sie einen waagerechten Balken, der den verfügbaren Speicher Ihres iPod darstellt. Falls Sie exakt sehen wollen, wie viele Lieder und Videos sich auf dem iPod befinden, dann drücken Sie erneut die Auswahltaste. Rechnen Sie damit, dass ein MP3-Titel etwa 4 MB Platz braucht (ein AAC-kodierter Titel, wie diejenigen aus dem iTunes Store, benötigt etwas weniger). Weitere 125 Titel nehmen daher ungefähr ein halbes Gigabyte ein. Falls Sie also feststellen, dass Ihnen noch 12 GB zur Verfügung stehen, können Sie einige Tausend Titel mehr laden und haben immer noch genug Platz. Videos dagegen beanspruchen eine Menge Platz. Zum Beispiel belegt ein typisches Musikvideo etwa 25 MB. Eine Fernsehsendung dagegen kann etwa 450 MB einnehmen und ein kompletter Film entsprechend zwischen 750 MB und mehr als 2 GB. Falls Sie also ein Film-Freak sind, haben Sie hoffentlich das 120-GB-Modell gekauft.

---

iTipp: Den freien Platz mit iTunes prüfen

Sie können auch mit iTunes feststellen, wie viel Platz noch für Musik und Videos vorhanden ist. Wenn Ihr iPod angeschlossen ist, klicken Sie einfach auf das Icon Ihres iPod in der Quellenliste auf der linken Seite des iTunes-Fensters. Im unteren Bereich des Hauptfensters finden Sie eine Darstellung des verbrauchten und verfügbaren Platzes für Musik oder Videos.

Einen Titel von Ihrem iPod löschen

Wenn sich ein Lied auf Ihren iPod geschmuggelt hat, das Sie absolut nicht ausstehen können (manchmal kann es passieren, dass ein Lied, das Sie eigentlich einmal ganz gern gehabt haben, Ihnen nach zu häufigem Anhören ziemlich auf die Nerven geht), können Sie es von Ihrem iPod löschen. Am einfachsten geht das, indem Sie das Lied von Ihrer Wiedergabeliste in iTunes löschen und dann Ihren iPod an Ihren Computer anschließen. Wenn der iPod aktualisiert wird, ist der störende Titel verschwunden!

Eine Wiedergabeliste direkt auf Ihrem iPod anlegen (On-The-Go)

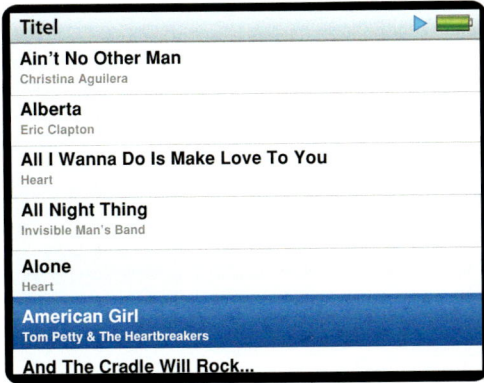

Obwohl wir die Wiedergabelisten normalerweise auf dem Computer in iTunes erzeugen, haben Sie die Möglichkeit, direkt auf Ihrem iPod eine eigene Wiedergabeliste, die sogenannte On-The-Go-Wiedergabeliste, anzulegen. Sie entsteht unterwegs, also nicht auf dem Computer. Drücken und *halten* Sie die Auswahltaste, bis der Titelname dreimal blinkt (das dauert nur einen Augenblick). Das war's – der Titel steht jetzt auf Ihrer On-The-Go-Liste (auf die gleiche Weise können Sie auch ein ganzes Album oder den Inhalt einer Wiedergabeliste hinzufügen). Auf einem neuen iPod nano erscheint ein Menü, in dem Sie Zu On-The-Go hinzufügen auswählen können. Sie finden die On-The-Go-Liste am Ende des Wiedergabelistenmenüs. Wenn Sie auf die On-The-Go-Liste klicken, sehen Sie einen Eintrag zum Speichern der Liste. Mit dessen Hilfe wandeln Sie diese Liste in eine normale Wiedergabeliste um. Die On-The-Go-Liste wird dadurch geleert, so dass Sie eine neue anlegen können. Falls Sie die Liste einfach so löschen wollen, wählen Sie Liste löschen.

---

iTipp: Die On-The-Go-Wiedergabeliste synchronisieren

Wenn Sie Ihren iPod mit Ihrem Computer synchronisieren, dann erscheint Ihre neue On-The-Go-Wiedergabeliste in iTunes, wo Sie wie bei jeder anderen Wiedergabeliste Titel hinzufügen, löschen und umsortieren können. Wenn Sie in iTunes fertig sind, klicken Sie zuerst auf den iPod in der Geräteliste auf der linken Seite und anschließend auf Synchronisieren, um die Änderungen an der On-The-Go-Liste an den iPod zu übermitteln.

Einen On-The-Go-Titel verschwinden lassen

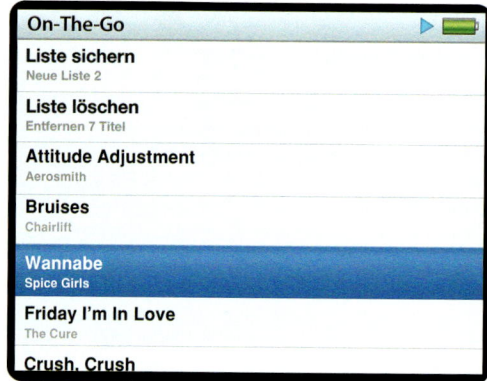

Haben Sie schon einmal ein Lied zu Ihrer On-The-Go-Wiedergabeliste hinzugefügt und dann gedacht »Hm, ich bin mir gar nicht so sicher, ob ich das hier haben will«? Als Sie beispielsweise in einem Augenblick von Verwirrung und Unsicherheit einen Titel der Spice Girls auf Ihre On-The-Go-Liste gesetzt haben (Hilfe!)? Zum Glück ist es genauso einfach, dieses Lied von der On-The-Go-Wiedergabeliste zu löschen, wie es versehentlich darauf zu setzen. Suchen Sie einfach dieses Lied auf Ihrer On-The-Go-Wiedergabeliste und drücken und halten Sie die Auswahltaste, bis der Liedtitel dreimal flackert. Das ist der Hinweis darauf, dass die Spice Girls fort sind. Auf dem neuen iPod nano erscheint ein Menü, in dem Sie AUS ON-THE-GO ENTFERNEN wählen können.

---

iTipp: Ein Album zur On-The-Go-Wiedergabeliste hinzufügen

Hier ein ganz geheimer Tipp: Sie können mehr als ein Lied gleichzeitig zu Ihrer On-The-Go-Wiedergabe-liste hinzufügen. Falls Sie etwa ein ganzes Album oder alle Lieder eines bestimmten Künstlers auf die Liste bringen wollen, dann suchen Sie einfach den Künstler (oder das Album) auf Ihrem iPod und drücken und halten die Auswahltaste, bis der entsprechende Eintrag dreimal flackert (oder wählen Sie auf einem neuen iPod nano ZU ON-THE-GO HINZUFÜGEN aus dem Menü). Jetzt werden alle Titel hinzugefügt.

Eine Genius-Wiedergabeliste auf Ihrem iPod anlegen

Wenn Sie einen der neueren iPods besitzen, dann haben Sie die Möglichkeit, eine Genius-Wiedergabeliste anzulegen. Dabei handelt es sich um eine Wiedergabeliste, die der iPod für Sie erzeugt,
und zwar auf der Grundlage eines Lieds, das Sie auswählen. Er setzt Methoden der künstlichen
Intelligenz ein, um Lieder zu ermitteln, die gut zu dem gewählten Titel passen würden.
Falls Sie einen iPod touch haben, können Sie Ihren Titel aus einer Liste aller Lieder wählen,
indem Sie auf das Genius-Icon im Abschnitt WIEDERGABELISTE tippen. Bei einem anderen iPod, wie
einem iPod nano oder classic, spielen Sie zuerst den Titel an und drücken und halten dann
die Auswahltaste. Es erscheint ein Menü, in dem Sie GENIUS STARTEN wählen. Dadurch wird
eine Wiedergabeliste basierend auf dem ausgewählten/abgespielten Titel erzeugt. (*Hinweis*:
Auf Ihrem Computer muss mindestens iTunes 8 installiert sein; außerdem müssen Sie die
Genius-Funktion in iTunes einschalten, damit das auf Ihrem iPod funktioniert.)

Die Lautstärke Ihres iPod steuern

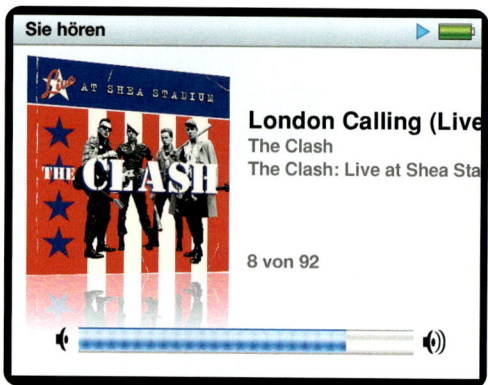

Um Ihren iPod lauter zu drehen, bewegen Sie Ihren Finger leicht im Uhrzeigersinn auf dem Click-Wheel entlang, und um die Laufstärke zu verringern (ja, richtig), drehen Sie mit Ihrem Finger entgegen dem Uhrzeigersinn auf dem Click-Wheel. Sobald Sie mit dem Finger in eine der beiden Richtungen drehen, erscheint auf dem Display ein Anzeigebalken für die Lautstärke, anhand dessen Sie erkennen können, wie laut (oder leise) die Lautstärke momentan eingestellt ist. Dieser Balken wird breiter/schmaler, wenn Sie die Lautstärke vergrößern/verringern.

Die Klangqualität verbessern (EQ)

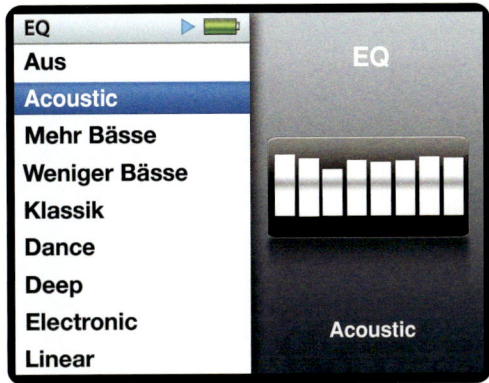

Sie werden nun eine Funktion Ihres iPod entdecken, mit deren Hilfe Ihre Musik so viel besser klingen kann, dass Sie diese Funktion nie mehr ausschalten wollen (und traurigerweise ist sie standardmäßig ausgeschaltet). Ihr iPod besitzt einen eingebauten Equalizer, der die Audioausgabe Ihres iPod an die Art der Musik anpassen kann, die Sie gerade hören – das Beste daran ist, dass Sie einfach aus einer Liste von integrierten Voreinstellungen wählen können. Und so funktioniert das: Benutzen Sie im Hauptmenü das Click-Wheel, um zu den EINSTELLUNGEN zu scrollen, und drücken Sie dort die Auswahltaste. (Auf dem neuen iPod nano müssen Sie auf Wiedergabe scrollen und die Auswahltaste drücken.) Scrollen Sie dann auf den Menüpunkt EQ und betätigen Sie erneut die Auswahltaste. Sie sehen eine Liste voreingestellter EQ-Werte für alle möglichen musikalischen Geschmacksrichtungen (z.B. R&B, Hip Hop, Jazz, Sprache, Acoustic, Klassik usw. sowie besondere EQ-Einstellungen, die den Bass verstärken, den Gesang verstärken oder die Höhen abschwächen). Scrollen Sie zu der Musikrichtung, der Sie gerade lauschen, drücken Sie die Auswahltaste, navigieren Sie zurück und hören Sie weiter der Musik zu. Sie werden erstaunt sein, wie reichhaltiger, voller und einfach besser Ihre Musik nun klingt.

Ihre Ohren vor Schaden bewahren

Ist Ihnen das schon einmal passiert – Sie gehen die Straße entlang, wobei Sie Musik mit Ihrem iPod hören, und plötzlich kommt ein Lied, das so laut ist, dass Sie sich die Ohrstöpsel herausreißen müssen, damit Ihre Trommelfelle nicht im Kopf zusammenschlagen? Dachte ich mir. Das liegt daran, dass sich die Aufnahmelautstärke von Liedern stark unterscheiden kann. Glücklicherweise gibt es zu Ihrer Rettung eine Funktion namens LAUTSTÄRKE ANPASSEN. LAUTSTÄRKE ANPASSEN gleicht automatisch die Lautstärke zwischen Liedern aus, damit Ihnen nicht plötzlich die Ohren vom Kopf geblasen werden. Allerdings ist diese ohrenschonende Funktion standardmäßig deaktiviert – Sie müssen sie einschalten: Gehen Sie in das Hauptmenü, scrollen Sie mit dem Click-Wheel auf den Punkt EINSTEL-LUNGEN und drücken Sie die Auswahltaste. Scrollen Sie dann zu LAUTSTÄRKE ANPASSEN. (Auf dem neuen iPod nano klicken Sie unter EINSTELLUNGEN auf WIEDERGABE, um LAUTSTÄRKE ANPASSEN zu finden.) Es ist standardmäßig ausgeschaltet (in der Grafik auf der rechten Seite steht ORIGINALLAUTSTÄRKE VERWEN-DEN). Drücken Sie einmal auf die Auswahltaste, um die Funktion einzuschalten. Statt AUS steht rechts neben LAUTSTÄRKE ANPASSEN nun EIN, auf der Grafik steht LAUTSTÄRKE FÜR ALLE TITEL NORMALISIEREN. Frieden und Ausgeglichenheit werden in Ihre Welt zurückkehren (ach, wenn es doch so einfach wäre).

Ihren iPod als Uhr benutzen

Ihr iPod kann nicht nur Musik abspielen, als Ihr persönlicher digitaler Assistent arbeiten und möglicherweise Diashows wiedergeben, sondern auch die Zeit anzeigen – und das sogar, während die Musik läuft. Um das aktuelle Datum und die Uhrzeit zu sehen, begeben Sie sich in das Hauptmenü. Klicken Sie dort auf EXTRAS, scrollen Sie auf WELTUHR und klicken Sie darauf. Jetzt wird eine analoge Uhr mit der aktuellen Zeit angezeigt; unter der Uhr (und zwar unter jeder der eingestellten Uhren) steht das Datum. Nachdem Sie die Uhrzeit eingestellt haben (in den Einstellungen unter Datum & Uhrzeit), können Sie Ihren iPod veranlassen, die aktuelle Zeit beim Abspielen eines Lieds anzuzeigen. Dazu klicken Sie im Hauptmenü wieder auf EINSTELLUNGEN und gehen in das DATUM & UHRZEIT-Menü. Wählen Sie dort den Eintrag UHR IM TITEL, um diese Funktion zu aktivieren. Jetzt erscheint die aktuelle Uhrzeit in der Titelleiste, wenn ein Lied abgespielt wird.

---

iTipp: Mehrere Zeitzonen überwachen

Falls Sie Zeitzonen für unterschiedliche Teile der Welt überwachen müssen (Sie Globetrotter, Sie), dann ist das mit Ihrem iPod für vier verschiedene Zeitzonen möglich. Klicken Sie im Hauptmenü auf EXTRAS. Im EXTRAS-Menü wählen Sie WELTUHR. Wählen Sie HINZUFÜGEN oder BEARBEITEN, suchen Sie dann die gewünschte Zeitzone nach der Region und anschließend nach der Stadt aus. Jetzt dürfen Sie sich ganz international fühlen.

Den Wecker stellen

Sie wollen sichergehen, dass Sie rechtzeitig zum Bahnhof kommen? Nutzen Sie die Alarm-Funktion Ihres iPod. Gehen Sie im Hauptmenü auf den Punkt Extras und betätigen Sie die Auswahltaste. Klicken Sie dann auf Wecker. Im Wecker-Menü klicken Sie auf Wecker stellen. Jetzt ist also die Weckfunktion Ihres iPod eingeschaltet – allerdings wissen Sie noch nicht, wann sie losgeht. Glücklicherweise gibt es eine Liste mit Optionen, mit deren Hilfe Sie das Datum und die Uhrzeit des Weckalarms wählen, die Anzahl der Wiederholungen (z.B. täglich) und sogar den zu verwendenden Ton angeben (entweder ein deutliches Piepsen oder eine Wiedergabeliste mit Liedern). Allerdings müssen Sie Ihren iPod in diesem Fall an externe Lautsprecher anschließen, damit Sie diese Titel auch tatsächlich hören. Sie können natürlich auch mit Kopfhörern schlafen, aber davon rate ich ab. Bevor Sie sich versehen, haben Sie die Kopfhörer abgestreift und bekommen nichts mehr mit. Sie können den Alarm auch mit einem Label versehen, damit Sie auf einen Blick erkennen, weshalb Sie gestört werden. Und natürlich können Sie hier einen eingestellten Alarm auch löschen. Okay, Ihr Weckalarm ist eingestellt. Zur festgelegten Zeit wird Ihr iPod Sie wecken.

---

iTipp: Datum und Uhrzeit synchronisieren

Haben Sie bemerkt, dass Ihr iPod immer das heutige Datum und die aktuelle Uhrzeit zu kennen scheint? Das liegt daran, dass beim Synchronisieren des iPod mit dem Computer automatisch diese Werte gesetzt werden. Falls Sie das ändern wollen, gehen Sie in die Einstellungen und wählen Datum & Uhrzeit.

Das Klicken ausschalten

Wenn Sie durch Ihre Menüs scrollen, erzeugt Ihr iPod einen deutlichen »Klick«-Ton. Dabei handelt es sich sozusagen um eine akustische Rückmeldung, damit Sie wissen, dass etwas geschieht, wenn Sie herumscrollen. Manche Leute macht es schier verrückt (Sie wissen sicher, ob Sie das nervt) und sie wollen es ausschalten. Außerdem gibt es Orte, an denen es besser ist, wenn niemand diese Klicks hört oder auf diese Weise gar mitbekommt, dass Sie mit Ihrem iPod herumspielen, während Sie eigentlich die Konsolen des Atomkraftwerks beobachten sollten. Falls Sie also die »Stille des Pod« bevorzugen, können Sie diese Klicktöne ausschalten. Dazu gehen Sie im Hauptmenu auf den Punkt EINSTELLUNGEN, drücken dort die Auswahltaste und wählen im EINSTELLUN-GEN-Menü den Eintrag KLICKEN. Jetzt drücken Sie so lange die Auswahltaste, bis der Wert AUS zu sehen ist. Wenn Sie sie erneut drücken, wird das Klicken wieder aktiviert. Auf einem neuen iPod nano scrollen Sie in den EINSTELLUNGEN auf ALLGEMEIN und drücken die Auswahltaste, bis Sie zur Option KLICKEN kommen.

Die in den iPod eingebauten Spiele spielen

Okay, es ist nicht gerade eine PlayStation 3, aber dennoch enthält Ihr iPod einige hübsche kleine Spiele. Um an diese Schmuckstückchen zu gelangen, scrollen Sie im Hauptmenü auf Extras und drücken die Auswahltaste. Im Extras-Menü scrollen Sie zum Eintrag Spiele und betätigen erneut die Auswahltaste, um die Liste der integrierten Spiele zu erhalten. Dazu gehören iQuiz, Klondike (Solitaire) und Vortex (oder Klondike, Maze und Vortex auf einem der neuen iPod nanos). Drücken Sie die Auswahltaste, um ein Spiel auszuwählen – und beobachten Sie, wie die Zeit verfliegt. Natürlich finden Sie im iTunes Store noch viel bessere Spiele (einschließlich klassischer Arcade-Spiele wie Pac-Man); lesen Sie auf der nächsten Seite weiter.

Richtige Spiele herunterladen

Wie ich auf der vorhergehenden Seite erwähnte, sind auf dem iPod bereits einige Spiele enthalten. Diese Spiele sind, nun ja … ich würde einmal sagen, sie sind »nett«. Dankenswerterweise hat Apple jedoch einige wirklich coole »richtige« Videospiele für die iPods eingeführt, die für jeweils 4,99€ im iTunes Store gekauft und heruntergeladen werden können (einige dieser Spiele wurden von Apple in Auftrag gegeben, andere wurden an den iPod angepasst). Um diese Spiele zu erhalten, begeben Sie sich zum iTunes Store und klicken auf den iPod-Spiele-Link in der Liste der Store-Links in der oberen linken Ecke des Store-Fensters. Einige wichtige Dinge sollten Sie beachten: Sie können diese Spiele nicht in iTunes spielen – sie funktionieren nur auf dem iPod. Sobald Sie eines (oder mehrere) heruntergeladen haben, werden sie beim nächsten Synchronisieren auf Ihren iPod kopiert. Wenn das Spiel auf dem iPod angekommen ist, können Sie es spielen, indem Sie im Hauptmenü unter EXTRAS gehen. Im Menüpunkt SPIELE finden Sie dann das gesuchte Spiel (Sie benutzen das Click-Wheel als Steuerung).

---

iTipp: Heruntergeladene Spiele benutzen

Wenn Sie ein iPod-Spiel im iTunes Store kaufen, erscheint ein neuer Abschnitt in Ihrer iTunes-Quellenliste: iPod-Spiele. Dort finden Sie die Spiele, die Sie besitzen. Klicken Sie einen der Titel an, um die vollständigen Anweisungen für das jeweilige Spiel zu erhalten (was wirklich praktisch ist). Vergessen Sie jedoch nicht – Sie können die Spiele nur auf dem iPod, nicht jedoch in iTunes spielen.

Hörbücher auf Ihrem iPod anhören

Wenn Sie das nächste Mal eine Reise antreten, könnten Sie einige Hörbücher mitnehmen. Der iPod eignet sich nicht nur zum Abspielen dieser Hörbücher, im iTunes Store werden sie sogar verkauft. (Der iPod unterstützt auch Hörbücher, die von Audible.com heruntergeladen werden.) Um ein Hörbuch zu kaufen, begeben Sie sich in den iTunes Store und klicken auf den Link Hörbücher auf der linken Seite. Wenn Sie etwas Passendes heruntergeladen haben, dann finden Sie es nach der nächsten Aktualisierung Ihres iPod, indem Sie im Hauptmenü den Menüpunkt Musik wählen. Im Musik-Menü finden Sie ganz unten den Eintrag Hörbücher. Und nur falls Sie das interessiert: Wenn Sie das Anhören eines Hörbuchs unterbrechen, merkt sich der iPod die Stelle, an der Sie angehalten haben. Wollen Sie dann später weiterhören, fährt Ihr iPod genau dort fort, wo Sie das letzte Mal waren (etwa wie ein digitales Lesezeichen). Das funktioniert sogar in iTunes – selbst bei der Synchronisierung mit dem iPod aktualisieren sie einander, so dass Sie immer wissen, wo Sie waren.

---

iTipp: Die Vorlesegeschwindigkeit ändern

Bei Hörbüchern werden Sie merken, dass das Tempo des Sprechers manchmal genau richtig ist, manchmal aber auch zu langsam oder zu schnell. Zum Glück können Sie das ändern. Gehen Sie vom Hauptmenü aus in die Einstellungen, scrollen Sie auf Hörbücher und drücken Sie die Auswahltaste. Auf dem neuen iPod nano wählen Sie unter Einstellungen zuerst Wiedergabe und dann Hörbücher. Normal ist die vorgegebene Geschwindigkeit für Hörbücher. Um die Dinge zu beschleunigen, wählen Sie Schneller, um sie zu verlangsamen, wählen Sie entsprechend Langsamer.

Ihren iPod umbenennen

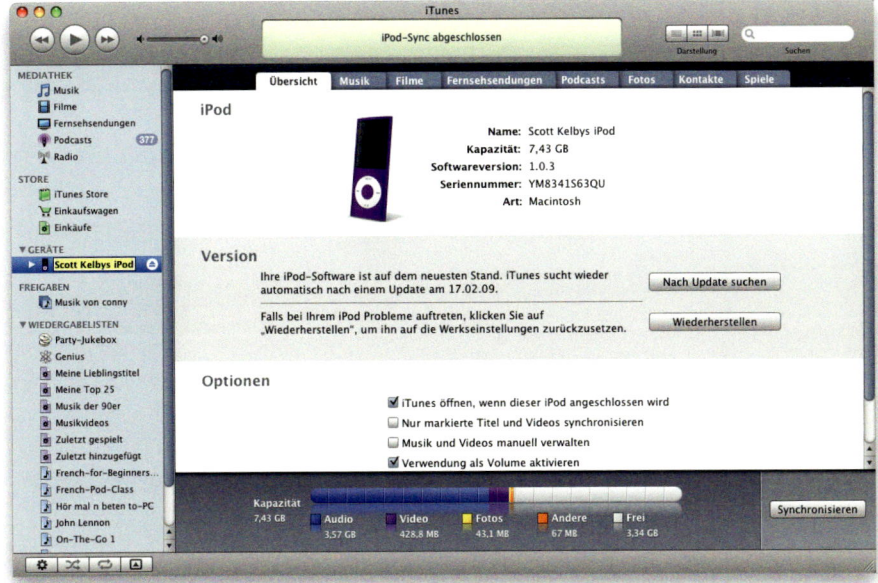

Falls Sie Ihrem iPod irgendwann einmal einen neuen Namen verpassen wollen, dann schließen Sie ihn zuerst an Ihren Computer an. Nehmen wir zum Beispiel an, Sie wollen den Namen Ihres iPod in »Scott Kelbys iPod« ändern. (He, lachen Sie nicht. So habe ich meinen genannt und mir gefällt das wirklich gut.) Klicken Sie dann direkt auf seinen Namen in der Geräteliste (auf der linken Seite des iTunes-Fensters). Das Namensfeld wird markiert, so dass Sie einen neuen Namen eintippen können (er schreibt sich »S-c-o-t-t«). Drücken Sie die ⏎-Taste auf Ihrer Tastatur, um die Umbenennung abzuschließen.

Die Software Ihres iPod aktualisieren

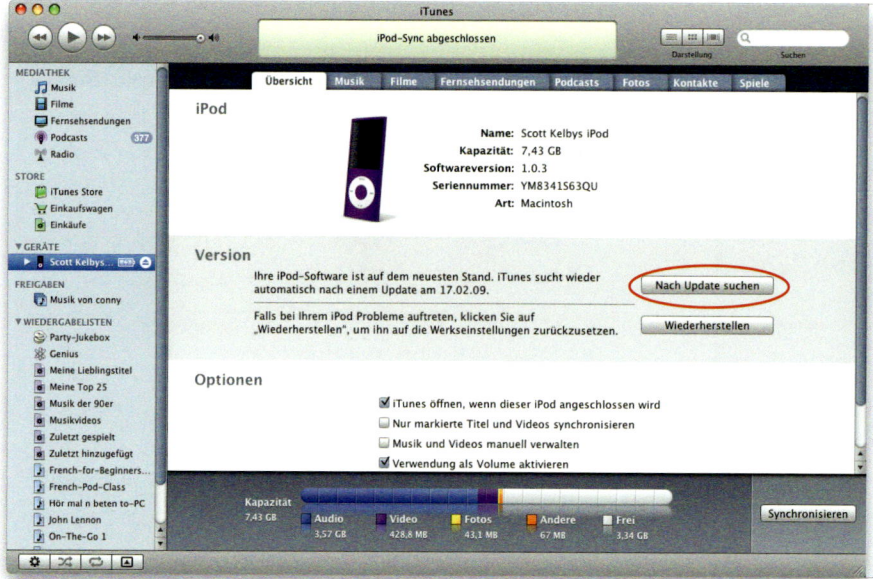

Apple aktualisiert die iPod-Software regelmäßig, wobei Verbesserungen, kleine Anpassungen usw. hinzukommen. Sie sollten deshalb dafür sorgen, dass Ihr iPod auf dem neuesten Stand bleibt. Das gilt vor allem, falls Sie eine Reihe unterschiedlicher iPods besitzen. Um festzustellen, ob Ihre iPod-Software aktuell ist und um gegebenenfalls die neueste iPod-Software zu installieren, verbinden Sie Ihren iPod mit Ihrem Computer und klicken dann in iTunes auf den iPod in der Geräteliste auf der linken Seite des iTunes-Fensters. Im Hauptfenster erscheinen die Voreinstellungen des iPod. Auf der Übersichtsseite können Sie feststellen, ob Ihre iPod-Software möglicherweise nicht auf dem neuesten Stand ist. (Sie erkennen oben in der Abbildung, dass mein iPod auf dem neuesten Stand ist, und wann iTunes wieder nach einer Aktualisierung sucht.) Falls iTunes feststellt, dass Ihre Software veraltet ist, klicken Sie auf AKTUALISIEREN und Ihr iPod wird mit der neuesten Version der Software versehen.

Cover Flow auf dem neuen iPod nano

Apple hat in den neuen iPod nano einen Beschleunigungsmesser eingebaut. Das bedeutet, dass dieses Gerät die Fähigkeit besitzt, auf die Richtung zu reagieren, in die es gehalten wird. Wenn Sie ein Lied auf dem iPod nano abspielen, können Sie auf der Stelle in die Cover Flow-Darstellung wechseln, indem Sie den iPod nano auf die Seite legen. Sobald er sich im Cover Flow-Modus befindet, können Sie mit dem Click-Wheel zwischen den Alben wechseln. Wenn Sie zu einem Album kommen, dessen Titel Sie sich anschauen wollen, drücken Sie die Auswahltaste. Um das Album herumzudrehen, drucken Sie die Menütaste.

Schütteln Sie Ihren neuen nano, um Titel zu mischen

In den neuen iPod nano hat Apple eine coole Funktion eingebaut, die es Ihnen erlaubt, Ihre Lieder zu mischen, indem Sie einfach den iPod nano schütteln. Diese Funktion nutzt den eingebauten Beschleunigungsmesser. Beginnen Sie damit, einen Titel aus der Wiedergabeliste abzuspielen. Wenn Sie einen neuen Titel hören wollen, schütteln Sie einfach Ihren iPod nano ein paarmal hoch und runter. Er wechselt zu einem anderen Lied (dieses Lied wird zufällig aus einer Ihrer Wiedergabelisten ausgewählt). Falls Sie sich Sorgen machen, dass sich diese Funktion störend auswirken könnte (z.B. beim Joggen), dann deaktivieren Sie sie in den EINSTELLUN-GEN. Begeben Sie sich in den EINSTELLUNGEN zur Option WIEDERGABE. Scrollen Sie nach unten auf SCHÜTTELN und drücken Sie die Auswahltaste, um diese Funktion auszuschalten.

Kapitel 4

It's Tricky

Coole Tipps & Tricks für den iPod

▶▶ Gut, dass ich einen Run-D.M.C.-Song als Namen für ein Kapitel über iPod-Tipps und -Tricks gewählt habe. Es gibt mir Street Credibility, denn egal, wie jung und cool einige von Ihnen vielleicht sind, Sie können Run-D.M.C. nicht dissen, weil sie den Rap vorange- bracht haben. Rapper aller Altersgruppen zollen ihnen Respekt. (Merken Sie, wie ich die Begriffe »Street Credibility« und »dissen« benutze? Hey, ich kenne mich aus im hippen Street Talk der Kids heutzutage.) So läuft es doch: Wenn Sie ein mittelalter Kerl aus gutem Hause sind, dann erinnern Sie sich nur noch an den Slang aus Ihrer Jugendzeit. Sie fangen dann an, irgendwelche Oldiesender zu hören und bekommen vom neuen Street Slang nichts mehr mit. Deshalb klingt der alte Slang für Sie immer noch »neu«. Wenn Sie irgendwann einmal in die verzweifelte Lage kommen, cool klingen zu wollen (wie ich hier ganz eindeutig), dann kommen Sie ganz schnell wieder auf Wörter, die Sie einmal als cool kannten. Wie »dissen«. Wenn Sie wirklich alt sind, wer- den Sie möglicherweise gelegentlich das Wort »knorke« einwerfen (glauben Sie mir, das wurde einmal von jungen Leuten unter 18 benutzt, ohne dass diese peinlich berührt knallrot wurden). Ich sitze also hier rum, höre alte Salt-N-Pepa-Songs an und wiederhole alle Klischees, die jemals auf frühen Ausgaben von Yo! MTV Raps geäußert wurden. Well, gotta go – my posse's hookin' up with another suck'a crew. (Verzeihen Sie mir.)

Wichtige Informationen über Ihren iPod

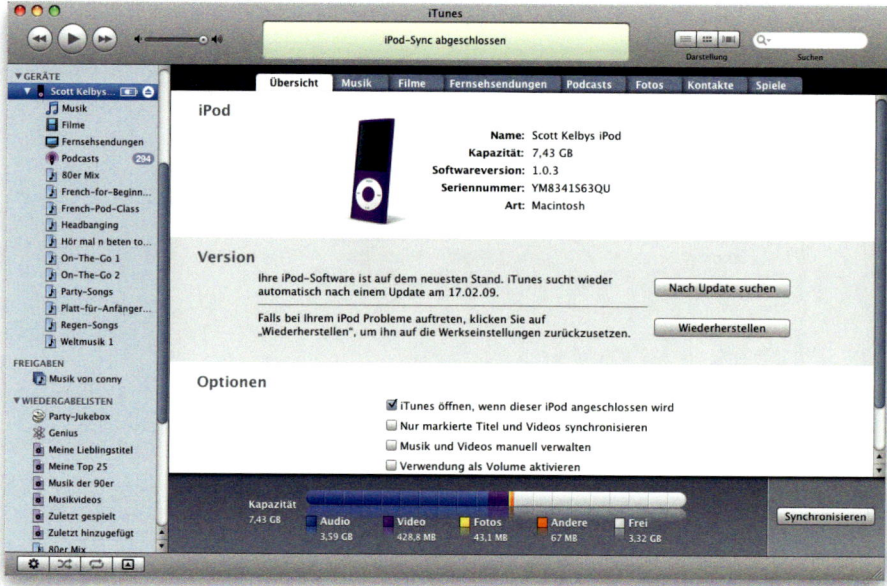

Falls Sie alles wissen wollen, was im Inneren Ihres iPod vor sich geht, dann begeben Sie sich am besten zu iTunes. Verbinden Sie Ihren iPod mit Ihrem Computer und klicken Sie dann in iTunes auf Ihren iPod in der Geräteliste auf der linken Seite des iTunes-Fensters. Dadurch werden die Voreinstellungen des iPod mit vielen Informationen über Ihren iPod gezeigt. Es sind sogar so viele Informationen, dass sie auf unterschiedliche Seiten aufgeteilt werden mussten, wie Sie an den Karteireitern im oberen Bereich des Fensters sehen. Der erste Abschnitt auf der Übersichtsseite zeigt grundlegende Informationen für Ihren iPod (seine Seriennummer, die Kapazität des iPod usw.). Darunter befindet sich ein Abschnitt, in dem Sie Ihre iPod-Software aktualisieren oder die ursprüngliche Werkseinstellung wiederherstellen können, falls es sich als erforderlich erweisen sollte, alles zu löschen und völlig neu wieder anzufangen. Dann gibt es im unteren Bereich noch eine Gruppe von Optionen für Ihren momentan angeschlossenen iPod. Ganz unten befindet sich ein farbiges Diagramm, das Ihnen zeigt, wie viel Platz auf dem iPod von welchen Daten belegt ist. Welche Karteireiter im Einstellungsfenster zu sehen sind, hängt davon ab, was für einen iPod Sie angeschlossen haben. Stellen Sie sich diese Karteireiter einfach als Voreinstellungen für Ihren speziellen iPod vor. Um beispielsweise in den Voreinstellungen anzugeben, welche Wiedergabelisten auf den gerade angeschlossenen iPod geladen werden sollen, klicken Sie auf den Karteireiter MUSIK. Um zu entscheiden, welche Podcasts auf Ihren iPod geladen werden sollen, klicken Sie auf den Karteireiter PODCASTS. Sie verstehen, oder?! Gut, sonst zweifle ich nämlich an Ihnen …

Ihren iPod als Wechselfestplatte benutzen

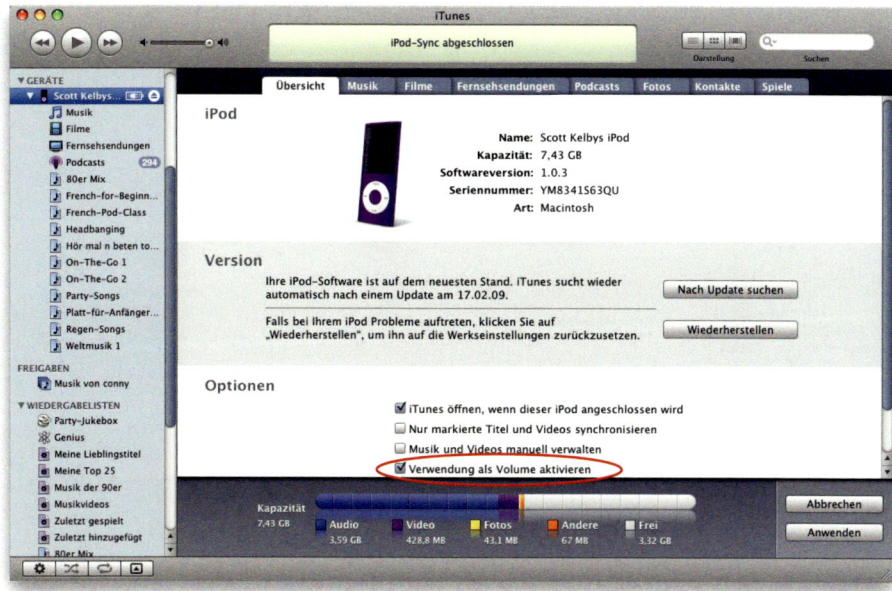

Dieser Titel ist ein wenig irreführend, da es sich bei Ihrem iPod *tatsächlich* um eine Festplatte handelt. Sie müssen ihm also jetzt nicht weismachen, dass er eine Festplatte ist – das ist ihm längst bekannt. Damit er sich aber wie eine normale Festplatte *benimmt* (auf der Sie normale Daten, Textdateien, Photoshop-Dateien, Videos usw. ablegen können), müssen Sie ihm sagen, dass das in Ordnung ist. Verbinden Sie zuerst Ihren iPod mit Ihrem Computer. Dadurch wird automatisch das Einstellungsfenster des iPod geöffnet. Aktivieren Sie auf der Übersichtsseite im Abschnitt OPTIONEN die Checkbox VERWENDUNG ALS VOLUME AKTIVIEREN. (*Hinweis:* Sie müssen diese Option nur dann einschalten, wenn die automatische Aktualisierung in den ITUNES VOREINSTELLUNGEN aktiv ist. Falls Sie nämlich beschlossen haben, Ihren iPod manuell zu aktualisieren, dann ist die Funktion VERWENDUNG ALS VOLUME AKTIVIEREN standardmäßig eingeschaltet. Auf der nächsten Seite erhalten Sie dazu nähere Informationen.) Ihr iPod taucht nun auf Ihrem Schreibtisch auf und Sie können per Drag-and-Drop Dateien auf das iPod-Symbol bewegen – wie bei jedem anderen Wechselmedium. Das ist prima, wenn Sie andere als Musikdateien zwischen Rechnern transportieren wollen. Sie müssen sich jedoch eine Sache merken: Wenn Ihr iPod in diesem »Festplatten-modus« ist, dann müssen Sie ihn manuell auswerfen, indem Sie auf das iPod-Symbol auf Ihrem Schreibtisch oder in der iTunes-Geräteliste Ctrl-klicken (PC: rechtsklicken) und im Kontextmenü den Befehl AUSWERFEN wählen.

Die automatische Aktualisierung ausschalten

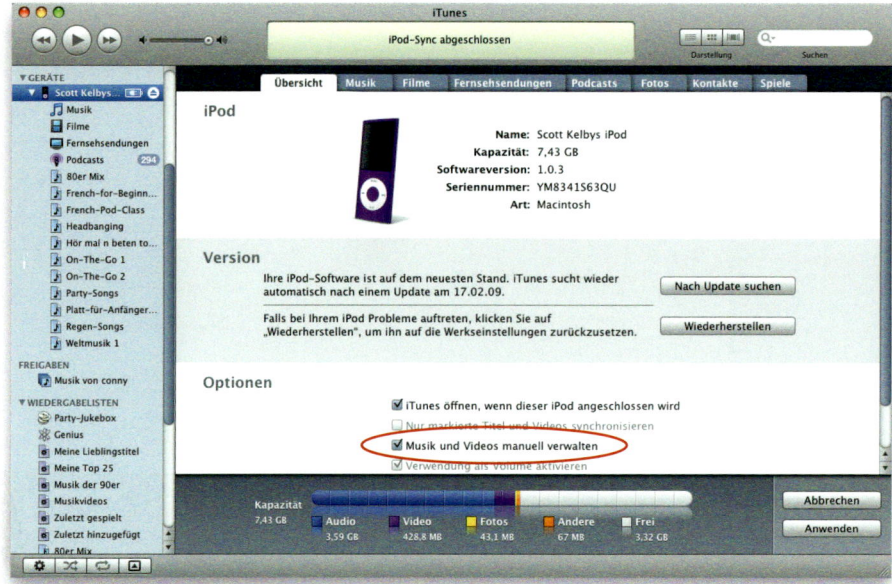

Jedes Mal, wenn Sie Ihren iPod an Ihren Computer anschließen, startet iTunes automatisch einen
Aktualisierungsvorgang (eine automatische Synchronisation), bei dem alle neuen Lieder, die Sie
ins iTunes geladen haben, auf Ihren iPod übertragen werden, so dass Ihr iPod immer auf dem
neuesten Stand ist. Dabei werden auch alle Lieder vom iPod gelöscht, die Sie aus Ihrer iTunes-
Musikbibliothek entfernt haben, um iTunes und Ihren iPod immer synchron zu halten. Falls Sie
also nicht oft neue Lieder herunterladen, Sie bestimmte Lieder nicht von Ihrem iPod entfernen
wollen oder Ihre iTunes-Bibliothek größer ist als der auf dem iPod verfügbare Platz, dann wollen
Sie möglicherweise nicht, dass Ihr iPod immer automatisch aktualisiert wird, vor allem, weil das
Aktualisieren Ihren iPod und iTunes lahmlegt. Wenn Sie Ihren iPod lieber manuell aktualisieren
wollen, können Sie die automatische Aktualisierung deaktivieren: Klicken Sie auf das Symbol
des iPod in der Geräteliste auf der linken Seite des iTunes-Fensters, während der iPod an Ihren
Computer angeschlossen ist. Wählen Sie in den iPod-Voreinstellungen die Option MUSIK UND VIDEOS
MANUELL VERWALTEN (oder MUSIK MANUELL VERWALTEN, falls Sie keinen Video-iPod haben). Jetzt müssen
Sie sich um die Aktualisierung kümmern: Direkt links neben Ihrem iPod in der iTunes-Geräteliste
sehen Sie ein graues Dreieck. Wenn Sie darauf klicken, sehen Sie alle Wiedergabelisten auf Ihrem
iPod. Um Ihren iPod manuell zu aktualisieren, ziehen Sie einfach einen Titel aus Ihrer iTunes-
Musikbibliothek (diese finden Sie ganz oben in der Liste der iTunes-Quellen) auf eine der iPod-
Wiedergabelisten. Das klingt für Sie jetzt vielleicht nach schrecklich viel Handarbeit, aber genau
das ist es.

Fehlerbehebung: Ihr iPod lässt sich nicht einschalten

Wenn Ihr iPod sich nicht einschalten will, liegt das wahrscheinlich an einem dieser beiden Dinge: (1) Prüfen Sie, ob sich der Hold-Knopf in der Stellung HOLD befindet. In diesem Fall sind alle Tasten gesperrt. Schieben Sie ihn in die andere Stellung, so dass der orangefarbene Bereich nicht mehr zu sehen ist (dabei werden die Tasten entsperrt), und drücken Sie dann eine Taste, um Ihren iPod einzuschalten. Falls das nicht funktioniert, kommt Plan B an die Reihe: (2) Wahrscheinlich ist es die Batterie. Versuchen Sie, Ihren iPod mit dem USB 2-Kabel an Ihren Computer anzuschließen. Sollte keine der beiden Lösungen das gewünschte Ergebnis liefern, dann versuchen Sie, Ihren iPod zurückzusetzen (Anweisungen dazu finden Sie auf der nächsten Seite).

Was tun, wenn Ihr iPod dicht macht

Wenn Ihr iPod dicht macht oder gesperrt ist (was bedeutet, dass er zwar an ist, aber nichts tut – Sie haben zwar eine Anzeige, aber die Tasten reagieren nicht, das Click-Wheel klickt nicht usw.), können Sie Ihren iPod zurücksetzen, wodurch das Problem meist behoben wird (keine Bange, durch das Zurücksetzen werden Ihre Lieder oder Wiedergabelisten nicht gelöscht). Um Ihren iPod zurückzusetzen, schieben Sie den Hold-Knopf (das ist dieser silberne oder weiße Schiebe-schalter an der Oberseite Ihres iPod bzw. an der Unterseite Ihres iPod nano) in die Position HOLD (so dass der orangefarbene Indikator zu sehen ist) und anschließend wieder zurück, um ihn wieder zu entsperren. Nun halten Sie sowohl die Menü- als auch die Auswahltaste so lange ge-drückt, bis das Apple-Logo in der LCD-Anzeige auftaucht (das dauert normalerweise weniger als 10 Sekunden), dann lassen Sie beide Tasten wieder los. Auf älteren iPods schieben Sie ebenfalls den Hold-Knopf in die Sperrposition und wieder zurück, drücken und halten aber anschließend die Start-/Pause-Taste und die Menütaste. Wenn Sie sich nicht sicher sind, wie alt Ihr Modell ist, dann probieren Sie es mit dem Schieben des Hold-Knopfs, dann dem Drücken und Halten der Start-/Pause-Taste und der Auswahltaste. Eine der drei Kombinationen wird Ihren älteren iPod irgendwann zurücksetzen.

Ihr iPod als Kontaktmanager

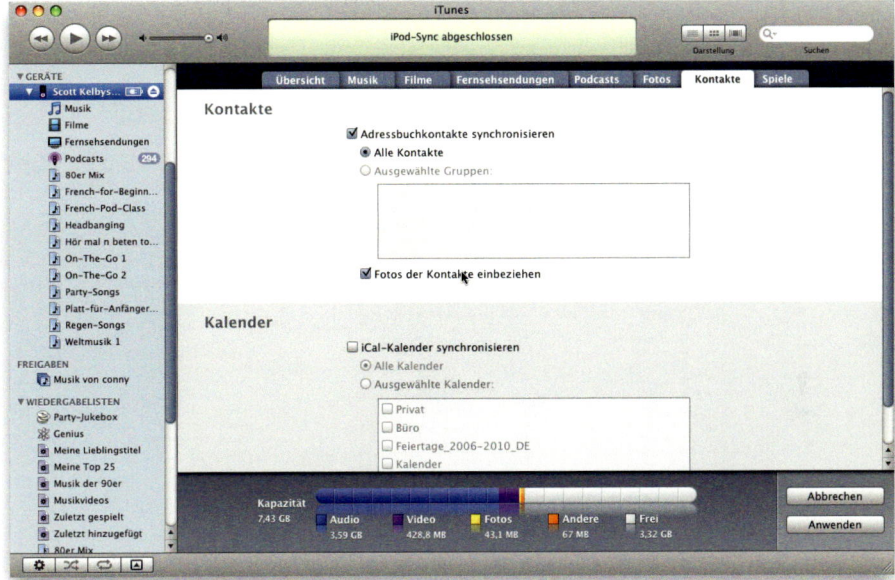

Sie können Ihren iPod als eine Art Mini-PDA einsetzen, indem Sie Ihre Kontakte (Adressen, Tele-fonnummern usw.) darauf ablegen. Wenn Sie mit einem Mac arbeiten und das Adressbuch von Apple benutzen, könnte das nicht einfacher gehen – verbinden Sie einfach Ihren iPod mit Ihrem Mac (wodurch iTunes gestartet wird). Klicken Sie auf den Karteireiter KONTAKTE im Einstellungs-fenster des iPod. Schalten Sie auf der Kontakteseite die Checkbox ADRESSBUCHKONTAKTE SYNCHRONISIE-REN ein. Sie können entweder alle Ihre Kontakte oder nur ausgewählte Gruppen synchronisieren. Falls Sie nicht wenigstens iTunes Version 4.8 verwenden, müssen Sie stattdessen iSync aus Ihrem Programme-Ordner öffnen. (Es ist einfacher, Ihr iTunes zu aktualisieren, also erledigen Sie dies zuerst.) Sollten Sie auf einem Windows-PC arbeiten, dann müssen Sie bei der Aktivierung der Checkbox ADRESSBUCHKONTAKTE SYNCHRONISIEREN in einem nachfolgenden Dialog wahrscheinlich erst ein Programm auswählen, mit dem synchronisiert werden soll (Windows-Adressbuch, Outlook usw.). Falls Sie Ihr iTunes nicht aktualisiert haben, ist ein wenig mehr Aufwand erforderlich, es ist aber dennoch einfach. Nachdem Sie Ihren iPod angeschlossen haben, öffnen Sie Ihren Kontaktmanager und ziehen dann Adressen (Ihre vCards) direkt aus dem Kontaktmanager in den Kontakte-Ordner auf Ihrem iPod. (*Hinweis:* Um auf den Kontakte-Ordner des iPod zugreifen zu können, müssen Sie den iPod zuerst dazu bringen, als Festplatte zu agieren – wir haben das weiter vorn in diesem Kapitel schon besprochen.) Wenn Sie Ihre Kontakte geladen haben, greifen Sie auf die gleiche Weise darauf zu, wie für die Macs erläutert.

Wiedergabelisten in die gewünschte Reihenfolge bringen

Die Wiedergabelisten erscheinen auf Ihrem iPod in alphabetischer Reihenfolge (was sinnvoll ist). Was machen Sie also, wenn Sie eine bestimmte Wiedergabeliste (Ihre Lieblingsliste?) an den Anfang der Liste setzen wollen? Das geht ganz leicht, indem Sie beim Alphabet schummeln – Sie setzen einfach ein Sternchen (*) vor den Namen der Wiedergabeliste. Falls beispielsweise Ihre Lieblingswiedergabeliste den Namen »Jogger-Mix« trägt, dann doppelklicken Sie direkt auf den Namen der Wiedergabeliste (in der Quellenliste auf der linken Seite des iTunes-Fensters) und benennen sie in »*Jogger-Mix« um. Jetzt gelangt diese Wiedergabeliste an die oberste Position (geht aber immer noch nicht über Intelligente Wiedergabelisten). Einfach, oder?

---

iTipp: Was passiert, wenn die Kopfhörer abgehen

Wollen Sie ein ziemlich cooles Geheimnis erfahren, das Brett Nyquist (NAPP-Webentwickler und iPod-Süchtiger) freundlicherweise enthüllt hat? Wenn Sie joggen, walken oder sich einem Faustkampf hingeben und dabei die Ohrstöpsel aus Ihrem iPod zerren, dann hält der gerade abgespielte Titel an. Sie müssen die Kopfhörer einfach wieder in die entsprechende Buchse stecken, wieder auf Start drücken und können weiterboxen. Ihr Lied wird an der Stelle fortgesetzt, an der es angehalten hatte.

Eine Wiedergabeliste auf Ihrem iPod, aber nicht in iTunes

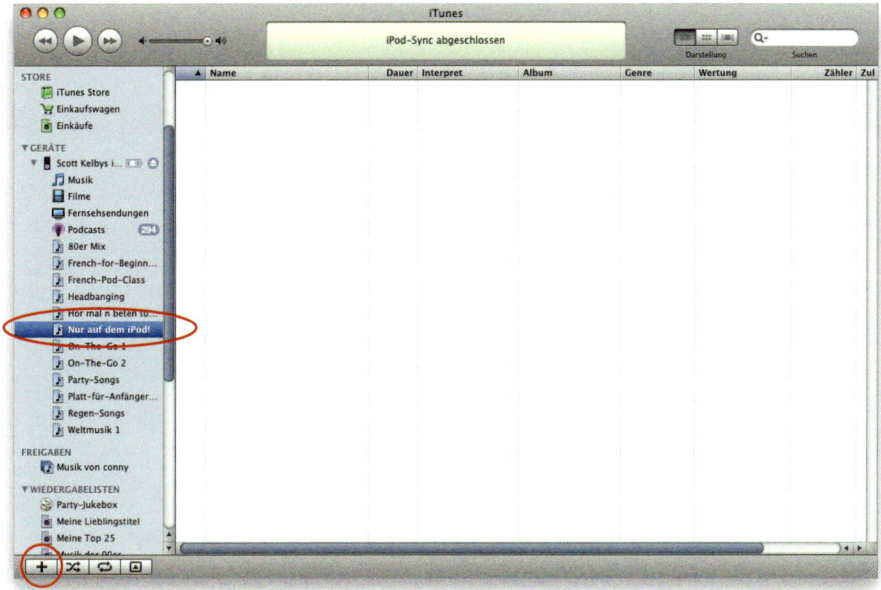

Wenn es eine Wiedergabeliste gibt, die Sie nur auf Ihrem iPod haben wollen (weil Sie sie vielleicht nur beim Joggen hören möchten, nicht aber, wenn Sie an Ihrem Schreibtisch sitzen und sich an einem Schokoriegel delektieren), können Sie dafür sorgen, dass diese Wiedergabeliste *nur* auf Ihrem iPod erscheint. Verbinden Sie dazu Ihren iPod mit Ihrem Computer und aktivieren Sie die Funktion zur manuellen Verwaltung (die wir weiter vorn in diesem Kapitel behandelt haben). Klicken Sie nun auf Ihren iPod in der Geräteliste auf der linken Seite des iTunes-Fensters. Anschließend klicken Sie auf das graue Dreieck links neben dem iPod-Symbol, um alle Wiedergabelisten anzeigen zu lassen, die sich bereits auf dem iPod befinden. Jetzt klicken Sie auf den WIEDERGABE-LISTE-ERSTELLEN-Button in der unteren linken Ecke des iTunes-Fensters. Eine neue, leere Wiedergabeliste erscheint innerhalb der Liste. Das Namensfeld ist bereits markiert, geben Sie also gleich einen Namen für die Liste ein und drücken Sie die ⏎-Taste, um ihn zu bestätigen. Nun ziehen Sie Titel direkt in diese Wiedergabeliste in dem Bewusstsein, dass es diese Liste nur auf dem iPod gibt und sie Ihre normale Liste mit den Wiedergabelisten nicht mit seltsamem Krempel verstopft (komischer Kauz, der Sie manchmal sind).

Noch intelligentere intelligente Wiedergabelisten mit Stichwörtern

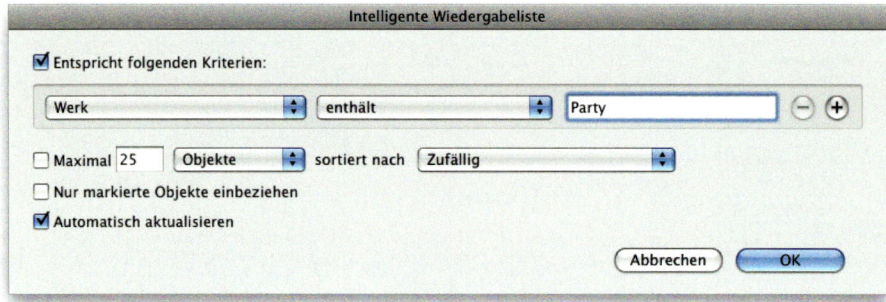

Vor einigen Jahren hat Apple die Möglichkeit eingeführt, eigene Stichwörter in eine MP3-Datei einzubetten. Und da diese Stichwörter eingebettet sind, begleiten sie natürlich einen Titel, wenn Sie ihn von einem Computer auf einen anderen bewegen. Wie würden Sie diese Eigenschaft nun einsetzen? Nehmen wir einmal an, Sie sind DJ auf einer Party in der nächsten Woche. Während Sie Ihre Lieder durchgehen, finden Sie welche, die Sie auf der Party einsetzen wollen. Sie gehen also in das Ablage-Menü und wählen für jeden Titel den Befehl Informationen. Sie klicken dann in der sich öffnenden Dialogbox auf den Karteireiter Infos und geben in das Feld Werk das Stichwort »Party« ein. Klicken Sie anschließend auf OK. Wenn Sie später einen Mix für die Party zusammenstellen wollen, können Sie iTunes eine intelligente Wiedergabeliste erzeugen lassen. Dazu wählen Sie Neue intelligente Wiedergabeliste aus dem Ablage-Menü und stellen in der sich öffnenden Dialogbox im ersten Popup-Menü Werk ein. Im zweiten Popup-Menü wählen Sie enthält, in das Textfeld geben Sie Ihr Stichwort »Party« ein. Wenn Sie auf OK klicken, erscheinen alle Titel mit dem Stichwort (Werk) »Party« (unabhängig vom eingestellten Genre) in Ihrer neuen intelligenten Party-Wiedergabeliste. Die intelligente Wiedergabeliste wird auf diese Weise noch intelligenter.

Sorgen Sie dafür, dass alle Ihre Titel bewertet sind

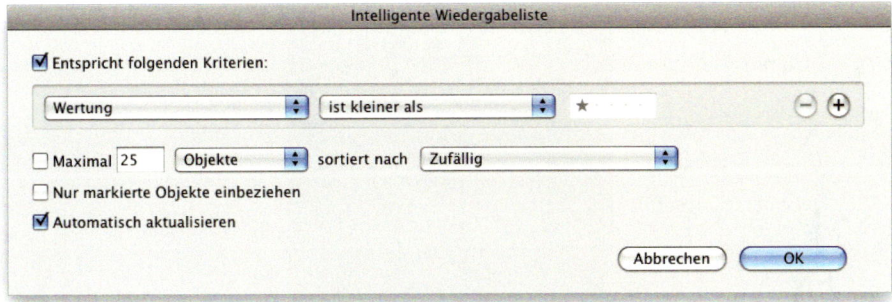

Jetzt werden Sie feststellen, wie wichtig es ist, Ihre Lieder zu bewerten (vor allem, wenn Sie intelligente Wiedergabelisten erstellen wollen, und glauben Sie mir – Sie werden das wollen). Aber Sie wissen (und ich weiß), dass es Titel gibt, die Sie noch nicht bewertet haben. Nun, es gibt eine Möglichkeit, um schnell alle unbewerteten Lieder zu finden und an einer Stelle zu sammeln, damit Sie sie bewerten können. Klicken Sie bei gedrückter ⎇-Taste (PC: Alt-Taste) auf den WIEDERGABELISTE-ERSTELLEN-Button in der unteren linken Ecke des iTunes-Fensters, um den Dialog für die intelligente Wiedergabeliste zu öffnen. Wählen Sie aus dem ersten Popup-Menü MEINE WER-TUNG und aus dem zweiten Menü IST KLEINER ALS. Klicken Sie im Sterne-Feld auf den ersten Stern, um eine Bewertung von einem Stern zuzuweisen. Sorgen Sie dann dafür, dass die Checkbox MAXIMAL deaktiviert ist, damit Sie alle unbewerteten Titel erfassen können. Klicken Sie auf OK. iTunes stellt augenblicklich eine Wiedergabeliste zusammen, in der ausschließlich Ihre unbewerteten Titel enthalten sind. Starten Sie das Abspielen eines Lieds von dieser Liste. Sobald Sie den Titel bewertet haben – schning –, verschwindet er von der intelligenten Wiedergabeliste. Schließen Sie Ihren iPod an, wenn Sie fertig sind. iTunes fügt auch hier Ihre neuen Bewertungen hinzu. Sehen Sie, das war gar nicht so schwierig, wie Sie dachten.

Sichern Sie Ihren iPod mit der Anzeigensperre

Die Anzeigensperre erlaubt es Ihnen, den Bildschirm Ihres iPod zu sperren (über einen Passwort-schutz). Sollte das Gerät in die Hände eines niederträchtigen Schurken fallen, kann dieser nichts damit anfangen, der iPod wäre praktisch nutzlos. Um diese Funktion einzuschalten, gehen Sie vom Hauptmenü aus in das Menü EXTRAS, wo Sie den Eintrag ANZEIGENSPERRE wählen. Zuerst stellen Sie Ihre Kombination (das numerische Passwort) ein. Klicken Sie dazu auf CODE EINSTELLEN. Mit Hilfe des Click-Wheel stellen Sie die Zahl ein, die Ihren Passcode bilden soll (mit der Auswahltaste bestätigen Sie jeweils Ihre Wahl. Es wird automatisch das nächste Feld markiert; Sie können aber auch mit den Vorspulen- und Zurückspulen-Tasten von Feld zu Feld gehen). Wenn Sie mit der Ein-gabe fertig sind, werden Sie aufgefordert, diese Zahlen zu bestätigen (jup, Sie müssen alles noch einmal eingeben). Nach der korrekten Bestätigung erscheint ein kleiner Balken, mit dem Sie entweder den iPod sperren oder den Passcode zurücksetzen können. Beim Sperren erscheint ein großes Schloss; zum Entsperren drücken Sie die Auswahltaste und geben den Passcode ein.

---

iTipp: Falls Sie den Passcode vergessen haben

Es ist nicht so schlimm, wenn Sie Ihren Passcode vergessen haben – schließen Sie Ihren iPod einfach an Ihren Computer an. Bei der nächsten Synchronisierung wird Ihr iPod entsperrt – schließlich kennt man sich. Falls übrigens jemand den falschen Passcode eingibt, erhält er eine entsprechende Warnmeldung und das Schloss-Symbol taucht wieder auf.

Kapitel 5
Video Killed the Radio Star
Video auf Ihrem iPod

Okay, ich gebe es zu, der Titel für dieses Kapitel, ein Kapitel über Video (Fernsehsendungen, Filme und Musikvideos) auf dem iPod ist einfach zu offensichtlich. Aber dieses Lied nimmt – obwohl es eigentlich ganz schön trantütig ist – einen wichtigen Platz in der Musikgeschichte ein, da es sich hierbei um den ersten Song handelt, der als Video auf MTV gespielt wurde. Tatsache, als MTV den Sendebetrieb aufnahm, haben sie das Musikvideo des Buggles-Songs »Video Killed the Radio Star« gespielt. Falls Ihnen dieses Lied völlig unbekannt sein sollte, dann sollten Sie es aus dem iTunes Store herunterladen und sich (einmal) in iTunes anhören. Ich empfehle Ihnen jedoch, dieses Lied nicht beim Fahren anzuhören (falls Sie Ihren iPod an Ihr Autoradio angeschlossen haben), da es Sie unbewusst dazu bringen wird, Ihr Auto vor den nächsten Baum zu setzen. Aber hat dieser Song irgendwie mit dem Inhalt dieses Kapitels zu tun – abgesehen von dem halbwegs passenden Namen? Nun, in der Tat gibt es eine entsprechende Geschichte zu diesem Lied. Ich produzierte einst (zusammen mit meinen Kumpeln Dave Cross und Matt Kloskowski) einen Radio-Podcast namens »Photoshop Radio«. Einmal in der Woche haben wir Photoshop-Tipps unter die Leute gebracht – zusammen mit den langweiligsten humoristischen Versuchen, die jemals digital aufgezeichnet wurden. Als jedoch Video-Podcasting in Mode kam und Apple iPods mit Video-Abspielmöglichkeiten auf den Markt brachte, haben wir die Radiosendung eingestampft und mit Photoshop®User TV begonnen. Im Prinzip hat also Video unseren Radio-Podcast um die Ecke gebracht. Ich weiß, was Sie jetzt sagen werden: »Das klingt sinnvoll, aber was hat Ihre Geschichte mit diesem Kapitel zu tun?« Um ehrlich zu sein, habe ich gehofft, dass Sie das nicht fragen würden.

Wo Sie Videos für Ihren iPod finden

Im iTunes Store gibt es drei verschiedene Arten von Videos – Spielfilme, Fernsehsendungen und Musikvideos (sowie eine Reihe von Sendungen, die Sie kostenlos aus dem iTunes Store herunterladen können). Das Kaufen von Videos aus dem iTunes Store wird auf den nächsten Seiten behandelt. Sie können aber auch kostenlose Video-Podcasts herunterladen; Videoprogramme, die von einzelnen Leuten, von unabhängigen Produktionsfirmen oder auch von Fernsehsendern hergestellt werden. Schließlich können Sie auch Ihre eigenen Videos (selbst gedreht oder aus dem Web heruntergeladen) nach iTunes importieren und von dort auf Ihren iPod kopieren. Um eine dieser Videoarten zu importieren, ziehen Sie den Video-Clip einfach in das Hauptfenster von iTunes. Der Import startet automatisch. Falls das aus irgendeinem Grund nicht funktioniert, hilft Ihnen der Befehl ZUR MEDIATHEK HINZUFÜGEN aus dem ABLAGE-Menü. Auf der nächsten Seite schauen wir uns das Herunterladen von Videos aus dem iTunes Store an.

Musikvideos aus dem iTunes Store

Wir beginnen mit den Musikvideos. Um die aktuelle Auswahl anzuschauen (es kommen häufig neue Musikvideos hinzu), klicken Sie auf den iTunes-Store-Link auf der linken Seite des iTunes-Fensters. Klicken Sie unter iTunes STORE (oben links im Hauptfenster) auf MUSIKVIDEOS. Auf diese Weise gelangen Sie in das Hauptfenster für Musikvideos. In der Mitte befinden sich die CD-Cover für die momentan beliebtesten Musikvideos. Sie können mit dem Scrollbalken unterhalb der Cover durch diese Auswahl blättern. Wenn Sie ein Video sehen, das Sie interessiert, dann klicken Sie einfach auf das Cover, um zu der Seite für dieses Video zu gelangen (im gezeigten Beispiel habe ich auf Christina Aguileras Cover geklickt und bin auf die Seite des Hits »Keeps Gettin' Better« gelangt). Auf der Seite des Videos können Sie (a) eine 30-sekündige Vorschau des Videos anschauen, indem Sie entweder auf den runden Vorschau-Button oder auf das CD-Cover klicken oder (b) das Video kaufen, das daraufhin in Ihr iTunes geladen wird und bei der Synchronisierung auch auf Ihren iPod gelangt. Und so bekommen Sie Videos in Ihren iPod – Sie kaufen sie (für jeweils 2,49€) im iTunes Store, sie werden auf Ihren Computer geladen und wenn Sie Ihren iPod anschließen, wird dieser mit den frisch gekauften Videos aktualisiert. Falls Sie stattdessen nach einem anderen Video suchen wollen, klicken Sie auf den Zurück-Button in der oberen linken Ecke des Fensters.

Einzelne Fernsehsendungen herunterladen

Im iTunes Store sind auch bekannte Fernsehserien erhältlich. Um sie zu erhalten, gehen Sie in etwa so vor wie bei den Musikvideos – Sie klicken zuerst auf den iTunes-Store-Link auf der linken Seite des iTunes-Fensters, betätigen dann aber den Link TV SENDUNGEN oben links auf der Homepage des iTunes Store. Genau wie bei den Musikvideos werden Sie auf die Hauptseite für die Fernsehserien geführt, wo Sie aus verschiedenen Genres auswählen können (die Genres sind auf der linken Seite des Fensters aufgeführt). Sie können die Serien auch nach Sendern und Studios auflisten lassen, sich anschauen, welche am häufigsten heruntergeladen werden, oder alle möglichen anderen Listen abrufen. Eine einzelne Folge aus einer aktuellen Staffel kostet ab 1,99€ und Sie können sie erst kaufen, wenn sie auf dem Sender ausgestrahlt wurde, nicht vorher. Sie wird nach dem Kauf auf Ihren Computer und bei der nächsten Synchronisierung auch auf Ihren iPod heruntergeladen.

---

iTipp: Mehrere Episoden herunterladen

Wenn Sie Fernsehsendungen herunterladen, dann geschieht dies in der Reihenfolge der Ausstrahlung, damit Sie diese Sendungen ebenfalls in dieser Reihenfolge anschauen können. Bei einer Comedy-Serie wie The Office mag das nicht so wichtig sein, es hat aber Bedeutung bei Serien wie Lost oder Grey's Anatomy, deren Geschichte von Woche zu Woche fortgeführt wird.

Eine ganze Staffel herunterladen

Wenn Sie sich für eine bestimmte Fernsehserie interessieren, dann sollten Sie es in Betracht ziehen, gleich die ganze Staffel zu erwerben und herunterzuladen (nachdem alle Folgen der Staffel im Fernsehen gelaufen sind). Das ist deutlich preiswerter, als wenn Sie die Folgen einzeln kaufen. So umfasst z.B. die vierte Staffel der US-amerikanischen Serie *Desperate Housewives* 17 Folgen, die je 2,49€ kosten. Einzeln gekauft, müssten Sie dafür 42,33€ bezahlen. Wenn Sie jedoch gleich die ganze Staffel nehmen, dann schlagen nur 36,99€ zu Buche, Sie sparen also mehr als 5€. Warten (und Rechnen) lohnt sich also.

Entscheiden, welche Videos auf Ihren iPod gelangen

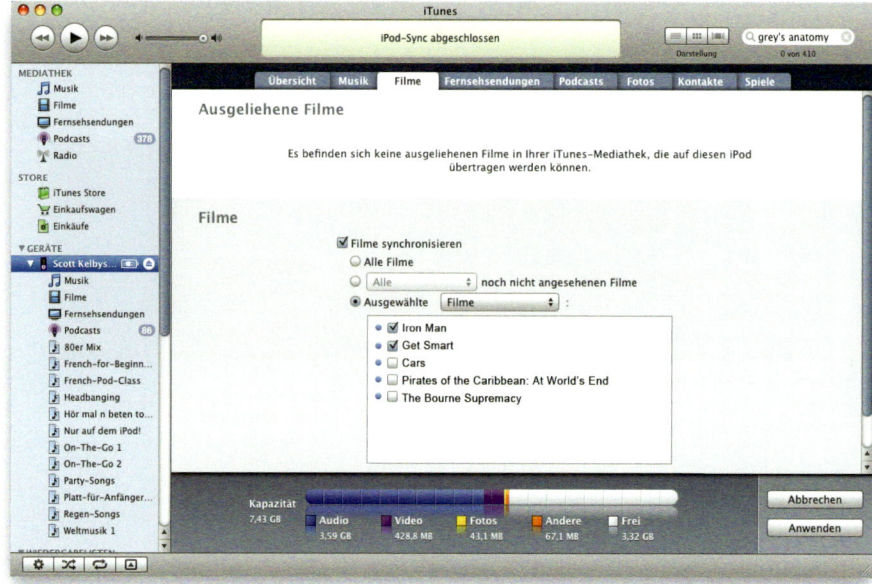

Standardmäßig werden alle Filme, Fernsehsendungen und Podcasts automatisch auf Ihren iPod übertragen, wenn Sie den iPod mit Ihrem Computer synchronisieren. Das ist sicher in Ordnung, wenn Sie einen 160-GB-iPod haben. Bei einem Gerät mit geringerer Kapazität dagegen, sollten Sie etwas wählerischer in Bezug auf die Videos sein, die auf Ihren iPod kommen (Videodateien sind nämlich ziemlich groß). Verbinden Sie den iPod mit Ihrem Computer, klicken Sie dann zuerst auf das iPod-Symbol und anschließend auf den Karteireiter FILME. Um eine genaue Auswahl zu treffen, schalten Sie den Radiobutton AUSGEWÄHLTE FILME ein und klicken Sie dann in der darunter befindlichen Liste der Filme nur diejenigen an, die tatsächlich auf den iPod kopiert werden sollen. Klicken Sie schließlich auf ANWENDEN in der unteren rechten Ecke des iTunes-Fensters. Wiederholen Sie dies für die Fernsehsendungen und Podcasts.

---

iTipp: Videos manuell verwalten

Eine andere Möglichkeit, um exakt zu steuern, welche Videos auf Ihren iPod gelangen, besteht darin, den iPod manuell zu verwalten – indem Sie die gewünschten Filme, Fernsehsendungen oder Musikvideos einzeln und von Hand von iTunes auf den iPod ziehen. Aktivieren Sie dazu die Checkbox MUSIK UND VIDEOS MANUELL VERWALTEN *in der Übersicht.*

Eigene Videos auf dem iPod abspielen

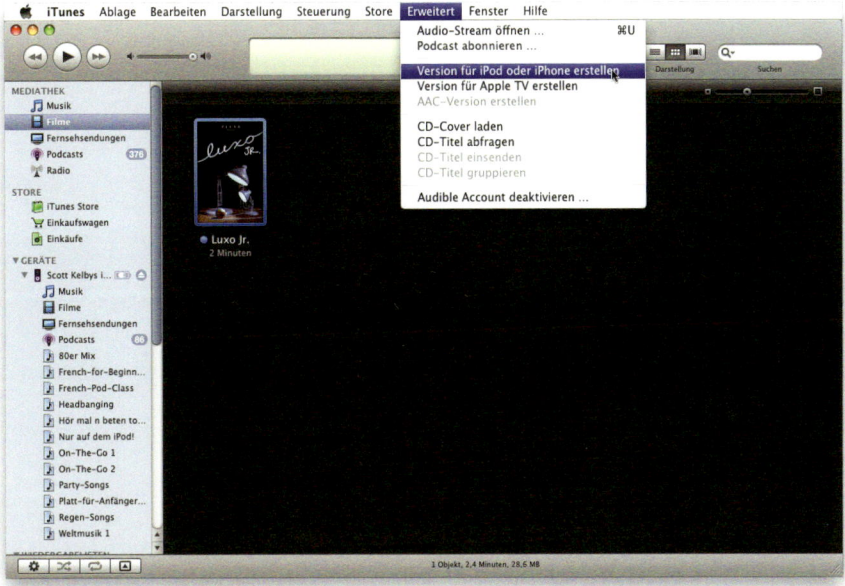

Videos, die Sie im iTunes Store kaufen, oder Video-Podcasts, die Sie vom iTunes Store herunterladen, sind bereits im richtigen Format für Ihren iPod. Falls Sie andere Videos nach iTunes importieren (wie etwa eigene Filme oder kostenlose Videos aus dem Web), dann werden diese mit hoher Wahrscheinlichkeit ohne Probleme in iTunes abgespielt, da iTunes die gleichen Videoformate unterstützt wie Apples QuickTime. Worin besteht also das Problem? Das Problem ist, dass Ihr iPod diese Formate nicht alle unterstützt. Wenn Sie ein Video nach iTunes importieren, erhalten Sie beim Synchronisieren mit dem iPod eine Fehlermeldung, die besagt, dass dieses Video auf dem iPod nicht abgespielt werden kann. Keine Bange, Sie müssen iTunes nur dazu bringen, das Video in ein passendes Format umzuwandeln. Dazu klicken Sie in iTunes zuerst auf das fragliche Video und wählen dann aus dem Erweitert-Menü Version für iPod oder iPhone erstellen. Das war's schon – das Video wird in ein Format umgewandelt, das Ihr iPod unterstützt. Sie müssen ihn jetzt nur noch synchronisieren, damit das Video auf den iPod übertragen wird. Sehen Sie, das war einfacher, als es klingt.

---

iTipp: Ihre eigenen Videos importieren

Das Importieren eines »selbst gebackenen« Videos nach iTunes ist einfach: Ziehen Sie den Video-Clip in das iTunes-Hauptfenster. Er wird automatisch importiert. Falls das aus irgendeinem Grund nicht funktioniert, wählen Sie Zur Mediathek hinzufügen aus dem Ablage-Menü.

Filme herunterladen

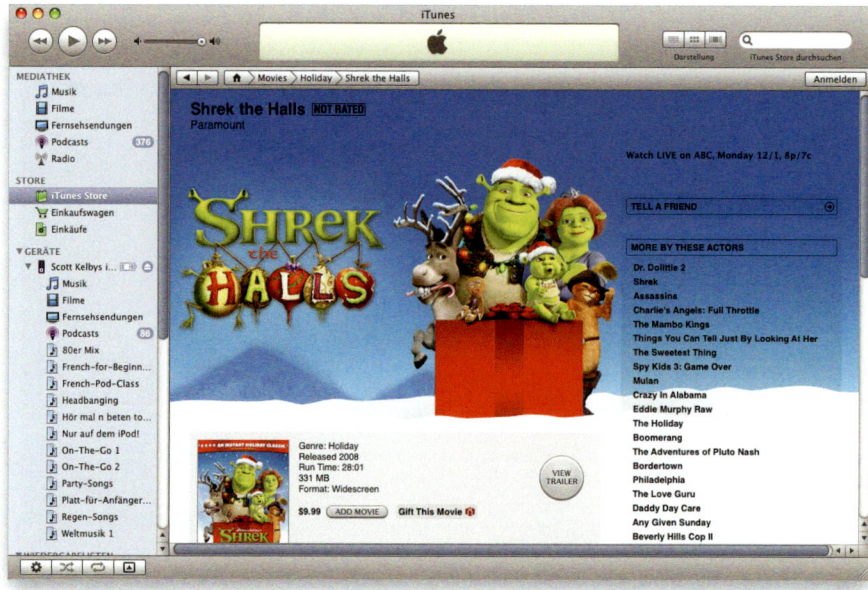

Das Herunterladen von Filmen auf Ihren iPod ist so einfach wie das Herunterladen von Fernsehserien und Musikvideos, allerdings mit einigen wichtigen Unterschieden. Begeben Sie sich zuerst
zum iTunes Store. (Filme gibt es zurzeit nur im US-amerikanischen iTunes Store. Mit dem Popup-
Menü ganz unten auf der Startseite des Store wechseln Sie in den US-amerikanischen iTunes
Store.) Klicken Sie auf den Link Movies in der oberen linken Ecke. Wenn Sie einen Film finden, der
Sie interessiert, dann klicken Sie darauf, um im iTunes Store auf die entsprechende Filmseite zu
gelangen. Neben dem Titel und der MPAA-Bewertung (PG, PG-13, R usw.) enthalten diese Seiten
auch abgekürzte Listen für die Film-Credits sowie eine kurze Zusammenfassung der Handlung.
Über den runden View-Trailer-Button (oder das Filmposter) können Sie sich direkt im iTunes-
Fenster den vollständigen Film-Trailer anschauen. Falls Sie den Film kaufen wollen, klicken Sie
auf Buy Movie. Und jetzt kommt's: Filme sind ziemlich groß, zwischen etwa 700 MB bis fast 2 GB.
Das Herunterladen dauert also eine Weile, selbst bei einer schnellen Verbindung. Aber etwa fünf
Minuten, nachdem das Herunterladen gestartet wurde, können Sie schon anfangen, den Film
anzusehen, und zwar direkt in iTunes, während es den Rest des Films herunterlädt.

---

iTipp: Nur nach Liedern suchen

*Die in den iPod integrierte Suchfunktion, von der wir schon gehört haben, sucht nur nach Liedern
auf Ihrem iPod – nicht nach Filmen, Fernsehsendungen oder Musikvideos.*

Ihre heruntergeladenen Videos in iTunes abspielen

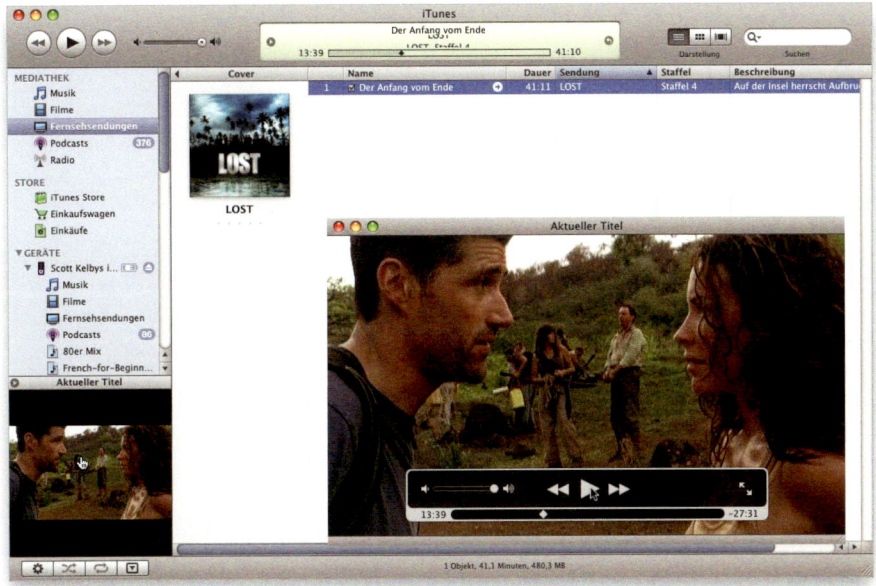

Wenn Sie Videos (Fernsehserien, Filme usw.) im iTunes Store kaufen, dann werden diese auf Ihren Computer und ins iTunes geladen, so dass Sie leichten Zugriff darauf erhalten (und sie auf Ihren iPod übertragen können). Eine andere großartige Eigenschaft ist, dass Sie diese Videos tatsächlich direkt in iTunes selbst anschauen können. Nehmen Sie zum Beispiel an, dass Sie eine Folge der Erfolgsserie *Lost* heruntergeladen haben und gleich auf Ihrem Computer anschauen wollen. Klicken Sie einfach in der Mediathek auf der linken Seite des iTunes-Fensters auf Fernsehsendungen. Alle Sendungen, die Sie heruntergeladen haben, werden jetzt angezeigt. In dieser Liste finden Sie auch die Folge aus *Lost*. Doppelklicken Sie auf diesen Eintrag und die Sendung wird in dem kleinen Fenster in der linken unteren Ecke des iTunes-Fensters gestartet, in dem normalerweise die CD-Cover zu sehen sind. Falls Ihnen das ein bisschen mickrig vorkommt (und das wird es), dann doppelklicken Sie direkt auf das winzige Fenster. Daraufhin öffnet sich ein viel größeres neues Fenster. Wenn Sie den Cursor über dieses Videofenster bewegen, erscheinen Steuerungen im unteren Bereich, mit denen Sie das Video anhalten/starten, vorwärts- und rückwärtsspulen und die Lautstärke einstellen können. Auf der äußersten rechten Seite der Bildschirmsteuerung befindet sich ein quadratischer Button mit kleinen, nach außen weisenden Pfeilen. Klicken Sie hier, dann wird das Video in voller Bildschirmgröße abgespielt. Um zu dem kleineren Videofenster zurückzugelangen, drücken Sie entweder die Esc-Taste oder bewegen den Cursor über das Video und klicken in der wieder auftauchenden Steuerung erneut auf den quadratischen Button für die Vollbildanzeige (bei dem die Pfeile nun aber nach innen weisen).

Ihre Downloads verwalten

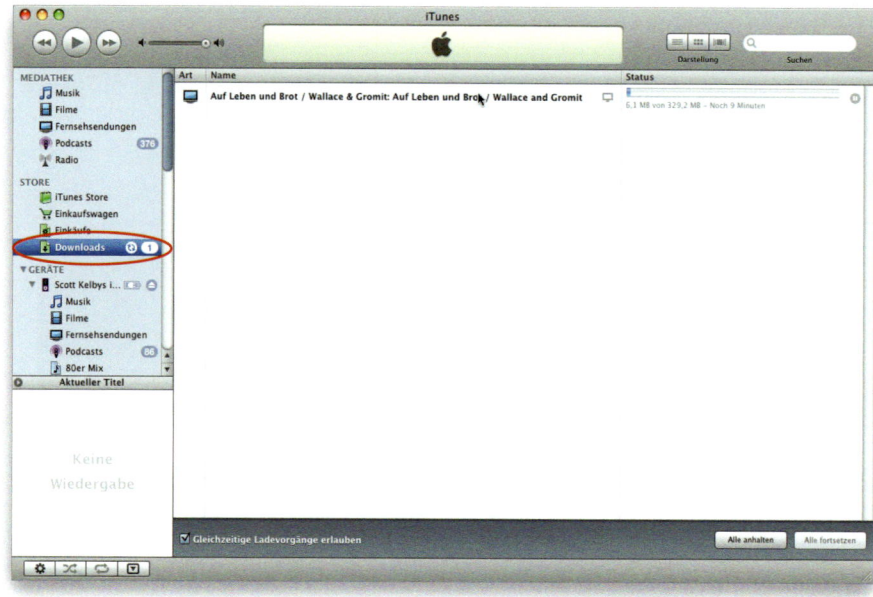

Wenn Sie ein Video im iTunes Store kaufen, wird dies sofort heruntergeladen. In Ihrer Quellenliste im Store-Abschnitt, direkt unterhalb des Links auf Ihre gekauften Objekte, taucht ein neuer Link namens »Downloads« auf. Bei einem Klick auf diesen Link erhalten Sie eine Liste aller laufenden Downloads (Sie können bis zu drei Objekte gleichzeitig herunterladen, weitere Objekte werden in eine Warteliste eingereiht). Das ist cool: Sie können wählen, in welcher Reihenfolge Ihre Objekte heruntergeladen werden sollen, indem Sie sie in die gewünschte Reihenfolge ziehen – genau wie die Objekte in einer normalen Wiedergabeliste. Falls Sie das Herunterladen stoppen und später fortsetzen wollen, klicken Sie auf den kleinen Pause-Button rechts neben der Statusleiste. Um das Herunterladen fortzusetzen, klicken Sie auf den runden Button, der jetzt an seiner Stelle auftaucht. Um alle Downloads auf einmal fortzusetzen, klicken Sie auf den Alle Fortsetzen-Button in der unteren rechten Ecke des Hauptfensters. Sobald übrigens alle Videos heruntergeladen wurden, verschwindet dieser Downloads-Link wieder.

---

iTipp: Videos größer abspielen

Falls Sie alle Videos, die Sie sich in iTunes anschauen, im größeren Videofenster anzeigen lassen wollen, wählen Sie in den iTunes-Einstellungen im Wiedergabe-Dialog für die Videowiedergabe aus dem Popup-Menü den Punkt In einem separaten Fenster. Sie können auch festlegen, dass Ihre Videos immer bildschirmfüllend angezeigt werden. Ah, das ist besser.

Ihre Videos in Ihren iPod bekommen

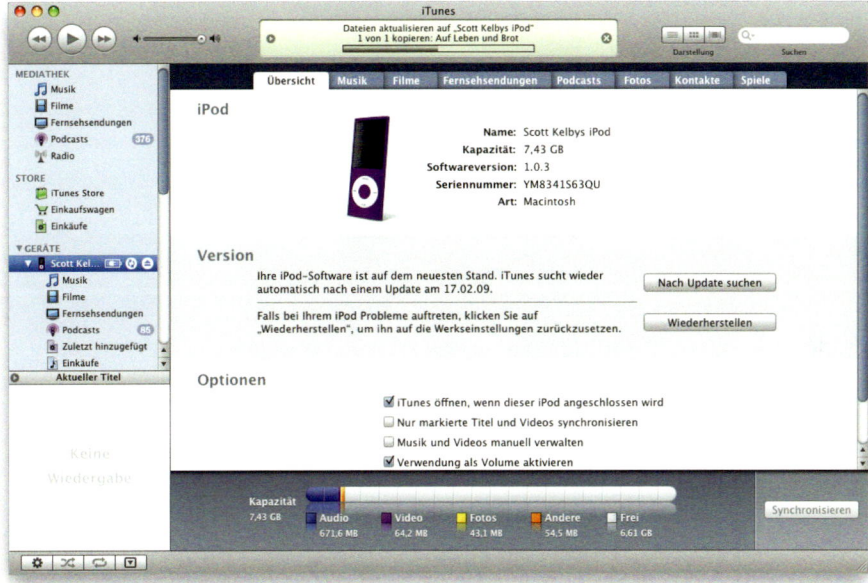

Okay, Sie haben nun also einige Filme, Fernsehsendungen und Musikvideos heruntergeladen und wollen diese nun auf Ihren iPod bekommen, damit Sie sie mitnehmen können, wenn Sie auf die Piste gehen. Machen Sie einfach Folgendes: Verbinden Sie Ihren iPod mit Ihrem Computer. iTunes startet (falls es nicht sowieso schon geöffnet ist) und aktualisiert automatisch Ihren iPod mit Ihren frisch heruntergeladenen Videos. So einfach ist das. Einfach anschließen und es erledigt den Rest.

---

iTipp: Wollen Sie wirklich etwas kaufen?

Wenn Sie auf Kaufen klicken, dann fragt Sie ein freundlicher kleiner Dialog, ob Sie das Video wirklich kaufen wollen. Wenn Sie dies bestätigen, dann ist es Ihr Video – für immer. Es gibt nach dieser Warnung keinen Cancel-Button, kein »Oh, ich habe das nicht so gemeint« und kein Zurück. Halten Sie also inne und machen Sie sich klar, ob Sie das Video, das Sie kaufen wollen, auch wirklich besitzen wollen, denn, mein Freund, Sie sind dann dafür verantwortlich. Ein Leben lang!

Videos auf Ihrem iPod classic abspielen

Nachdem Sie einige Videos heruntergeladen und Ihren iPod für die Übertragung an Ihren Computer angeschlossen haben, können Sie sie auf dem Farbdisplay des iPod anschauen. Scrollen Sie im Hauptmenü auf VIDEOS und drücken Sie die Auswahltaste. Dadurch wird das VIDEOS-Menü mit einer Liste der verschiedenen Videoarten geöffnet (Filme, Ausgeliehen, Fernsehsendungen oder Musikvideos). Scrollen Sie auf den Typ von Video, den Sie sich anschauen wollen. Scrollen Sie zu Fernsehsendungen und drücken Sie die Auswahltaste. Sie sehen nun eine Liste der Fernsehsendungen, die Sie heruntergeladen haben. Scrollen Sie zur gewünschten Sendung, drücken Sie die Auswahltaste und alle Folgen dieser Serie, die Sie heruntergeladen haben, werden aufgelistet. Scrollen Sie zur gewünschten Folge und drücken Sie die Auswahltaste. Die Show beginnt! Sie müssen also im Fernsehsendungen-Menü einfach nur die gewünschte Sendung und Folge suchen, auswählen und das Abspielen startet! Um die Sendung zu unterbrechen, drücken Sie die Start-/Pause-Taste auf dem Click-Wheel. Zum Abspielen drücken Sie erneut diese Taste.

---

iTipp: Ein Video anhalten

Wenn Sie das Abspielen eines Videos unterbrechen und (vielleicht Tage) später fortsetzen, beginnt das Gerät genau an der Stelle, an der Sie gestoppt hatten. Sehen Sie, es denkt mit!

Die Videowiedergabe steuern

Beim Wiedergeben von Videos funktionieren die Steuerungen auf dem iPod genauso wie beim Abspielen von Musik. Um z.B. ein Video anzuhalten, drücken Sie die Start-/Pause-Taste auf dem Click-Wheel. Um es fortzusetzen, drücken Sie erneut diese Taste. Wenn Sie einmal auf die Nächster Titel/Vorspulen-Taste drücken, springen Sie zum nächsten Video auf der Liste, mit Vorheriger Titel/ Zurückspulen gelangen Sie entsprechend zurück an den Anfang des aktuellen Videos. Falls Sie die Vor- oder Zurückspulen-Taste gedrückt halten, dann spulen Sie vor- bzw. rückwärts durch das Video. Ein Druck auf die Menütaste bringt Sie wieder zurück zur Liste der Videos. Um die Lautstärke Ihres Videos zu steuern, lassen Sie Ihren Finger im Uhrzeigersinn (lauter) oder entgegen dem Uhrzeigersinn (leiser) über das Click-Wheel gleiten (sobald Sie losdrehen, erscheint auf dem Bildschirm ein Balken zur Anzeige der Lautstärke).

---

iTipp: Click-Video-Steuerungen

Bei der Wiedergabe eines Videos zeigt sich nach jedem Drücken der Auswahltaste eine neue Steuerung: Ein Klick bringt die verbleibende Zeit zum Vorschein, ein weiterer Klick lässt einen Scrollbalken erscheinen (um vorwärts oder rückwärts durch das Video zu scrollen) und drei Klicks öffnen die Helligkeitssteuerung.

Andere Videos in Ihren iPod importieren

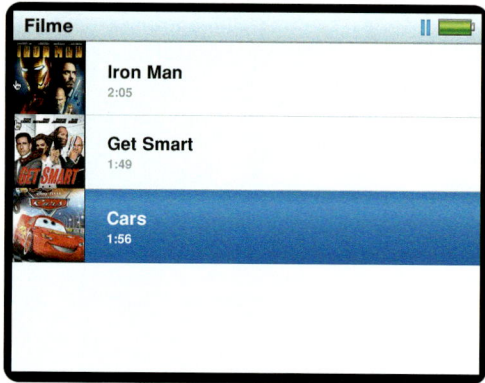

Neben den Videos, die Sie online im iTunes Store kaufen, können Sie auch andere Arten von Videos anschauen (wie Ihre selbst gedrehten Filme im QuickTime-Format), solange diese im MPEG-4- oder im H.264-Format vorliegen (zum Glück sind das zwei sehr beliebte Formate für digitales Video). Sie öffnen iTunes, suchen die Videos auf Ihrer Festplatte, ziehen sie in das iTunes-Fenster und lassen sie dort fallen. Die Videos werden nach iTunes importiert. Sie finden diese neu importierten Videos, wenn Sie auf den Filme-Link auf der linken Seite des iTunes-Fensters klicken. Um einen dieser Filme in iTunes abzuspielen, doppelklicken Sie einfach in der Liste auf seinen Eintrag. Sie verschieben die Filme auf Ihren iPod, indem Sie den iPod an Ihren Computer anschließen. Die Filme werden auf den iPod geladen und Sie finden sie im Filme-Menü.

---

iTipp: Andere Videos umwandeln

Was tun Sie, wenn Sie ein bestimmtes Video unbedingt auf dem iPod haben wollen, es aber nicht im MPEG-4- oder QuickTime-Format vorliegt? Sie benötigen in diesem Fall Apples QuickTime 7 Pro, um eine Konvertierung vorzunehmen. Sie können QuickTime 7 Pro (für Windows oder Mac) von Apple kaufen. Öffnen Sie nach der Installation des Programms die Videodatei, die Sie konvertieren wollen (QuickTime Pro öffnet die meisten verbreiteten Videoformate), und wählen Sie EXPORTIEREN im ABLAGE-Menü. Wählen Sie im EXPORTIEREN-Dialog FILM -> IPOD, klicken Sie dann auf SICHERN. Jetzt können Sie den Film ins iTunes ziehen.

Video-Podcasts finden Sie nicht unter Videos

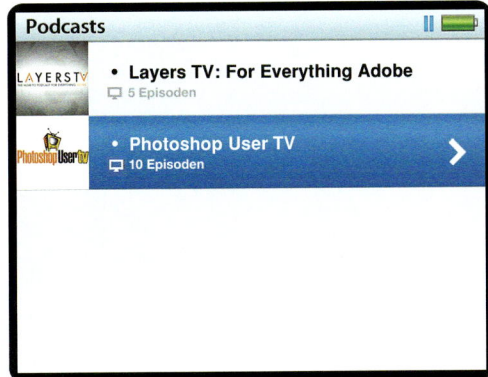

Ihr iPod behandelt Video-Podcasts anders als Filme, Fernsehsendungen und Musikvideos: Video-Podcasts befinden sich nicht im Videos-Menü, sondern unter ihrem eigenen Eintrag im Hauptmenü. Um also einen Video-Podcast anzuschauen, wählen Sie im Hauptmenü PODCASTS. Dies öffnet eine Liste der unterschiedlichen Podcasts, die Sie heruntergeladen haben. Wenn Sie auf einen Podcast klicken und links neben dem Namen einer Episode ein kleines Fernseher-Icon sehen, dann wissen Sie, dass es sich um einen Video-Podcast handelt (zurzeit sind die Mehrzahl der Podcasts immer noch Audio-Podcasts, allerdings werden Video-Podcasts immer beliebter).

---

iTipp: Mein Video-Podcast

Ich bin der Co-Moderator von PhotoshopUser TV, *einem kostenlosen, wöchentlich erscheinenden Video-Podcast von etwa 30 Minuten Länge, den ich zusammen mit Dave Cross und Matt Kloskowski produziere. In diesem Podcast präsentieren wir Adobe Photoshop-Tutorials und -Tipps. Wir starteten diesen Video-Podcast im Oktober 2005. Vorher gab es einen Audio-Podcast namens* Photoshop Radio. *Sie können diesen Podcast auf unserer Website www.photoshopusertv.com anschauen oder kostenlos im iTunes Store abonnieren. Schauen Sie einmal rein, wenn sich die Gelegenheit ergibt.*

---

iPod-Videos auf Ihrem Fernseher anschauen

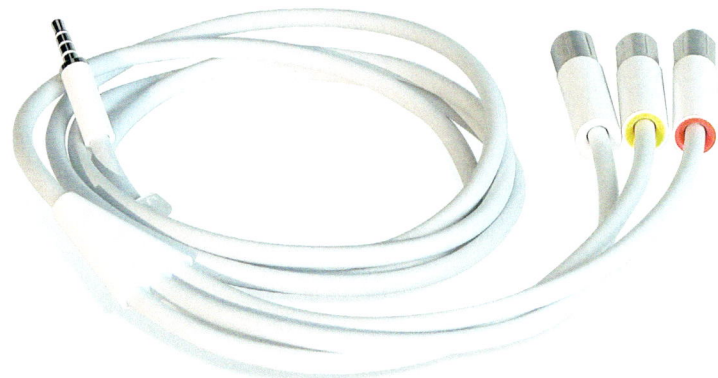

Sie wollen Ihre iPod-Videos auf dem Fernseher anschauen? Das ist total einfach, erfordert allerdings das Universal Dock (für neuere iPods) und das iPod-AV-Kabel von Apple (das es unter anderem für 19€ im Apple Store gibt), mit dem Sie Ihren iPod an den Fernseher anschließen. Stecken Sie den einzelnen Stecker an das Dock (bei neueren iPods) oder den Kopfhöreranschluss des iPod (bei iPods der fünften Generation oder älteren iPods) und die beiden Video- und den Audiostecker in die AV-Buchsen an Ihrem Fernseher. Ein Hinweis noch: Scrollen Sie im VIDEOS-Menü Ihres iPod auf VIDEO-EINSTELLUNGEN und drücken Sie die Auswahltaste. Wählen Sie im VIDEO-EINSTELLUNGEN-Menü den Punkt TV-AUSGABE und ändern Sie die Einstellung von AUS auf EIN. Wenn Sie nun eine Videodatei auf Ihrem iPod starten, wird diese auch auf Ihrem Fernseher in voller Größe und Schönheit angezeigt. Und da die Videos aus dem iTunes Store alle für eine Auflösung von 640x480 optimiert sind (Standard für ein Fernsehbild), sieht das Video großartig aus (und hat fast DVD-Qualität).

---

iTipp: Videowiedergabe mit Fernsteuerung

Okay, wollen Sie noch eins draufsetzen? Wenn Sie das Universal Dock von Apple (und das oben erwähnte Apple-AV-Kabel oder ein S-Video-Kabel) haben, dann müssen Sie nur noch eine Apple-Remote-Fernbedienung kaufen. Das ist eine drahtlose Steuerung für das Dock. Sie stecken Ihren iPod in das Universal Dock, verbinden den Line Out-Anschluss des Dock über das AV- oder S-Video-Kabel mit den Fernseheingängen, werfen sich auf Ihre Couch und steuern das Ganze mit der Fernbedienung.

---

iPod-Videos auf Ihrem Fernseher – mit Stil

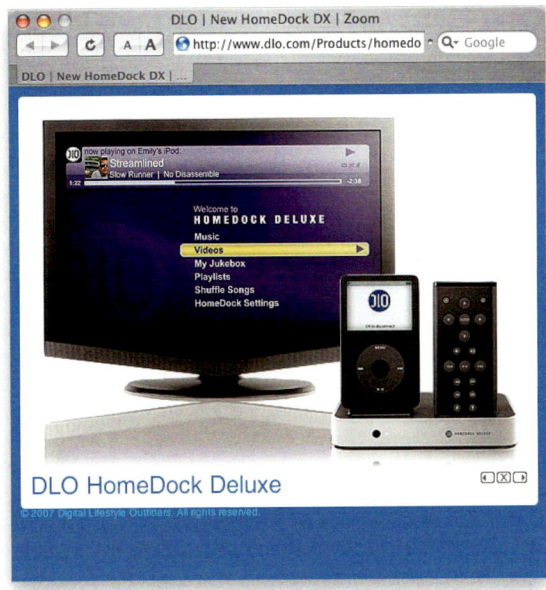

Das iPod-AV-Kabel von Apple erlaubt es Ihnen, Ihren iPod mit Ihrem Fernseher zu verbinden, so dass Sie damit Videos gucken können, aber wenn Sie es wirklich richtig machen wollen, dann sollten Sie sich das DLO HomeDock Deluxe der Firma Digital Lifestyle Outfitters anschauen. Sie stecken einfach Ihren iPod in dieses Dock, verbinden das Dock mit dem Fernseher, nehmen die mitgelieferte Fernbedienung zur Hand und schauen sich Ihre Videos, Filme und sogar Video-Podcasts bequem von Ihrem Fernsehsessel aus an (übrigens, sowas besitze ich gar nicht, wirklich!). Natürlich spielt es auch Ihre Musik ab. Aber eines der Dinge, die ich wirklich an den integrierten Onscreen-Menüs liebe, ist die Tatsache, dass Sie damit auswählen können, was Sie hören (oder sehen) wollen. Ich habe eines dieser Geräte zuhause und ich liebe es. Es kostet etwa 150$ (bei DLO.com). Sie werden total darauf abfahren, glauben Sie es mir.

---

iTipp: Vor der Videowiedergabe abstöpseln

Es ist nicht möglich, Musik oder Videos auf Ihrem iPod abzuspielen, solange dieser noch mit Ihrem Computer verbunden ist – trennen Sie die beiden Geräte vorher.

Importierte Musikvideos an die richtige Stelle legen

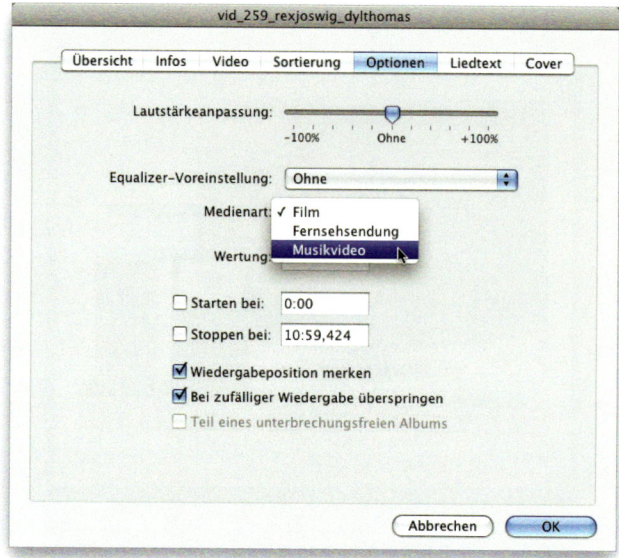

Wenn Sie Musikvideos aus dem Web heruntergeladen haben (oder schlimmer: wenn Sie selbst Musikvideos gedreht haben), dann können Sie diese MP4-Videos in iTunes ziehen. Es gibt allerdings ein Problem – sie tauchen nicht in der Kategorie MUSIKVIDEOS auf. iTunes betrachtet sie als Filme (schließlich sind sie im MP4-Filmformat), weshalb es sie einfach in Ihre Filmbibliothek einsortiert, direkt neben *Der Fluch der Karibik* und *Wall-E*. Das muss nicht sein. Gehen Sie in die Filmbibliothek, nachdem Sie das Video importiert haben, suchen Sie das importierte Video, klicken Sie darauf und drücken Sie Befehl-I (PC: Strg-I), um den Info-Dialog des Clips zu öffnen (siehe oben). Klicken Sie dort auf den Karteireiter VIDEO, wählen Sie im Popup-Menü VIDEOART MUSIKVIDEO und klicken Sie auf OK. Das Video wird jetzt in die Kategorie MUSIKVIDEO einsortiert und taucht dort auf, wo es hingehört – in der Musikvideo-Wiedergabeliste und in Ihrer Musikbibliothek.

Ihre Videos auf DVD brennen

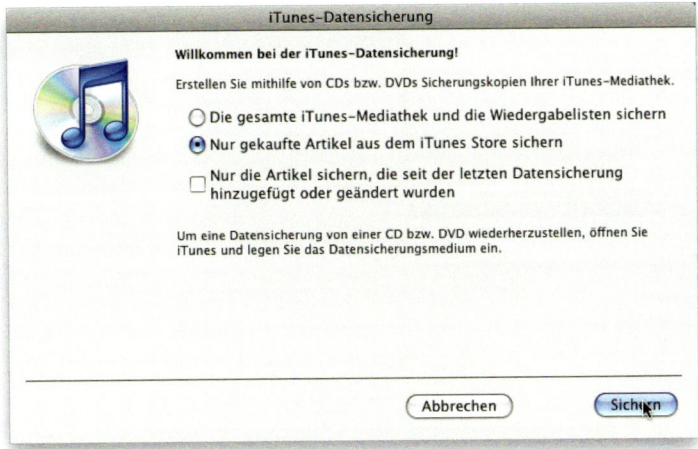

Ich gebe es zu, diese Überschrift ist ein wenig irreführend, denn obwohl Sie natürlich Ihre heruntergeladenen Videos auf DVD sichern können, ist es Ihnen nur erlaubt (das hat rechtliche Gründe), Ihr Backup auf eine Daten-DVD zu brennen (also eine DVD, die Computerdateien speichert) und nicht auf eine Standard-DVD, die in einem normalen DVD-Player abgespielt werden kann. Dies ist ein wichtiger Bestandteil des Urheberrechtsschutzes, durch den dieses legale Herunterladen erst ermöglicht wird. Sie sollten dies daher verstehen und unterstützen. Um also Ihre gekauften Filme und Videos auf einer Daten-DVD zu sichern (vorausgesetzt natürlich, dass Ihr Computer mit einem DVD-Brenner ausgestattet ist), gehen Sie in das Ablage-Menü und wählen Mediathek/ Auf Sicherungsmedium sichern. Wenn der Dialog für die iTunes-Datensicherung auftaucht, können Sie genau festlegen, was Sie sichern wollen. Anschließend klicken Sie auf Sichern. Sie werden aufgefordert, eine leere DVD einzulegen, also fangen Sie an (wieso auch nicht?!) und es erledigt die ganze Dreckarbeit für Sie. Das war schon alles. Falls Sie übrigens Ihre Filme auf einen anderen Computer verschieben oder falls das Undenkbare geschieht (Ihre Festplatte wird zerstört, was eigentlich nicht undenkbar ist – es ist eher unvermeidlich), legen Sie einfach diese DVD ein und iTunes fragt Sie, ob Sie die Videos wiederherstellen wollen, die sich auf dieser Scheibe befinden. Hübsch ausgedacht.

Filme auf einen anderen Computer verschieben

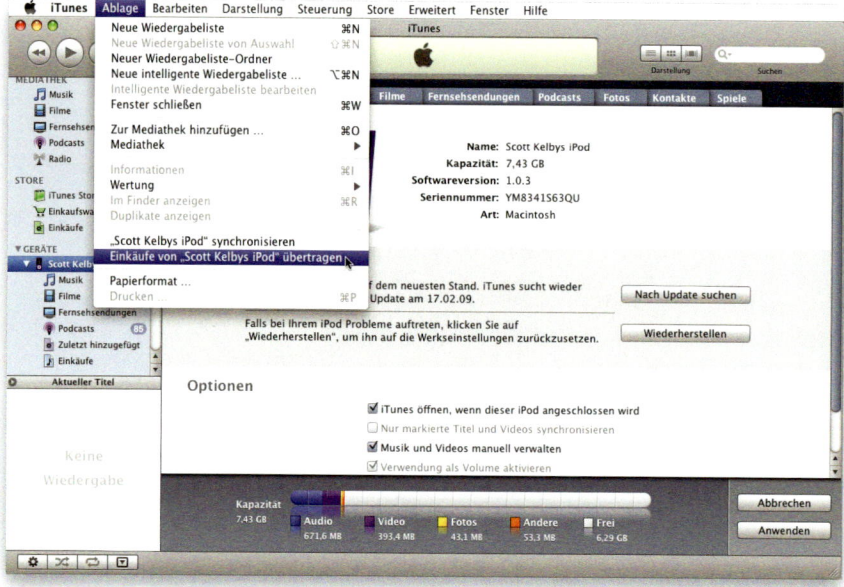

Falls Sie Filme und andere Videos auf einen anderen Computer verschieben wollen, können Sie den »Sicherungsmedium«-Weg gehen. Allerdings ist dieser eher für die langfristige Sicherung Ihrer Einkäufe gedacht. Wenn Sie eigentlich nur die Videos, die Sie gekauft haben, auf einen anderen Ihrer autorisierten Computer übertragen wollen (Sie können bis zu fünf Computer dazu autorisieren, Ihre im iTunes Store erworbenen Video- und Musiktitel abzuspielen), dann gibt es eine einfachere Methode – laden Sie die Filme direkt von Ihrem iPod herunter. Und so geht das: Schließen Sie Ihren iPod an einen anderen Ihrer autorisierten Computer an. Ein Dialog erscheint, in dem Sie gefragt werden, ob Sie Ihre gekauften Video- und Musiktitel auf diesen anderen autorisierten Computer übertragen wollen. (Falls Sie übrigens nicht gefragt werden, können Sie es dennoch tun, indem Sie im ABLAGE-Menü den Befehl GEKAUFTE ARTIKEL VON SCOTT KELBYS IPOD ÜBERTRAGEN wählen. Natürlich steht bei Ihnen nicht »Scott Kelbys iPod«, es sei denn, Ihr Name lautet tatsächlich Scott Kelby. In diesem Fall gratuliere ich Ihnen.) Wenn Sie OK klicken, wird diese Aufgabe für Sie erledigt. Könnte nicht leichter oder schneller gehen.

Beim Betrachten der Filme die Batterie schonen

Wie Sie sich vorstellen können, zehrt ein Film mit einer Lauflänge von mehr als zwei Stunden deutlich an der Lebensdauer Ihrer Batterie, da das strahlende Farbdisplay ein kräftiger Stromfresser ist. Falls Sie sich also ein dreistündiges Filmepos zu Gemüte führen und sicherstellen wollen, dass Sie das Ende des Films erleben, ohne erst die Batterie neu aufladen zu müssen (etwa wenn Sie auf einer Geschäftsreise sind), dann drücken Sie dreimal die Auswahltaste, um den Helligkeitsregler anzeigen zu lassen. Lassen Sie Ihren Finger entgegen dem Uhrzeigersinn über das Click-Wheel gleiten, um die Helligkeit zu verringern und die Batterielaufzeit zu verlängern (je dunkler, umso länger hält die Batterie). *Hinweis:* Wenn Sie gerade kein Video anschauen, dann gehen Sie zum Ändern des Helligkeitswerts in das Einstellungsmenü des iPod.

---

iTipp: Woran Sie erkennen, dass es ein Musikvideo ist

Wenn Sie im iTunes Store ein Video kaufen, dann erscheint es nach dem Herunterladen sowohl in der Musikvideos-Wiedergabeliste als auch in der Musikbibliothek, zusammen mit Ihren Audiodateien. Woher wissen Sie dann, welches Objekt in Ihrer Musikbibliothek ein Lied ist und welches ein Musikvideo? Bei einem Musikvideo setzt iTunes ein kleines Fernseher-Icon rechts neben den Namen des Objekts, so dass es in Ihrer Musikbibliothek leicht zu erkennen ist.

Ein schnellerer Weg, um Videos im Store zu finden

Wenn Sie den Namen der Fernsehsendungen oder Filme kennen, die Sie suchen, dann können Sie im iTunes Store mit dem Suchfeld in der oberen rechten Ecke des iTunes-Fensters eine Menge Zeit sparen, die Sie ansonsten beim Herumstöbern verschwenden würden. Falls Sie beispielsweise versuchen, die Fernsehserie *Lost* zu finden, dann gehen Sie in den iTunes Store und geben direkt in das Suchfeld das Wort »Lost« ein. Ihnen werden auf der Stelle alle Lieder, Podcasts, Alben und Videos angezeigt, die das Wort »Lost« im Titel tragen. Schauen Sie im Abschnitt TV STAFFELN nach – Sie finden es genau dort, nur einen Klick entfernt.

Filme aus iTunes auf Ihren Fernseher senden

Das ist jetzt nicht direkt eine iPod-Sache, sondern mehr ein iTunes-Ding. Da die beiden aber so eng verbunden sind, haben Sie vermutlich nichts dagegen, wenn ich hier erwähne, dass Apple ein sehr schlaues Gerät namens Apple TV anbietet, das es Ihnen erlaubt, Musik, Videos, Fernseh-sendungen, Fotos und Filme, die Sie auf Ihrem iPod haben, drahtlos direkt an Ihren Fernsehapparat zu senden. Sie schließen dazu einfach das Apple TV an Ihren Fernseher an (das 40-GB Apple TV kostet 299€, das 160-GB-Modell kostet 399€).

Sobald das Apple TV läuft, erscheint sein Icon in der Geräteliste auf der linken Seite des iTunes-Fensters und iTunes synchronisiert automatisch Ihre Musik und die Filme mit dem Apple TV – genau wie beim iPod. Wenn Sie Ihren Computer eingeschaltet lassen, müssen Sie sich keine Sorgen um die Speicherkapazität des Apple TV machen. Das liegt daran, dass Sie *den ganzen* Inhalt Ihrer iTunes-Bibliothek in einem Stream an Apple TV schicken können. Es ist außerdem mög-lich, Lieder, Fernsehsendungen und Filme direkt aus dem Apple TV heraus zu kaufen bzw. Filme auszuleihen. Diese Einkäufe (mit Ausnahme der ausgeliehenen Filme) werden beim nächsten Synchronisieren in die iTunes-Mediathek auf Ihrem Computer geschrieben. Apple hat beim Apple TV wirklich gute Arbeit geleistet. Sie werden sich fragen, wie Sie bisher ohne ausgekommen sind. Stellen Sie sich Apple TV einfach als iPod für Ihren Fernseher vor.

Spaß mit ausgeliehenen Filmen

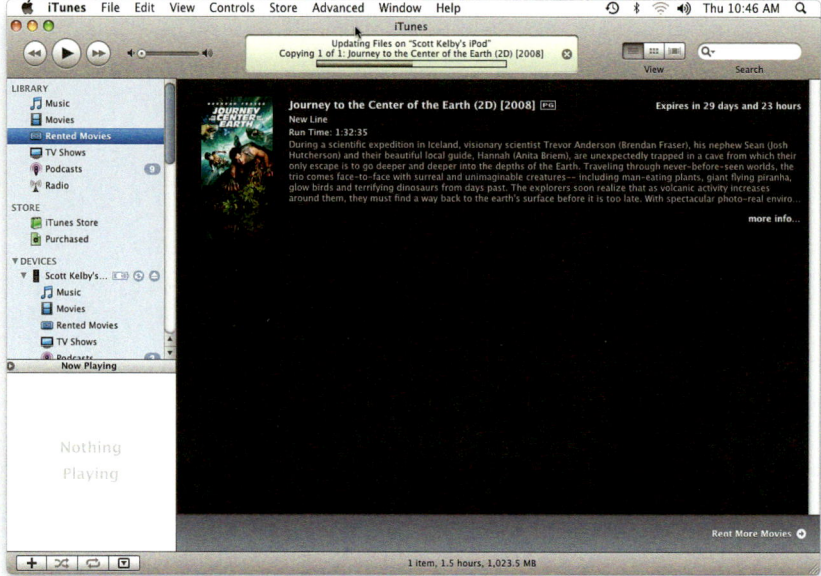

Auf Ihrem iPod können Sie sich auch Filme anschauen, die Sie im (amerikanischen) iTunes Store ausgeliehen haben. Im Gegensatz zu den anderen Filmen in Ihrer iTunes-Mediathek werden ausgeliehene Filme nicht automatisch auf Ihren iPod übertragen. Sie müssen sie mit Hilfe von iTunes physisch aus der iTunes-Mediathek auf den iPod verschieben. Um einen Film auszuleihen und auf dem iPod mitzunehmen, begeben Sie sich in den amerikanischen iTunes Store und erledigen dort zunächst das Ausleihen (indem Sie auf Rᴇɴᴛ Mᴏᴠɪᴇ klicken).

Nach dem Herunterladen des Films schließen Sie Ihren iPod an. Wählen Sie den iPod in der Geräteliste aus. Im Bereich Fɪʟᴍᴇ sehen Sie alle ausgeliehenen Filme. Sie können die ausgeliehenen Filme dann auf den iPod »verschieben« (ziehen und fallenlassen). Während dieses Vorgangs muss Ihr Computer mit dem Internet verbunden sein. Nachdem Sie die ausgeliehenen Filme auf den iPod verschoben haben, haben Sie 30 Tage Zeit, um sie anzusehen, bevor die Filme automatisch gelöscht werden. Sobald Sie damit anfangen, einen ausgeliehenen Film (einen sogenannten iTunes Movie Rental) anzuschauen, müssen Sie innerhalb von 24 Stunden damit fertig werden. Innerhalb dieser 24-Stunden-Dauer können Sie sich den Film anschauen, so oft Sie wollen, anschließend wird er automatisch von Ihrem iPod gelöscht.

Kapitel 6

Get the Freeze-Frame

Die Fotofunktionen Ihres iPod

Bekommt dieses Kapitel den Preis für den »Offensichtlichsten Kapiteltitel«? Dieser Name ist schon fast zu offensichtlich für ein Kapitel über das Arbeiten mit Fotos auf Ihrem iPod. Ich habe ihn dennoch verwendet, denn er ist nicht nur zu offensichtlich, sondern auch noch absolut perfekt. Übrigens (Achtung, es folgt ein kleiner Exkurs in die iPod-Geschichte) gab es einmal eine Zeit, als iPods nur Musik gespielt haben. Um genau zu sein, gab es eine Zeitlang überhaupt nur ein Modell des iPod, das auch das Betrachten von Fotos unterstützt hat. Es war der (halten Sie sich fest) »iPod photo«. Sein Name war fast so offensichtlich wie der Name dieses Kapitels. Und was spielt das alles für eine Rolle? Es spielt eine große Rolle, denn obwohl Lektoren die Einführungen zu den Büchern nicht mehr lesen, lesen sie dennoch diese Kapiteleinführungen. Diese Leute sind wirklich pingelig und legen in den Kapiteleinführungen Wert auf lange Wörter und korrekte Interpunktion. Sie mögen es außerdem, wenn ich ein oder zwei französische Wörter in den Text einbaue, weil sie dann ihr Französischwörterbuch benutzen können. Augenscheinlich bekommen sie eine Art Schmiergeld oder Bonus, wenn das geschieht. Darüber hinaus hat es den Vorteil, dass sie es gelegentlich gegenüber anderen Lektoren in das Gespräch einfließen lassen können: »Ich habe heute an Scotts Buch gearbeitet und wäre ja schon früher fertig gewesen, aber ich musste ständig das Französischwörterbuch bemühen.« Die anderen Lektoren schauen sich dann an und sagen: »Oh, französisch!« Ich tue es also im Prinzip für sie. Sie sind so arm dran, wenn ich also hier ein langes Wort (wie ostentativ) und da einen französischen Satz (wie Mon oreille est un bouton de porte) einflechte, dann lassen sie einen Haufen anderer Dinge durchgehen. Wie diese Einleitung zum Beispiel.

Mac: Fotos aus Apples iPhoto importieren

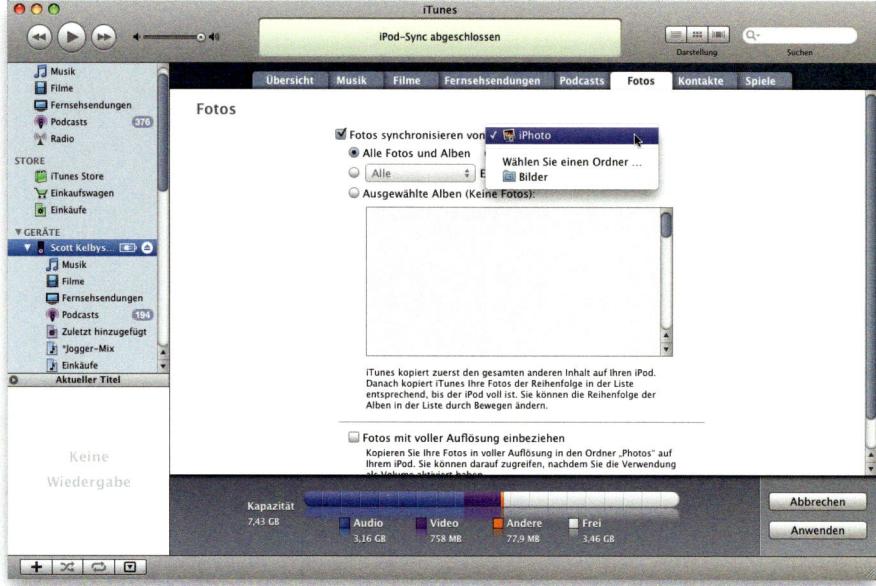

Für einen Mac-Benutzer ist es am einfachsten, das (seit langem auf jedem Mac vorinstallierte) Apple-Programm iPhoto zu verwenden, um die Fotos vom Mac auf den iPod zu bekommen. Falls Sie iPhoto schon zum Speichern von Fotos verwenden, müssen Sie einfach nur iPod zur Synchronisation an Ihren Computer anschließen. Alle Fotos, die Sie in iPhoto importiert haben, werden automatisch auf Ihren iPod kopiert (falls Sie iPhoto noch nicht benutzen, finden Sie es im Programme-Ordner Ihres Mac). Starten Sie iPhoto und ziehen Sie dann alle Fotos auf Ihrem Computer in das Hauptfenster von iPhoto, um sie zu importieren. Anschließend können Sie einzelne Alben anlegen (so ähnlich wie Wiedergabelisten, nur eben für Fotos und nicht für Musik), die von Ihrem iPod unterstützt werden. Standardmäßig möchte es alle Fotos und Alben importieren. Falls Sie dagegen nur bestimmte Alben auf Ihren iPod kopieren wollen, schließen Sie zuerst Ihren iPod an den Computer an und klicken dann in iTunes auf den Karteireiter FOTOS. Unter FOTOS SYNCHRONISIEREN VON klicken Sie auf den Radiobutton AUSGEWÄHLTE ALBEN und aktivieren dann in der Liste alle Checkboxen der Alben, die Sie auf den iPod übertragen wollen. Klicken Sie dann in der unteren rechten Ecke auf ANWENDEN. Beim ersten Mal (vor allem wenn Sie viele Alben bzw. alle Fotos aus iPhoto importieren) können Sie sich ruhig einen Kaffee machen, da dieser Vorgang eine Weile dauern könnte. Zum Glück müssen Sie das nur einmal durchstehen. Später werden nur die Fotos importiert, die Sie in den angegebenen Alben neu hinzugefügt haben, bzw. Fotos gelöscht, die Sie aus iPhoto entfernt haben.

Mac: Fotos aus einem Ordner importieren

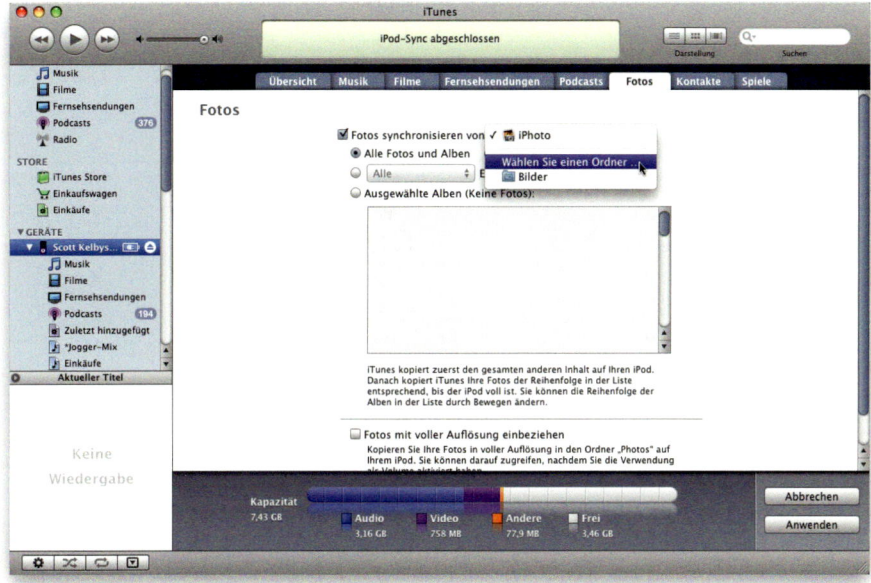

Falls Sie nicht Apples iPhoto benutzen wollen, um die Fotos auf Ihren iPod zu bekommen (oder falls Sie aus irgendeinem Grund kein iPhoto haben), können Sie die Fotos in einen Ordner legen. (*Hinweis:* Falls Sie innerhalb dieses Hauptordners Unterordner anlegen, dann werden diese als separate Alben in Ihren iPod importiert, also etwa wie bei der Benutzung von iPhoto. Cool, oder?) Verbinden Sie dann Ihren iPod mit dem Computer und klicken Sie in iTunes auf den Karteireiter FOTOS, sobald der iPod dort erscheint. Im oberen Teil gibt es ein Popup-Menü namens FOTOS SYNCHRONISIEREN VON. Wählen Sie aus diesem Menü den Eintrag WÄHLEN SIE EINEN ORDNER. In dem ÖFFNEN-Dialog, der daraufhin erscheint, navigieren Sie zu dem Bilderordner und klicken dann auf ÖFFNEN. Klicken Sie anschließend auf ANWENDEN in der unteren rechten Ecke des iTunes-Fensters. Die Bilder aus diesem Ordner (und aus allen Unterordnern in diesem Ordner) werden jetzt in Ihren iPod geladen.

Windows-PC: Fotos aus Photoshop Elements importieren

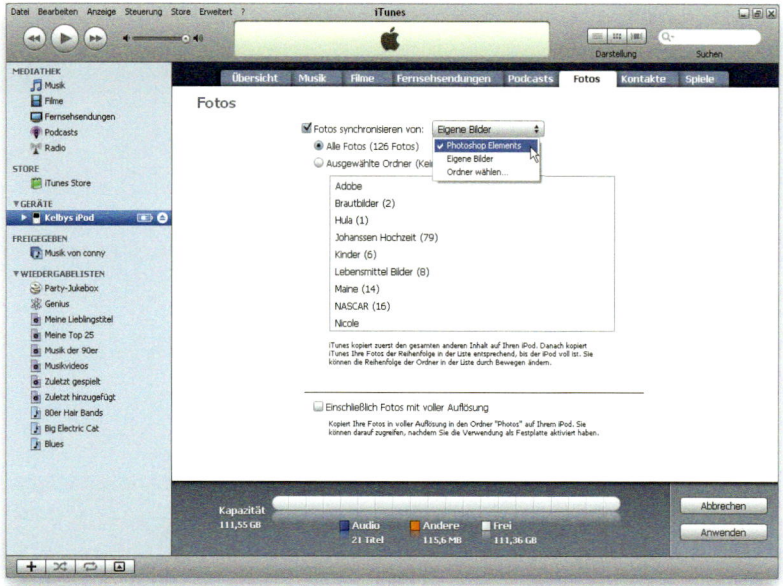

Wenn Sie einen PC benutzen, dann verwenden Sie am besten entweder die Adobe Photoshop Album Starter Edition (kostenlos von Adobe unter www.adobe.com/products/photoshopalbum/starter.html zu beziehen) oder Photoshop Elements (für etwa 100€), das sich sowohl zum Verwalten als auch zum Bearbeiten Ihrer Bilder eignet, um Ihre Fotos in den iPod zu bekommen. Organisieren Sie Ihre Fotos also entweder in Album oder in Elements und verbinden Sie anschließend Ihren iPod mit Ihrem Computer. Sobald der iPod in der Geräteliste auftaucht, klicken Sie auf den Fotos-Karteireiter. Aktivieren Sie dort die Checkbox Fotos synchronisieren von und wählen Sie aus dem Popup-Menü Photoshop Album Starter bzw. Photoshop Elements. Direkt unter diesem Menü können Sie festlegen, ob Sie wirklich alle Fotos (in einem Album) importieren wollen oder nur bestimmte Bilder (oder Alben). Falls Sie sich für alle Fotos und Alben entscheiden, dann können Sie erst einmal Mittag essen gehen, da es leicht eine Stunde oder länger dauern kann, um alle Fotos zu importieren. Zum Glück müssen Sie das nur einmal erledigen. Von nun an werden alle neuen Fotos importiert, die Sie hinzufügen, bzw. alle Fotos gelöscht, die Sie entfernen.

Windows-PC: Fotos aus einem Ordner importieren

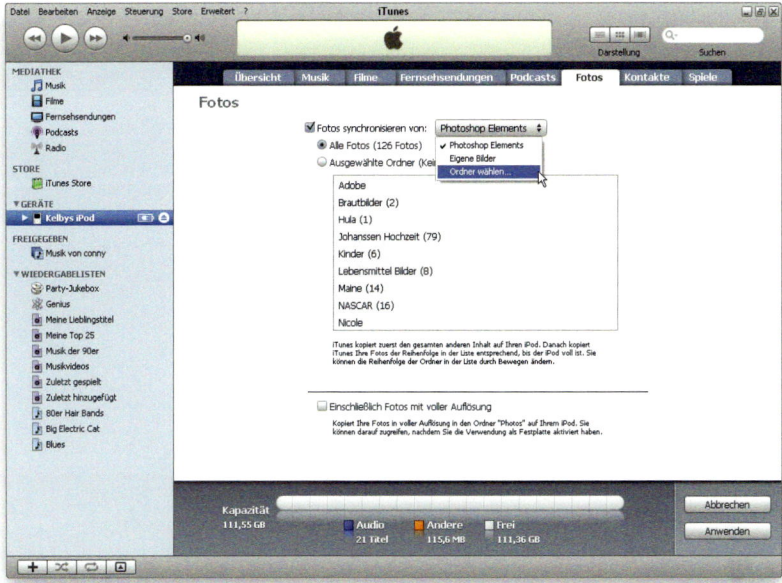

Wenn Sie einen PC benutzen und weder über Adobe Photoshop Elements noch über Adobe Photoshop Album verfügen, legen Sie Ihre Fotos einfach in einen Ordner innerhalb Ihres Eigene Bilder-Ordners. (*Hinweis:* Falls Sie innerhalb dieses Hauptordners Unterordner anlegen, dann werden diese als separate Alben in Ihren iPod importiert, also etwa wie bei der Benutzung von Elements oder Album.) Verbinden Sie dann Ihren iPod mit dem Computer und klicken Sie in iTunes auf den Karteireiter Fotos, sobald der iPod dort erscheint. Im oberen Teil gibt es ein Popup-Menü namens FOTOS SYNCHRONISIEREN VON. Wählen Sie aus diesem Menü den Eintrag WÄHLEN SIE EINEN ORDNER. In dem DURCHSUCHEN-Dialog, der daraufhin erscheint, navigieren Sie zu dem Bilderordner, wählen den Ordner mit den Bildern aus und klicken dann auf ÖFFNEN. Klicken Sie anschließend auf ANWENDEN in der unteren rechten Ecke des iTunes-Fensters. Die Bilder aus diesem Ordner (und aus allen Unterordnern in diesem Ordner) werden jetzt in Ihren iPod geladen.

Wie Sie nur bestimmte Fotoalben importieren

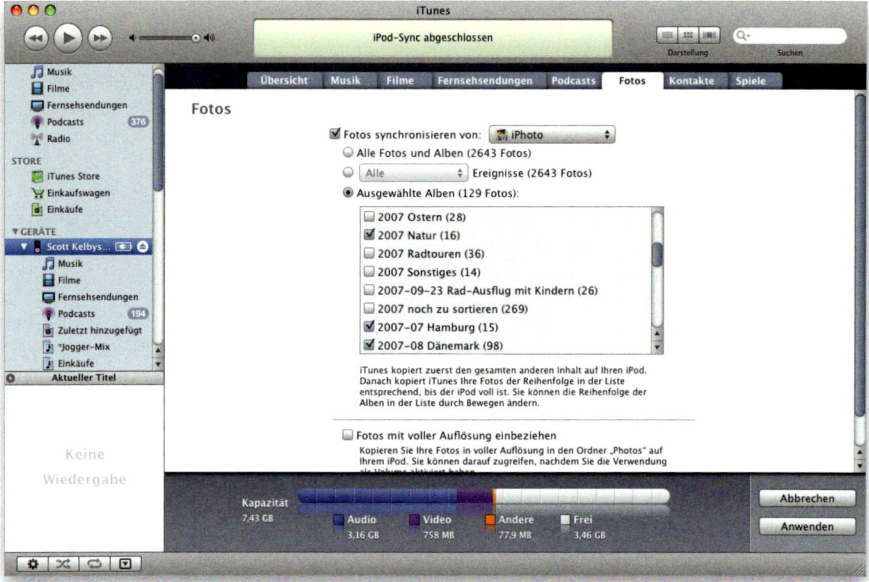

Wenn Sie Ihren iPod an den Computer anschließen, will er standardmäßig jedes Foto importieren, das Sie in Ihrer iPhoto-Bibliothek (oder auf Ihrem PC in Ihrem Photoshop Album oder der Photoshop-Elements-Sammlung oder in den einzelnen Ordnern Ihres Eigene-Bilder-Ordners) haben. Das kann dauern … anscheinend ewig, wahrscheinlich aber nur eine Stunde oder so. Sie können diesen Vorgang beschleunigen, indem Sie nur bestimmte Alben importieren. Auf diese Weise werden nur Ihre Lieblingsfotos auf Ihren iPod kopiert und nicht *alle* Fotos, die Sie haben. Dazu verbinden Sie Ihren iPod mit dem Computer, starten iTunes und klicken auf den Karteireiter Fotos im iPod-Einstellungsfenster. Klicken Sie dann auf den Radiobutton Ausgewählte Alben (oder Ausgewählte Ordner, je nach Ihrer Fotos-synchronisieren-von-Einstellung). Klicken Sie im Bereich darunter auf die Checkboxen neben den jeweiligen Alben, die Sie importieren wollen. Jetzt werden nur diese Alben importiert und Sie sparen eine Menge Zeit (und Platz auf dem iPod).

---

iTipp: Legen Sie separate Ordner an

Sie müssen nicht Photoshop Album oder Photoshop Elements benutzen, um getrennte Sammlungen Ihrer Fotos anzulegen. Legen Sie in Ihrem Eigene-Bilder-Ordner einfach separate Ordner an. Benennen Sie diese Ordner mit aussagekräftigen Namen und ziehen Sie die Fotos, die in den jeweiligen Sammlungen auftauchen sollen, in die entsprechenden Ordner. Nun werden alle Ordner im Eigene-Bilder-Ordner als eigene Sammlungen importiert, auf die Sie über das Fotos-Menü auf dem iPod zugreifen können.

Die importierten Fotos anschauen

Es ist einfach, die Fotos anzuschauen, die Sie auf Ihren iPod kopiert haben. Scrollen Sie einfach im Hauptmenü mit dem Click-Wheel auf den Menüpunkt Fotos und drücken Sie dort die Auswahltaste. Alle importierten Alben tauchen hier auf. Um die Fotos aus einem bestimmten Album zu betrachten, scrollen Sie mit dem Click-Wheel auf dieses Album und drücken erneut die Auswahltaste. Es erscheinen Miniaturen der Fotos in dem ausgewählten Album. Das ausgewählte Miniaturbild wird durch einen gelben Rand hervorgehoben. Um dieses Foto anzuschauen, drücken Sie noch einmal die Auswahltaste. Das Foto wird nun in Display-Größe angezeigt. Um wieder zu den Miniaturen zu gelangen, drücken Sie die Menütaste. Mit dem Click-Wheel können Sie zu einem anderen Miniaturbild scrollen und es anschließend nach einem Druck auf die Auswahltaste anschauen. Für das nächste Foto drücken Sie die Vorspulen-/Nächster-Titel-Taste. Um das vorhergehende Foto zu sehen, drücken Sie die Zurückspulen-/Vorheriger-Titel-Taste. Wenn Sie schnell die Fotos in Display-Größe durchblättern wollen, drehen Sie auf dem Click-Wheel im Uhrzeigersinn (zum Vorwärtsspulen) oder entgegen dem Uhrzeigersinn (um zurück an den Anfang des Albums zu gelangen).

Eine Diashow anschauen

SCOTT KELBY

Um eine Diashow Ihrer Fotos zu sehen, gehen Sie zum gewünschten Fotoalbum und drücken Sie die Start-/Pause-Taste. Um eine laufende Diashow anzuhalten, drücken Sie ebenfalls diese Taste (und auch, um die Diashow weiterlaufen zu lassen). Wenn Sie die Diashow beenden und zur Liste der Alben zurückkehren wollen, drücken Sie die Menütaste. Sie können eine Diashow auch starten, wenn Sie die Miniaturbilder durchblättern, indem Sie die Start-/Pause-Taste drücken. Die Diashow beginnt in diesem Fall mit dem gerade aktuellen Foto.

Ihre Diashow anpassen

Ihr iPod bietet Ihnen überraschend viel Kontrolle darüber, wie (und wo) Ihre Diashow angezeigt wird. Klicken Sie dazu im Hauptmenü auf Fotos und begeben Sie sich im Fotos-Menü auf Einstellungen. Auf den nächsten beiden Seiten zeigen wir Ihnen, wie Sie Ihre Diashow um Musik ergänzen und wie Sie die Anzeigedauer der einzelnen Dias einstellen. Hier an dieser Stelle gehen wir auf die anderen erwähnenswerten Optionen ein. Mit Wiederholen stellen Sie z.B. ein, ob Ihre Diashow wieder neu starten soll, wenn sie durchgelaufen ist. Die Option Zufällige Fotos erlaubt es Ihnen, die Fotos in zufälliger Reihenfolge anzuzeigen. Wenn Sie auf Übergänge klicken, können Sie einstellen, welcher Effekt zwischen zwei Dias benutzt wird. (Ich persönlich mag Ausblenden, aber Sie können natürlich auch einen anderen Effekt wählen; der voreingestellte Wert ist Zufall.) Wenn Sie einen »Schnitt« haben wollen (ein Dia ersetzt das vorhergehende ohne speziellen Übergang dazwischen), dann wählen Sie Keine. Falls Sie Ihre Dias auf einem Fernseher zeigen (Sie benutzen das Apple-Composite- oder Component-AV-Kabel, um Ihren iPod an den Fernseher anzuschließen), dann scrollen Sie nach dem Anschließen des iPod auf TV-Ausgang, drücken die Auswahltaste und wählen Ein oder Fragen. Drücken Sie dann wieder auf die Menütaste, bis Sie in der Albumliste angekommen sind, klicken Sie auf das gewünschte Album und drücken Sie die Start-/Pause-Taste.

Musik zu ihrer Diashow hinzufügen

Wenn es etwas gibt, was eine Diashow unbedingt braucht, dann ist das eine eigene Musik. Sie haben zwei Möglichkeiten, um Musik hinzuzufügen – Sie können einen Titel in iPhoto zuweisen, den Sie automatisch abspielen lassen, wenn Sie diese Diashow auf Ihrem iPod abspielen. Falls Sie es jedoch bevorzugen, den Hintergrund direkt zuzuweisen, dann klicken Sie im Hauptmenü des iPod auf Fotos, begeben sich im Fotos-Menü in die Einstellungen und wählen dort den Eintrag Musik. Legen Sie die Wiedergabeliste fest, die Sie während der Diashow abspielen lassen wollen. Nun können Sie Ihre Diashow starten.

---

iTipp: Ein einzelnes Lied bekommen

Sie können zwar in iPhoto einen einzelnen Titel oder eine ganze Wiedergabeliste wählen, auf dem iPod dagegen ist nur die Auswahl einer ganzen Wiedergabeliste möglich. Die einzige Möglichkeit, um auf dem iPod nur einen Titel auszuwählen, besteht darin, eine Wiedergabeliste zu nehmen, die nur aus einem Titel besteht.

Die Laufzeit der einzelnen Dias ändern

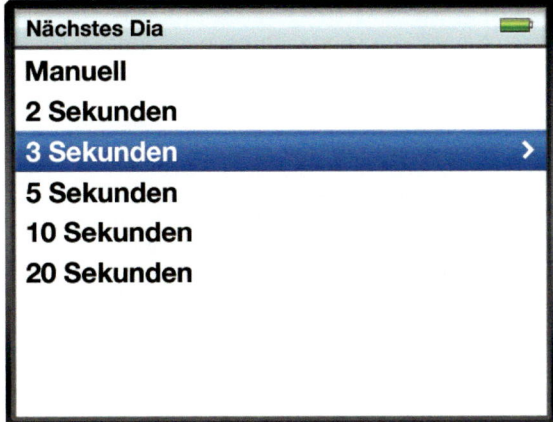

Standardmäßig bleibt jedes Dia für drei Sekunden auf dem iPod-Display stehen. Wollen Sie, dass es länger (oder kürzer) auf dem Bildschirm verbleibt, dann gehen Sie in das Hauptmenü, wählen FOTOS, begeben sich zu den EINSTELLUNGEN, wählen ZEIT PRO DIA und legen mit Hilfe der angegebenen Liste eine Zeit fest.

---

iTipp: Den automatischen Start ausschalten

Falls Sie Ihren iPod verwenden, um Dateien oder Backups zu speichern, dann kann es unglaublich irritierend sein, wenn jedes Mal iTunes startet, sobald Sie Ihren iPod anschließen. Viel schlimmer: wenn Sie den iPod als Festplatte an einen anderen Computer anschließen, synchronisiert iTunes das Gerät automatisch mit diesem Computer. Zum Glück können Sie diese Eigenschaft deaktivieren. Schließen Sie dazu den iPod an Ihrem Computer an und deaktivieren Sie auf der Übersichtsseite im iPod-Einstellungsfenster die Checkbox für die Option ITUNES ÖFFNEN, WENN DIESER IPOD ANGESCHLOSSEN IST. Klicken Sie anschließend auf ANWENDEN. Das war's. Kein automatischer Start mehr.

Ihren iPod für Präsentationen einsetzen

Wollen Sie die Leute bei Ihrer nächsten Präsentation wirklich beeindrucken? Anstatt Ihren Laptop in den Konferenzraum zu schleppen und an einen Projektor anzuschließen, bringen Sie Ihren iPod und Apples Composite- oder Component-AV-Kabel mit (ältere iPods können das Apple-AV-Kabel benutzen) – Sie können Ihren iPod direkt an den Projektor anschließen. Anstelle von Fotos zeigen Sie eine Diashow-Präsentation Ihres Albums und nutzen die Vorspulen-/Nächster-Titel-Taste des iPod, um zum nächsten »D6ia« zu gelangen. Natürlich können Sie dabei auch Musik einsetzen. Falls Sie es perfekt machen wollen, nehmen Sie außerdem die iPod-Fernbedienung von Apple mit, damit Sie vorn im Raum stehen und Ihren iPod steuern können, während dieser sich neben dem Projektor befindet.

---

iTipp: Wissen, was als Nächstes kommt

Im Diashow-Modus können Sie das nächste Foto auf dem iPod-Display vor allen anderen sehen. Das ist cool bei Präsentationen, da Sie schon wissen, was als Nächstes kommt.

Ihre Diashow auf dem Fernseher anschauen

Um Ihre Diashow auf dem Fernseher zu sehen, verbinden Sie Ihren iPod mit Hilfe eines Apple-Composite- oder Component-AV-Kabels mit den Eingängen am Fernseher. (*Hinweis:* Ältere iPods können das Apple-AV-Kabel benutzen.) Stecken Sie den dünnen, einzelnen Stecker in den Kopfhörerausgang an der Oberseite des iPod und die Audio- und Videostecker in die Eingangs-buchsen Ihres Fernsehers. (*Hinweis:* Falls Sie ein Qualitätsfreak in Bezug auf die Bilddarstellung sind, können Sie stattdessen ein S-Video-Kabel für den Anschluss an Ihren Fernseher benutzen. Um S-Video zu verwenden, müssen Sie Ihren iPod in sein Dock stecken, ein S-Video-Kabel an den S-Video-Ausgang an der Rückseite des Docks anschließen und das andere Ende mit dem S-Video-Eingang Ihres Fernsehers verbinden.) Nachdem Sie ihn angeschlossen haben, begeben Sie sich zu den EINSTELLUNGEN im FOTOS-Menü. Stellen Sie für die Option TV-AUSGABE den Wert FRAGEN ein. Scrollen Sie nun zu dem Fotoalbum, das Sie als Diashow zeigen wollen, drücken Sie die Auswahltaste, scrollen Sie zu dem Foto, mit dem die Diashow beginnen soll, und drücken Sie erneut die Aus-wahltaste. Sobald das Bild auf dem Display angezeigt wird, drücken Sie die Auswahltaste. Dadurch wird ein Dialogfenster geöffnet, in dem Sie den blauen Button mit dem Click-Wheel auf EIN stellen können. Ihr iPod zeigt nun seine Bilder auf dem Fernseher an. (Auf dem neuen iPod nano drücken Sie JA.) Drücken Sie die Auswahltaste, um die Show zu starten. (*Hinweis:* Wenn Sie Ihr iPod Dock über das S-Video-Kabel anschließen, müssen Sie auch den Line-Out-Ausgang über ein Audiokabel mit dem Fernseher oder einer Stereoanlage verbinden. Die enthaltenen TV-Kabel funktionieren *nur* am Kopfhörerausgang an der Oberseite des iPod.)

Die gespeicherten Fotos auf Ihren Computer bekommen

Falls Sie einen ganzen Haufen Bilder (oder andere Dateien) auf Ihrem iPod gespeichert haben und diese nun auf Ihren Computer bringen wollen, damit Sie sie bearbeiten, sortieren und dann vielleicht vom Computer wieder auf den iPod übertragen können, gehen Sie folgendermaßen vor: Verbinden Sie Ihren iPod mit Ihrem Computer und gehen Sie dann zu iTunes. Wenn iTunes startet, sehen Sie Ihren iPod in der Geräteliste auf der linken Seite des iTunes-Fensters. Klicken Sie im iPod-Einstellungsfenster im Abschnitt OPTIONEN die Checkbox VERWENDUNG ALS VOLUME AKTIVIEREN an. Jetzt erscheint der iPod auf Ihrem Computer als gemountete Festplatte (wie jede andere Festplatte oder ein USB-Gerät). Doppelklicken Sie auf dem Schreibtisch des Computers auf den nun sichtbaren iPod. Sie sehen hier einen Ordner mit Ihren importierten Fotos (lassen Sie den Ordner namens Fotos in Ruhe). Jetzt können Sie diese Fotos auswählen und auf Ihren Computer ziehen.

Kapitel 7
iTouch Myself
Die Benutzung des iPod touch

▶▶ Ich möchte gleich zu Beginn auf Folgendes hinweisen: Ich weiß, dass (a) der echte Name des Lieds von The DiVinyls »I Touch Myself« und nicht »iTouch Myself« lautet, aber ich konnte nicht widerstehen und mir ist (b) bewusst, dass der Titel nicht ganz jugendfrei ist. Aber jeder Verleger wird Ihnen verraten, dass es diese kleinen schmutzigen Dinge sind, die das Buch schließlich in die Taschen der Käufer treiben, nicht die Schritt-für-Schritt-Anweisungen oder die hilfreichen Tipps, die Ihnen das Leben erleichtern. Wie mein Verleger sagt: »Das Zeug ist für Trottel.« Oft liefere ich ein Kapitel ab und bekomme von ihm (nennen wir ihn »Ted«, das ist schließlich sein richtiger Name) zu hören: »Willst Du, dass sich dieses Buch verkauft? Dann mach' es bitte ein bisschen schärfer.« Ich gehe also zu diesen Kapiteln zurück und versuche, völlig unschuldige Wörter hinzuzufügen, die aber für Leute mit entsprechenden Hintergedanken (nicht für Sie) doppeldeutig sind. Da Sie nicht zu solchen Leuten gehören, werden Sie vermutlich nicht verstehen, in welcher Beziehung diese Wörter »schmutzig« sind, aber glauben Sie mir, »diese« Leute finden eine Möglichkeit. Hier ist ein perfektes Beispiel: Melonen. Eine völlig harmlose Frucht aus dem Supermarkt, die für »solche« Leute aber noch eine andere Bedeutung hat. Eier. Ebenfalls völlig unschuldig, oder? Ted besteht darauf, dass ich sie einbaue, genau wie gelegentliche Hinweise auf Geflügelteile, wie Schenkel und Brüste (ich weiß nicht, wie es Ihnen geht, ich bekomme Hunger). Es tut mir leid, dass ich Sie mit diesen Abgründen des Verlagswesens konfrontieren musste, aber besser ich als ein anderer.

Ihren iPod touch einschalten (und schlafen schicken)

Das Einschalten Ihres iPod touch ist einfach: Drücken Sie die Standby-Taste an der schmalen Oberkante des iPod touch. Für einige Augenblicke erscheint das Apple-Logo und anschließend sehen Sie den Home-Bildschirm. Wenn Sie den iPod touch in den Schlaf legen wollen (wodurch Sie Strom sparen, wenn Sie keine seiner Funktionen aktiv benutzen), drücken Sie einmal auf die Standby-Taste. Sie hören einen kleinen Klickton und der Bildschirm wird schwarz. Im Schlafmodus sind die Tasten auf dem Touch-Screen deaktiviert, damit das Gerät nicht aus Versehen aufwacht und das Abspielen von Musik oder Videos startet, wenn Sie es in Ihre Tasche stopfen, und so die Batterie leerläuft. Um den iPod touch wieder aufzuwecken, drücken Sie entweder erneut die Standby-Taste oder benutzen die Home-Taste am unteren Rand des Geräts (direkt unter dem Touchscreen). Wenn er aufwacht, ist der Bildschirm noch gesperrt (für den Fall, Sie haben ihn versehentlich aufgeweckt). Um den Bildschirm zu entriegeln, ziehen Sie mit dem Finger auf dem grauen Pfeil, der unten auf dem Bildschirm angezeigt wird, nach rechts. Der Home-Bildschirm erscheint. Falls Sie Ihren iPod touch komplett ausschalten wollen, drücken und halten Sie die Standby-Taste für mehrere Sekunden, bis der rote Ausschalten-Schieberegler erscheint. Ziehen Sie diesen Regler auf dem Touchscreen nach rechts. Ihr Bildschirm wird schwarz und Sie sehen kurz ein kleines rundes Status-Icon. Anschließend schaltet Ihr iPod touch sich aus. Falls Sie aus irgendeinem Grund versehentlich zu diesem Ausschaltregler gekommen sind, drücken Sie einfach auf den Abbrechen-Button.

Die Lautstärke hochdrehen

Apple hat außen am iPod touch externe Lautstärkeregler angebracht. Sie können also die Lautstärke erhöhen oder verringern, ohne den Bildschirm anzuschauen oder zu entriegeln. Die Lautstärkeregler befinden sich an der linken Seite Ihres iPod touch. Wie Sie sich vielleicht gedacht haben, drücken Sie die Nach-oben-Taste, um die Lautstärke zu erhöhen, und die Nach-unten-Taste, um die Lautstärke zu verringern. Sie können die Lautstärke natürlich weiterhin auf dem Bildschirm einstellen. Wenn Sie auf das Musik-Icon tippen, bekommen Sie den Lautstärkeregler angezeigt und können ihn wie gewünscht nach links und rechts verschieben.

Den Home-Bildschirm benutzen

TERRY WHITE

Der Home-Bildschirm ist Ihre Hauptansicht und der Ausgangspunkt für alle Funktionen Ihres iPod touch. Dieser Bildschirm ist sogar so wichtig, dass der einzige »richtige« Knopf (neben der Standby-Taste und den Lautstärkereglern an der Seite) der Home-Knopf ist, also der runde, eingedrückte Knopf unterhalb des Touchscreens auf der Vorderseite des iPod touch. Immer wenn Sie auf diese Taste drücken, gelangen Sie wieder auf den Home-Bildschirm. Auf dem Home-Bildschirm stehen die Icons im oberen Bereich für die unterschiedlichen Anwendungen, die auf Ihrem iPod vorhanden sind (wie der Webbrowser Safari, Zugang zu YouTube-Videos, ein Kalender). Außerdem gibt es ein Einstellungen-Icon, mit dem Sie auf die Voreinstellungen Ihres iPod zugreifen. Die Standardfunktionen des iPod (zum Abspielen von Musik und Videos, zum Anzeigen von Fotos und zum drahtlosen Herunterladen von Musik aus dem iTunes Store) verbergen sich hinter den vier Icons am unteren Rand des Home-Bildschirms. Um eine dieser iPod-Funktionen zu benutzen, tippen Sie mit dem Finger einmal auf das entsprechende Icon. Falls Sie z.B. nach Musik suchen, tippen Sie einmal auf das Musik-Icon. Damit gelangen Sie in den Musikabschnitt Ihres iPod touch.

Anwendungen von Drittanbietern benutzen

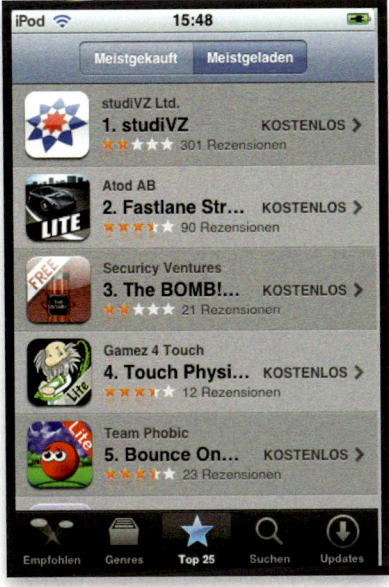

Falls Sie iPod touch-Software 2 oder eine höhere Version haben, können Sie Anwendungen von Drittherstellern aus Apples App Store herunterladen. Es gibt mehr als 1000 Anwendungen sowohl für das iPhone als auch für den iPod touch (beide Geräte verfügen über das gleiche Betriebssystem). Viele dieser Anwendungen sind kostenlos. Einige von ihnen kosten Geld, wobei der Preis üblicherweise relativ niedrig ist. Um solche Anwendungen auf Ihrem iPod touch zu installieren, brauchen Sie einen iTunes Store-Account. Sie können diese Programme entweder mit Hilfe von iTunes kaufen/auf Ihren Computer herunterladen oder das gleich vom iPod touch aus erledigen, indem Sie das App Store-Icon antippen. Wenn Sie eine Wi-Fi-Verbindung in das Internet haben, können Sie den App Store direkt auf Ihrem iPod touch durchsuchen. Sobald Sie eine Anwendung gefunden haben, die Sie haben wollen, tippen Sie entweder auf das Wort LADEN (wenn es kostenlos ist) oder auf den Preis. Ihnen wird anschließend die Option geboten, das Programm zu installieren/zu kaufen, d.h., Sie werden aufgefordert, sich am iTunes Store anzumelden. Nachdem Sie das Passwort eingegeben haben, beginnt das Herunterladen der Anwendung, die danach auf Ihrem iPod touch installiert wird.

Die Icons auf dem Home-Bildschirm neu anordnen

Möglicherweise wollen Sie nun, nachdem Sie neue Anwendungen und Webclips zu Ihrem Home-Bildschirm hinzugefügt haben, deren Icons neu anordnen. Dieses Neuanordnen ist sogar mit den Icons möglich, die schon auf dem iPod touch vorhanden waren. Halten Sie dazu eines der Icons für einige Sekunden gedrückt. Die Icons auf dem Bildschirm beginnen zu wackeln. Ziehen Sie sie nun in die Reihenfolge, die Ihnen genehm ist. Sobald Sie mit der neuen Anordnung zufrieden sind, drücken Sie die Home-Taste, um sie zu verankern.

---

iTipp: Objekte auf einen anderen Home-Bildschirm verschieben

Wenn es Anwendungen oder Webclips gibt, die Sie nicht oft benutzen, dann verschieben Sie sie einfach auf einen anderen Home-Bildschirm. Der iPod touch erlaubt Ihnen bis zu neun Home-Bildschirme. Drücken Sie einfach eines der Icons, bis alle Icons anfangen zu wackeln. Ziehen Sie dann die weniger oft benutzten Icons auf die rechte Seite des Bildschirms. Der iPod touch geht automatisch zum nächsten Home-Bildschirm weiter und nimmt Ihr Icon mit. Wenn Sie fertig sind, drücken Sie wieder die Home-Taste.

Mehrere Home-Bildschirme

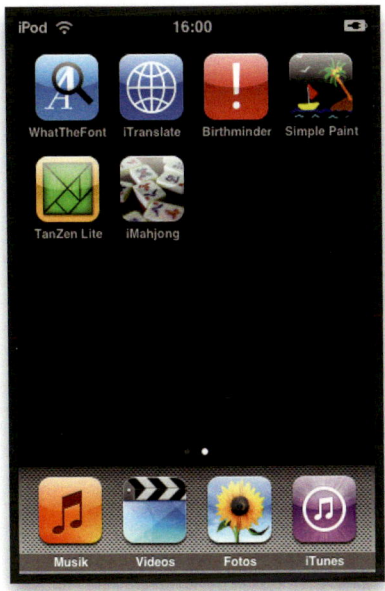

Der iPod touch erlaubt Ihnen das Anlegen von bis zu neun Home-Bildschirmen, so dass Sie getrost Ihre eigenen Webclips und Anwendungen auf den Home-Bildschirm holen können. Bei mehr als einem Home-Bildschirm sehen Sie die entsprechende Anzahl weißer Punkte über dem Balken mit den Hauptanwendungen im unteren Bereich des Home-Bildschirms. Tippen Sie entweder einen der Punkte an, um zu einem anderen Bildschirm zu wechseln, oder ziehen Sie den aktuellen Bildschirm nach rechts oder links (wie beim Navigieren durch Ihre Bilder).

Der iPod touch bietet Unterstützung für das Nike + iPod-Kit

Wenn Sie Läufer sind, haben Sie vielleicht schon vom Nike + iPod-Kit für den iPod nano gehört. Dieses Kit enthält einen Sender, der in Ihre Nike-Laufschuhe kommt, und einen Empfänger, der an die Unterseite Ihres iPod nano angeschlossen wird. Nun also ist der nano nicht mehr der einzige iPod, der diese Lösung unterstützt: Der iPod touch der zweiten Generation unterstützt nicht nur das Nike + iPod-Kit, sondern hat den Empfänger gleich eingebaut, so dass Sie nur noch den Sender in Ihrem Schuh brauchen, um loszulegen. Sobald Sie den Sender (Sensor) in Ihrem Schuh installiert haben, müssen Sie sich nur noch in die Einstellungen auf Ihrem iPod touch begeben und diese Funktion aktivieren. Tippen Sie dann die Option SENSOR an, um ihn mit Ihren Schuhen zu verbinden. Sie können die anderen Einstellungen natürlich an Ihre Vorstellungen anpassen.

---

iTipp: Schonen Sie Ihre Batterie

Wenn Sie das Nike + iPod-Kit eine Weile nicht benutzen, sollten Sie es in den Einstellungen aus-
schalten, um die Batterie zu schonen. Entfernen Sie darüber hinaus den Sensor aus Ihrem Schuh,
um auch dessen eingebaute Batterie zu schonen.

Schauen Sie sich um

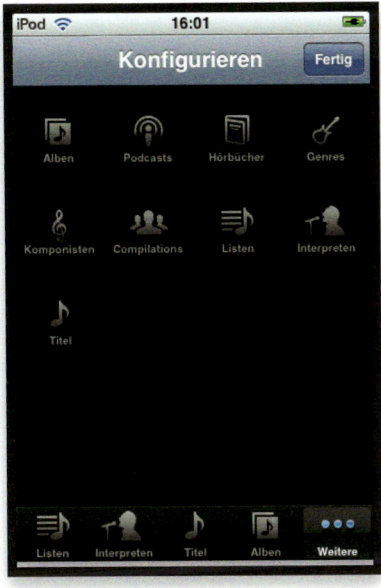

Am Ende des Musik-Bildschirms des iPod touch befindet sich eine Navigationsleiste, die Ihnen standardmäßig unmittelbaren Zugriff auf Ihre Wiedergabelisten, Künstler, Lieder und Alben bietet. Dort gibt es das Icon WEITERE, mit dem Sie zu den anderen Musikbereichen auf Ihrem iPod gelangen. Sie können diese kleine Navigationsleiste so anpassen, dass dort Ihre bevorzugten Bereiche stehen. Nehmen Sie z.B. an, dass Sie Ihre Musik nur selten anhand des Interpreten wählen und sich stattdessen häufig Podcasts zu Gemüte führen. In diesem Fall ersetzen Sie den Eintrag INTERPRETEN durch PODCASTS. Tippen Sie dazu zuerst einmal auf WEITERE und anschließend auf BEARBEITEN (in der oberen linken Ecke des Touchscreens). Dadurch werden alle Einmal-Antipp-Buttons aufgelistet, die Ihnen zur Verfügung stehen. Drücken und halten Sie das Podcasts-Icon, um es auszuwählen, ziehen Sie das Icon dann direkt nach unten auf das Interpreten-Icon und lassen Sie es dann los. Das Interpreten-Icon wird durch das Podcasts-Icon ersetzt. Zum Schluss tippen Sie auf FERTIG. (Sie können die Icons auf diese Weise auch neu anordnen.) So einfach ist es, die Navigationsleiste Ihres iPod anzupassen.

---

iTipp: Kein Ersetzen des WEITERE-Icons

Das einzige Icon, das Sie nicht ersetzen können, ist das WEITERE-Icon. Wenn Sie dies nämlich ersetzen würden, könnten Sie nicht mehr zu diesem ANPASSEN-Bildschirm zurückkehren.

Ein Lied abspielen

Um einen Titel abzuspielen, tippen Sie auf dem Home-Bildschirm auf Musik und anschließend in der Navigationsleiste im unteren Bereich auf Titel. Scrollen Sie zum gewünschten Lied (indem Sie auf dem Touchscreen nach oben »wischen«) und tippen Sie den Namen des Titels an. Auf dem Bildschirm wird das Albumcover angezeigt und der Titel läuft los. Unter dem Cover erscheinen einige Steuerelemente: ein Zurückspulen-Button (zwei nach links weisende Pfeile), Start/Pause (Dreieck oder doppelte Linien) und Vorspulen (zwei nach rechts weisende Pfeile). Es gibt außerdem einen Lautstärkeregler – drücken Sie den kleinen Knubbel und ziehen Sie ihn mit dem Finger nach rechts, um die Lautstärke zu erhöhen, oder nach links, um sie zu verringern. Um vorzuspulen, drücken und halten Sie den Vorspulen-Button. Wenn Sie zum nächsten Titel in der Liste springen wollen, tippen Sie den Vorspulen-Button einmal an, anstatt ihn gedrückt zu halten. (Der Zurückspulen-Button funktioniert genauso: drücken und halten zum Zurückspulen, einmal antippen, um den aktuellen Titel noch einmal zu spielen.

---

iTipp: Wenn es kein Albumcover gibt

Falls Sie einen Titel abspielen wollen, der kein eigenes Albumcover besitzt, setzt Ihr iPod stattdessen ein Ersatzcover ein, das eine große Note zeigt (eigentlich sind es zwei Achtelnoten, aber wen interessiert das schon?). Suchen Sie sich lieber ein richtiges Albumcover.

Spulen, Wiederholen und Zufällige Wiedergabe

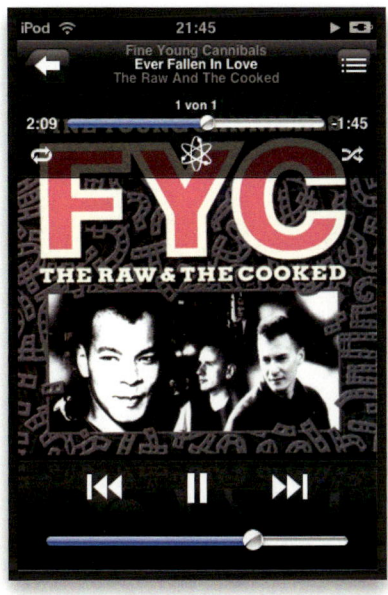

Sobald ein Titel abgespielt wird, können Sie vorwärts und rückwärts durch das Lied spulen. Tippen Sie dazu in die Mitte des Bildschirms. Im oberen Teil erscheint ein Schieberegler, den Sie mit dem Finger nach links oder rechts ziehen können. (Das ist toll, wenn Sie sich auf den Text eines Lieds konzentrieren wollen. Wenn der Text vorbei ist, ziehen Sie den Regler wieder etwas zurück und hören sich die Stelle noch einmal an. Das können Sie so oft wiederholen, bis Sie wissen, dass es »'scuse me while I kiss the sky« und nicht »'scuse me while I kiss this guy« heißt.) Vorn und hinten an diesem Regler gibt es noch zwei wichtige Steuerungen: (1) Auf der linken Seite befindet sich der Wiederholen-Button. Wenn Sie ihn einmal antippen, wird er blau (damit Sie wissen, dass Sie ihn aktiviert haben). Nun wird die aktuelle Wiedergabeliste wiederholt. Tippen Sie den Wiederholen-Button noch einmal an, erscheint eine winzige »1«, die andeutet, dass nur der aktuelle Titel wiederholt wird. Ein erneutes Antippen deaktiviert diese Eigenschaft. (2) Auf der rechten Seite des Reglers liegt der Button für die zufällige Wiedergabe. Tippen Sie ihn einmal an, um ihn einzuschalten, und noch einmal, um ihn wieder auszuschalten. Tippen Sie in die Mitte des Bildschirms, um den Spul-Regler und die Buttons wieder auszublenden. Übrigens geht Ihr Bildschirm ein paar Sekunden, nachdem Sie angefangen haben, einen Titel zu spielen, wieder schlafen, um die Batterie zu schonen. Um Ihren iPod wieder aufzuwecken, drücken Sie die Home-Taste und ziehen Sie den Entriegeln-Regler nach rechts.

Die anderen Titel auf einem Album anschauen

Wenn Sie auf dem iPod einen Titel abspielen, erscheint das Albumcover in voller Bildschirmgröße. Wollen Sie die anderen Titel auf diesem Album sehen, die Sie heruntergeladen haben, dann müssen Sie lediglich auf das kleine Icon in der oberen rechten Ecke der Titelleiste tippen (rechts neben dem Titelnamen) und schon erscheint eine Liste der anderen Titel dieses Albums auf Ihrem iPod, einschließlich der Laufzeit der einzelnen Titel sowie der Sternebewertung des momentan ausgewählten Lieds. Um eines der anderen Lieder zu spielen, tippen Sie einfach darauf. Um wieder in die Cover-Ansicht zu wechseln, tippen Sie zweimal auf einen leeren Bereich des Bildschirms. Falls Sie zur normalen Titelliste zurückkehren wollen, tippen Sie auf den Zurück-Button in der oberen linken Ecke des Bildschirms.

---

iTipp: Titel in einer Albumliste bewerten

Wenn Ihnen ein Lied in dieser Albumlistenansicht auffällt, das noch nicht bewertet ist, sollten Sie auf der Stelle Sterne verteilen. Tippen Sie einfach auf die Bewertungspunkte im oberen Bereich, um eine Bewertung zuzuweisen (wollen Sie z.B. einen Titel mit vier Sternen bewerten, dann tippen Sie auf den vierten kleinen Punkt; die Punkte verwandeln sich jetzt in Sterne). Sie können mit dem Finger auch nach rechts oder links über den Bewertungsbereich ziehen, um Sterne hinzuzufügen oder zu entfernen. Beim nächsten Synchronisieren werden Ihre Bewertungen auch in das iTunes auf Ihrem Computer übertragen.

Auf Ihre Wiedergabelisten zugreifen

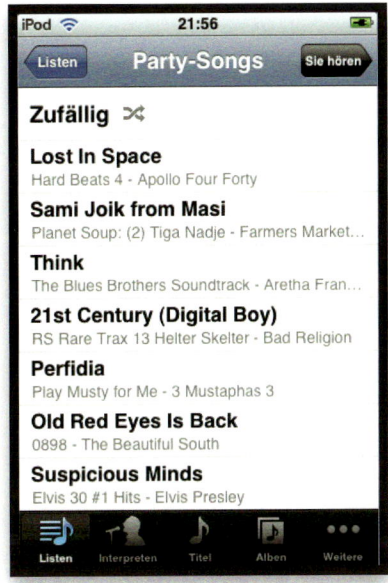

Die Wiedergabelisten, die Sie in iTunes erzeugen, werden beim Synchronisieren auf den iPod touch übertragen. Um sie auf dem iPod zu sehen (und anzuhören), tippen Sie im Home-Bildschirm auf das Musik-Icon. Anschließend tippen Sie in der Navigationsleiste am unteren Rand des Bildschirms auf LISTEN. Dadurch wird die Liste mit den Wiedergabelisten geöffnet. (iTunes kopiert standardmäßig alle Wiedergabelisten aus dem Computer-iTunes auf Ihren iPod. Sie können aber auch dafür sorgen, dass nur bestimmte Wiedergabelisten kopiert werden – im Abschnitt »Die automatische Aktualisierung ausschalten« in Kapitel 4 erfahren Sie, wie das geht.) Wenn Sie sich gern eine Wiedergabeliste anhören möchten, dann tippen Sie einmal darauf. Nun werden die Lieder von dieser Liste angezeigt. Starten Sie das Abspielen eines Lieds, indem Sie einmal darauf tippen. Die restlichen Lieder aus dieser Wiedergabeliste werden in der angegebenen Reihenfolge abgespielt.

---

iTipp: Zufällige Wiedergabe Ihrer Liste

Am Anfang jeder Wiedergabeliste befindet sich ein Eintrag namens ZUFÄLLIG. Sobald Sie darauf tippen, wird die Wiedergabeliste in zufälliger Reihenfolge abgespielt.

Im Nu Wiedergabelisten Ihrer Lieblingsinterpreten herstellen

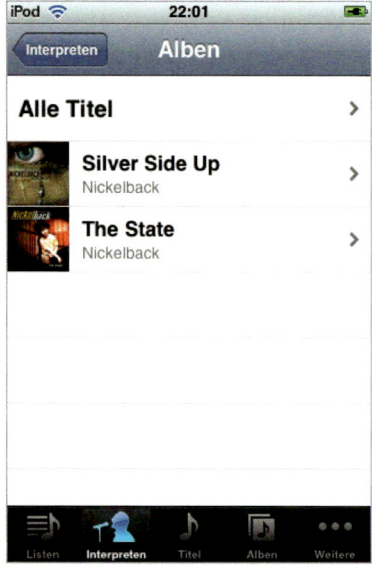

Ich habe eine ganze Reihe von Wiedergabelisten auf meinem iPod, die sich ganz und gar nur einem einzigen Interpreten widmen (z.B. habe ich eine James Taylor-Liste mit meinen Lieblingsliedern von JT; wenn ich also in heiterer Stimmung bin, höre ich mir ausschließlich diese Lieder an). Keine Sorge, wenn Sie keine solchen Wiedergabelisten haben. Tippen Sie in der Hauptansicht für Musik in der Navigationsleiste auf INTERPRETEN. Ihnen wird eine Liste aller Künstler angezeigt, die Sie auf dem iPod haben. Scrollen Sie zu dem Interpreten, den Sie gern hören möchten (z.B. zu Nickelback), und tippen Sie auf Nickelback. Sie sehen eine Liste der Alben von Nickelback auf Ihrem iPod. Falls Sie sich einfach nur alle Nickelback-Songs anhören wollen, egal, von welchem Album sie stammen, dann tippen Sie auf ALLE TITEL am Anfang der Liste und der iPod erledigt den Rest. Ziehen Sie es vor, nur ein Lied von einem dieser Alben anzuhören, dann tippen Sie auf eines dieser Alben in der Liste, damit Ihnen alle Lieder angezeigt werden, die Sie von diesem speziellen Album auf den iPod geladen haben. Tippen Sie anschließend auf den gewünschten Titel und er wird abgespielt. Sie können sich auch für eine zufällige Wiedergabe entscheiden (damit Sie sie nicht immer in der gleichen Reihenfolge anhören müssen, wie früher eine CD oder herkömmliche Schallplatte – zumindest mache ich es immer so).

On-The-Go-Wiedergabelisten auf einem iPod touch herstellen

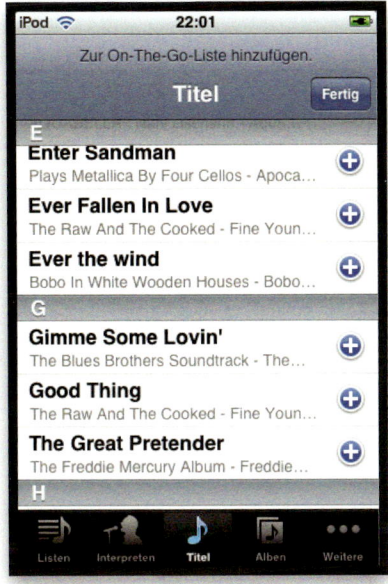

Das Herstellen einer »On-The-Go«-Wiedergabeliste (einer Wiedergabeliste, die Sie direkt auf Ihrem iPod herstellen) funktioniert auf einem iPod touch ganz anders als auf einem anderen iPod – es ist ein eher visueller Ansatz. Tippen Sie auf dem Home-Bildschirm auf das Musik-Icon und im Bereich MUSIK dann auf LISTEN. Dort sehen Sie den Eintrag ON-THE-GO. Tippen Sie einmal auf ON-THE GO. Es erscheint eine Liste aller Titel auf Ihrem iPod touch. Rechts neben jedem Titel sehen Sie ein + (Pluszeichen), auf das Sie tippen, wenn Sie diesen Titel zur On-The-Go-Liste hinzufügen wollen. Wenn Sie fertig sind, tippen Sie auf FERTIG in der oberen rechten Ecke. Von nun an finden Sie unter dem Eintrag ON-THE-GO in der Liste der Wiedergabelisten eine Liste mit den Liedern Ihrer On-The-Go-Wiedergabeliste. Um der Liste weitere Titel hinzuzufügen, tippen Sie zuerst auf BEARBEITEN in der oberen rechten Ecke und dann auf das + (Pluszeichen) oben links. Jetzt erscheint wieder die Liste mit allen Titeln (mit dem Pluszeichen daneben) – tippen Sie wiederum auf die Pluszeichen neben den Liedern, die Sie hinzufügen wollen. Wenn bei einem Titel das Pluszeichen ausgegraut ist, befindet sich dieses Lied bereits auf der On-The-Go-Liste. Zum Schluss tippen Sie wieder auf FERTIG.

Visuelle Suche nach dem Albumcover

Der iPod touch besitzt genau wie iTunes die Cover Flow-Funktion, mit der Sie visuell durch Ihre gesamte Musiksammlung blättern können. Dazu drehen Sie einfach den iPod touch auf die Seite (damit der Bildschirm im Querformat vor Ihnen liegt). Er wechselt automatisch in die Cover Flow-Ansicht. Um sich durch die Albumcover zu bewegen, wischen Sie mit dem Finger horizontal über den Bildschirm. Die Cover blättern in der Richtung, in der Sie mit dem Finger wischen. Um anzuhalten, hören Sie mit dem Wischen auf. Wenn Sie die Lieder eines bestimmten Albums anschauen wollen, tippen Sie darauf. Das Cover wird umgedreht und Sie sehen eine Liste der Titel, die Sie von diesem Album auf den iPod geladen haben. Tippen Sie auf einen der Titel, um ihn abzuspielen (wenn der Titel zu Ende ist, wird mit dem nächsten Titel von diesem Album fortgefahren, falls es einen nächsten Titel gibt). Um in die Cover Flow-Ansicht zurückzukehren, tippen Sie zweimal in einen offenen Bereich. (*Hinweis:* Ihre Musik wird nicht angehalten – die Ansicht wechselt einfach zurück in das Cover Flow.)

Videos auf Ihrem iPod touch betrachten

Um Video-Podcasts (oder Fernsehsendungen oder Filme), die Sie heruntergeladen haben, anzu-schauen, beginnen Sie beim Home-Bildschirm (Sie können jederzeit zum Home-Bildschirm zurück-kehren, indem Sie den runden Knopf unter dem Touchscreen drücken). Tippen Sie einmal auf VIDEOS. Sie gelangen in den Videobereich, wo Sie alle Videos auf Ihrem iPod touch, geordnet nach Typ (Fernsehsendungen, Filme, Podcasts und Musikvideos) sehen. Um ein Video anzuschauen, suchen Sie es in der Liste und tippen Sie darauf. Videos werden horizontal abgespielt, Sie müssen also den iPod touch auf die Seite drehen. Um beim Abspielen die Steuerelemente zu sehen, tippen Sie einmal an eine beliebige Stelle auf dem Bildschirm. Die Steuerungen tauchen am unteren Rand auf. Am oberen Rand des Bildschirms sehen Sie einen Scrollbalken, mit dem Sie durch das Video spulen können – ziehen Sie den kleinen Knubbel mit dem Finger nach rechts, um vorwärts zu spulen, und nach links, um rückwärts zu spulen.

---

iTipp: Zwischen den Videomodi umschalten

Der iPod touch verfügt über zwei Videomodi: das Filmformat, bei dem Ihr Video in einer Art Widescreen-Ansicht gezeigt wird, die der eigentlichen Kinoansicht entspricht, wobei oben und un-ten dünne schwarze Balken erscheinen. Außerdem gibt es eine Vollbildansicht, bei der das Video so gezoomt wird, dass es den Bildschirm komplett ausfüllt (es wird allerdings möglicherweise beschnitten). Um zwischen diesen Modi umzuschalten, tippen Sie zweimal auf den Bildschirm.

Videos von Ihrem iPod touch löschen

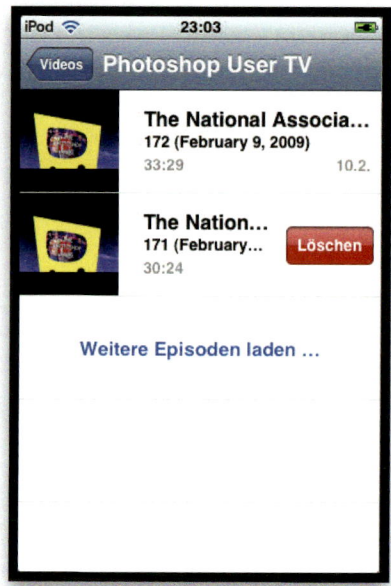

Ihr iPod touch ist der einzige iPod, der es Ihnen erlaubt, tatsächlich etwas (in diesem Fall ein Video) direkt im iPod zu löschen (normalerweise können Sie Lieder, Videos oder Fotos nur innerhalb von iTunes löschen). Um ein Video zu löschen, suchen Sie es in der Videoliste auf Ihrem iPod, drücken mit dem Finger auf die rechte Seite der Videoliste und ziehen den Finger nach links. Dadurch wird ein roter Löschen-Button aufgedeckt. Tippen Sie einmal auf diesen Button, um das Video zu löschen und Platz für z.B. heruntergeladene Titel aus dem Wi-Fi iTunes Music Store zu schaffen.

---

iTipp: Hörbücher abspielen

Wie jeder andere iPod kann auch der iPod touch Hörbücher abspielen, die Sie heruntergeladen haben. Wenn Sie sich auf dem iPod ein Hörbuch anhören und das Gerät später mit dem Computer synchronisieren, dann teilt es iTunes die genaue Stelle mit, an der Sie angehalten haben, so dass Sie an dieser Stelle im Hörbuch auf Ihrem Computer wieder einsteigen können. Unterbrechen Sie das Anhören des Hörbuchs in iTunes und synchronisieren Sie anschließend wieder mit dem iPod touch, dann erzählt wiederum iTunes, wo es angehalten hat.

Lassen Sie sich von Ihrem iPod in den Schlaf singen

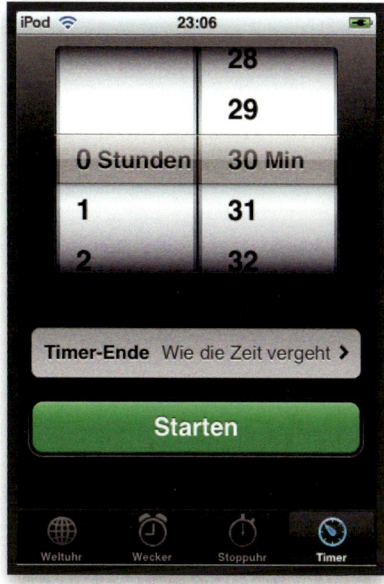

Der iPod touch verfügt über eine tolle Timer-Funktion, die Ihren iPod ausschaltet, wenn eine bestimmte Zeit vergangen ist. Und so funktioniert das: Tippen Sie auf dem Home-Bildschirm auf UHR. Im Uhrenbereich tippen Sie in der Navigationsleiste am Ende auf TIMER. Wenn der Timer-Bildschirm erscheint, stellen Sie ein, wie lange der iPod Musik spielen soll, bevor er sich schlafen legt. Wischen Sie dazu mit dem Finger auf den Zahlenrädern nach oben oder unten. Nachdem Sie eine Zeit eingestellt haben (z.B. 30 Minuten), tippen Sie auf TIMER-ENDE. Ihnen werden eine Reihe von Auswahlmöglichkeiten angezeigt. Tippen Sie einmal auf IPOD-RUHEZUSTAND und drücken Sie dann auf EINSTELLEN in der oberen rechten Ecke des Bildschirms. Tippen Sie anschließend den großen grünen STARTEN-Button an. 30 Minuten später wird die Musik vorsichtig ausgeblendet und Ihr iPod fällt in den Schlaf (genau wie bei der Schlummern-Automatik bei einem Radiowecker).

Nutzen Sie die anderen Zeitfunktionen des iPod touch

Es gibt drei weitere Zeitfunktionen auf dem iPod touch. Tippen Sie zuerst auf Weltuhr (damit können Sie die Zeit in unterschiedlichen Zeitzonen anzeigen). Um die voreingestellte Stadt zu löschen, drücken Sie auf Bearbeiten in der linken oberen Ecke. Tippen Sie dann auf das rote – (Minuszeichen), das vor dem Namen der Stadt erscheint. Dadurch wird rechts neben der Uhr ein roter Löschen-Button aufgedeckt. Tippen Sie einmal darauf, um diese Stadt/Zeitzone zu löschen. Um neue Städte hinzuzufügen, tippen Sie auf das + (Pluszeichen) in der oberen rechten Ecke. Die Tastatur des iPod touch wird angezeigt und Sie können die Stadt eintippen, deren Zeitzone Sie anzeigen wollen. Wenn Sie anfangen zu tippen, wird eine Liste mit Städten angezeigt, die mit den jeweiligen Buchstaben beginnen, so dass Sie schnell und einfach die passende Stadt finden können. Sobald Sie die gewünschte Stadt gefunden haben (z.B. Sydney, Australien), tippen Sie darauf und die Uhr wird erzeugt. Wenn die Oberfläche der Uhr weiß ist, dann ist in dieser Stadt noch Tag. Ist sie schwarz, dann ist es dort Nacht. Tippen Sie nun in der Navigationsleiste auf Wecker. Um einen Weckalarm einzustellen, drücken Sie auf das + (Pluszeichen) in der oberen rechten Ecke. Es erscheint eine Liste mit Optionen, mit denen Sie einstellen können, an welchen Tagen sich der Alarm wiederholen soll. Sie können (mit dem Ton-Feld) einen Weckton einstellen, den Schlummermodus aktivieren und Ihrem Weckalarm einen Namen geben. Unten wählen Sie die Weckzeit. Wenn Sie auf Sichern tippen, wird ein Alarm in Ihrer Liste angelegt (es sind mehrere möglich). Schließlich gibt es noch eine Stoppuhr-Funktion, die unglaublich einfach ist – lesen Sie auf der nächsten Seite weiter.

Die Stoppuhr benutzen

Ich liebe diese Stoppuhr-Funktion, weil sie so einfach und effizient ist und sich echt gut ablesen lässt. Um dorthinzu gelangen, begeben Sie sich vom Home-Bildschirm aus in den Uhren-Bereich. Tippen Sie dort in der Navigationsleiste am unteren Rand des Bildschirms auf STOPPUHR. Es gibt nur zwei Buttons: STARTEN und LÖSCHEN. Um mit dem Stoppen einer Zeit zu beginnen, tippen Sie auf den grünen START-Button. Sobald die Stoppuhr gestartet ist, wird der grüne START-Button durch einen roten STOPP-Button ersetzt. Um neu zu starten, tippen Sie auf LÖSCHEN. Falls Sie Rundenzeiten aufzeichnen wollen, tippen Sie auf den RUNDEN-Button (dieser befindet sich dort, wo vor dem Starten der Stoppuhr der LÖSCHEN-Button war). Diese Zeiten werden in den Feldern unter den beiden Buttons angezeigt. Sie können viele einzelne Rundenzeiten aufzeichnen (ich habe bei 32 aufgehört – Mann, war ich fertig). Sie scrollen durch diese Liste wie durch jede andere Liste – indem Sie mit dem Finger in die Richtung wischen, in die Sie scrollen möchten.

Die eingebaute Tastatur benutzen

Immer wenn Sie etwas auf Ihrem iPod touch tippen müssen, erscheint automatisch eine Tastatur auf dem Bildschirm. Falls die Tasten ein bisschen klein aussehen, liegt das daran, dass sie es tatsächlich sind. Glücklicherweise bietet Apple einige Funktionen, die das Bedienen der Tastatur erleichtern. Beim Tippen erscheint jeweils eine große Version des gerade getippten Buchstabens, damit Sie sofort sehen, ob Sie den richtigen Buchstaben getroffen haben. Ich kann Ihnen aus Erfahrung sagen, dass das Tippen mit der Zeit leichter geht. Wenn Sie sich zu Anfang also häufig vertippen, sollten Sie sich keine grauen Haare wachsen lassen – nach einigen Tagen werden Sie besser. Es gibt darüber hinaus eine ziemlich schlaue »automatisch-Vervollständigen«-Funktion. Zwar wird beim Tippen ein Wort vorgeschlagen, tippen Sie aber einfach weiter (vor allem, wenn Sie sich verschrieben haben), und Ihr falsch geschriebenes Wort wird durch das richtige Wort ersetzt (in 95% der Fälle). Wenn Sie sich an diese Technik (Tippen, Feststellen, dass man sich verschrieben hat, trotzdem Weitertippen) erst gewöhnt haben, werden Sie überrascht sein, wie schnell Sie mit der Tastatur tippen können.

---

iTipp: Tippfehler beheben

Falls Sie einen Tippfehler korrigieren müssen, der von der automatischen Korrektur nicht erkannt wurde, dann drücken und halten Sie ungefähr an der Stelle, an der sich der Fehler befindet. Es erscheint eine Lupe auf dem Bildschirm, damit Sie nicht nur die Stelle mit dem Fehler deutlich sehen, sondern auch den Cursor verschieben können, um den Fehler schnell zu beheben.

Zugriff auf das Internet bekommen

Wenn Sie im Web surfen wollen, dann müssen Sie zuerst darüber nachdenken, woher Sie eine drahtlose Verbindung bekommen. Im Gegensatz zum iPhone von Apple (das über das Netz des Telefonanbieters ins Internet gelangt) benötigt der iPod touch Zugang zu einem Wi-Fi-Netzwerk (etwa über Hotspots, die in vielen Hotels, Restaurants und Bahnhöfen zur Verfügung stehen), um eine Verbindung in das Internet herzustellen. Wenn Sie auf dem Home-Bildschirm auf den Webbrowser Safari tippen, sucht Ihr iPod touch auf der Stelle nach einer Internetverbindung. Sieht er ein drahtloses Netzwerk, dann bietet er Ihnen die Möglichkeit, einen Zugriffsversuch darauf zu starten. Handelt es sich um ein privates, passwortgeschütztes Netzwerk, sehen Sie ein Vorhängeschloss neben dem Namen des Netzwerks. Bei einem offenen Netzwerk wird kein Schloss-Icon angezeigt und Sie müssen nur auf das Netzwerk tippen, um sich damit zu verbinden.

Den Webbrowser Safari benutzen

Wenn die drahtlose Verbindung besteht, benutzen Sie den Webbrowser Safari, um Webseiten zu besuchen. Oben in Safari gibt es ein Feld zum Eingeben der Webadresse (URL) der Site, die Sie besuchen wollen. Tippen Sie daher einmal auf dieses Feld und die Tastatur erscheint im unteren Teil des Bildschirms. Geben Sie die Webadresse der gewünschten Site ein und drücken Sie dann auf den blauen Öffnen-Button in der unteren rechten Ecke. Sobald die Webseite erscheint, erhalten Sie eine breitere, größere Ansicht, indem Sie den iPod touch auf die Seite drehen. Wenn Sie zweimal auf irgendeinen Bereich der Webseite tippen, zoomt dieser ein und füllt den Bildschirm. Um wieder auszuzoomen, tippen Sie erneut zweimal auf den Bildschirm. Mit dem Finger scrollen Sie nach oben/unten und zur Seite. Wenn Sie einem Link folgen wollen, tippen Sie einfach darauf. Um die Seite als Lesezeichen zu speichern, scrollen Sie auf der Seite nach oben und tippen auf das + (Pluszeichen) links neben dem Adressfeld. Um die Seite neu zu laden, tippen Sie auf den Kreis rechts neben dem Adressfeld. Wenn Sie die vorhandene Adresse löschen wollen (um eine neue einzugeben), tippen Sie auf das kleine graue X auf der ganz rechten Seite des Adressfelds. Wenn Sie eine zuvor besuchte Seite aufsuchen wollen, tippen Sie auf den Linkspfeil am Ende des Bildschirms.

---

iTipp: Den ».com«-Button benutzen

Viele Leute sehen das gar nicht, aber am Ende der Tastatur, links neben dem blauen Öffnen-Button, befindet sich ein ».com«-Button, mit dem Sie auf einen Fingertipp hin ».com« eintippen.

Die eingebaute Google-Suche benutzen

Sie müssen sich nicht erst zu Google.com begeben, um eine Websuche durchzuführen, weil diese direkt in Safari integriert ist. Tippen Sie in Safari einfach auf das URL-Adressfeld. Sie werden bemerken, dass eigentlich zwei Felder auftauchen: das Adressfeld und direkt darunter ein Google-Suchfeld. Falls Sie also die URL kennen, die Sie haben wollen, dann benutzen Sie das obere Feld. Ist das nicht der Fall, tippen Sie den Suchbegriff in das zweite Feld ein. Falls Sie Ihre Meinung ändern, tippen Sie auf ABBRECHEN.

---

iTipp: Die Suchmaschinen wechseln

Falls Sie nicht Google als integrierte Suchmaschine benutzen wollen, können Sie stattdessen Yahoo! wählen. Tippen Sie dazu auf dem Home-Bildschirm auf Einstellungen und wählen Sie im Einstellungsbereich SAFARI. Tippen Sie in den SAFARI-EINSTELLUNGEN auf SUCHMASCHINE. Es öffnet sich eine Ansicht, in der Sie die Suchmaschine von Google auf Yahoo! ändern können.

Mit mehreren Webseiten arbeiten

Wenn Sie auf einer Webseite sind und auf einen Link tippen, um eine andere Seite zu besuchen, dann kann es passieren, dass sich diese Seite in einem separaten Fenster öffnet (was kein Problem darstellt). Sie haben jetzt also mehrere Webseiten in Safari offen. Um die verschiedenen Seiten zu sehen, die geöffnet sind, tippen Sie einmal auf das kleine Seiten-Icon in der unteren rechten Ecke. Die aktuelle Seite schrumpft zu einer Miniatur zusammen und Sie können durch die Miniaturen der offenen Seiten blättern, indem Sie mit dem Finger hin- und herwischen. Um eine dieser Seiten zu schließen, tippen Sie das rote X in der oberen linken Ecke der Miniatur an.

---

iTipp: Auf Lesezeichen zugreifen

Auf gespeicherte Lesezeichen greifen Sie zu, indem Sie einmal auf den LESEZEICHEN-Button (der wie ein aufgeschlagenes Buch aussieht) unten rechts tippen. Dadurch öffnet sich eine Liste Ihrer als Lesezeichen gespeicherten Sites, deren Einträge Sie lediglich antippen müssen, um die entsprechenden Sites zu besuchen.

Lesezeichen von Ihrem Computer importieren

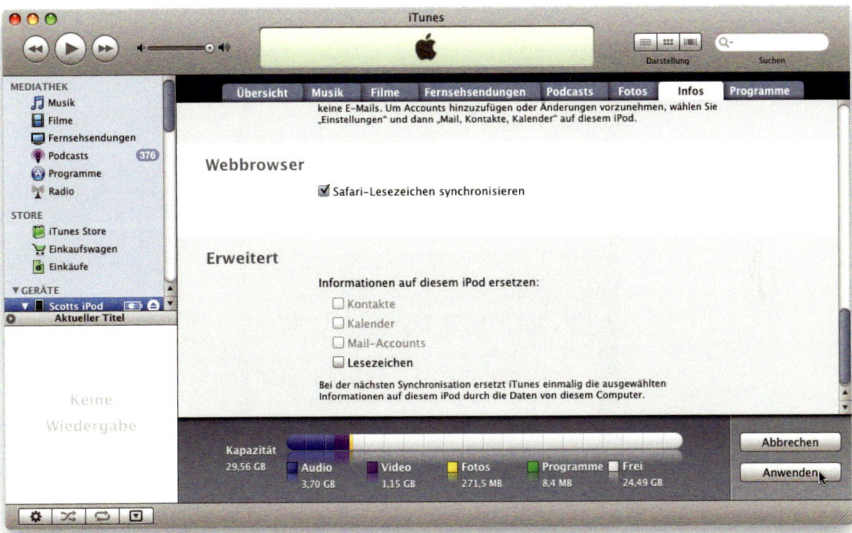

Sie können die Lesezeichen auf Ihrem Computer automatisch in den Webbrowser Safari auf Ihrem iPod touch kopieren lassen, allerdings müssen Sie das zuvor ausdrücklich veranlassen. Zuerst verbinden Sie den iPod touch zum Synchronisieren mit Ihrem Computer. Wenn der iPod in iTunes auftaucht, klicken Sie auf den INFOS-Karteireiter im iTunes-Hauptfenster und scrollen nach unten, bis Sie den Eintrag WEBBROWSER sehen. Das ist ganz einfach, weil es hier nur eine Option gibt – [IHR WEB-BROWSER-] LESEZEICHEN SYNCHRONISIEREN. Aktivieren Sie diese Checkbox und alle Lesezeichen aus Safari (auf einem Mac) oder dem Microsoft Internet Explorer (auf einem PC) werden direkt von Ihrem Computer in Safari auf Ihren iPod touch kopiert.

---

iTipp: Ein Lesezeichen löschen

Um ein Lesezeichen zu löschen, tippen Sie auf das Lesezeichen-Icon und drücken dann auf BEARBEITEN in der unteren linken Ecke. Vor jedem Lesezeichen erscheint ein kleines rotes Minuszeichen. Wenn Sie eines dieser Minuszeichen antippen, zeigt sich rechts neben dem Lesezeichen ein roter Lösch-Button zum Entfernen des Lesezeichens.

Online-Formulare vervollständigen

Wenn Sie ein Passwort eingeben müssen, um eine Website zu betreten, oder etwas auf einer Site kaufen wollen, müssen Sie in einem Online-Formular Ihren Namen, die Adresse, Zahlungsinforma-tionen usw. eingeben. Glücklicherweise bietet Ihnen Safari eine überraschend einfache Methode, um dies zu erledigen. Handelt es sich lediglich um ein Textfeld, das Sie ausfüllen müssen, dann tippen Sie auf das Feld. Die Tastatur erscheint, so dass Sie Ihre Informationen eingeben können. Das ist einfach, aber was tun Sie, wenn Ihnen ein Popup-Menü unterkommt (z.B. um das Ablaufdatum für Ihre Kreditkarte einzugeben)? Tippen Sie in diesem Fall auf das Popup-Menü. Es öffnet sich ein spezielles Safari-Fenster, das die Auswahlmöglichkeiten auf einer Art Rad anzeigt. Sie können das Rad mit dem Finger nach oben oder unten drehen, bis der gewünschte Wert erscheint und neben ihm ein Häkchen gesetzt ist. Tippen Sie zum Schluss auf FERTIG.

Aktienkurse erhalten

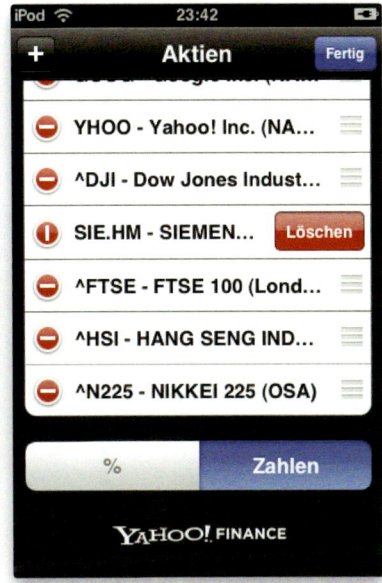

Sie können die aktuellen Aktienkurse in Ihrem Depot direkt von Ihrem iPod touch aus überwachen. Tippen Sie im Home-Bildschirm auf Aktien. Der Aktien-Bildschirm zeigt standardmäßig
den DAX und andere Aktienindizes sowie einige Aktienwerte (z.B. Apple, Google, Yahoo). Sie
können diese Einträge löschen und Ihre eigenen Aktien zur Überwachung angeben, indem Sie
zuerst auf das kleine »i« in der unteren rechten Ecke des Bildschirms tippen. Dadurch öffnet
sich eine Liste der überwachten Indizes und Aktien. Vor jedem Eintrag steht ein rotes – (Minuszeichen). Wenn Sie auf das – vor einer Aktie klicken, erscheint rechts neben dem Namen
ein Lösch-Button. Tippen Sie darauf und die Aktie wird gelöscht. Um eine neue Aktie (oder einen
Index) hinzuzufügen, tippen Sie auf das + (Pluszeichen) in der oberen linken Ecke. Auf dem folgenden Bildschirm geben Sie neue Aktien ein. Schreiben Sie mit der Tastatur den Firmen- oder
Indexnamen oder das Tickersymbol (falls Sie es kennen) und tippen Sie dann auf den blauen
Such-Button in der unteren rechten Ecke. Wenn das gewünschte Unternehmen gefunden wird,
erscheint es in einer Liste. Tippen Sie darauf, um es in Ihre Aktienliste aufzunehmen. Wenn Sie
weitere Aktien beobachten wollen, tippen Sie erneut auf das +. Zum Schluss betätigen Sie den
Fertig-Button in der oberen rechten Ecke. Sie können so viele Aktien hinzufügen, wie Sie wollen.
Um weitere Listen zu sehen, scrollen Sie den Bildschirm nach unten, indem Sie mit dem Finger
auf dem Bildschirm von unten nach oben »wischen«.

Den Rechner benutzen

Es ist wirklich praktisch, dass der iPod touch einen Rechner besitzt. Mit dem iPod touch 2-Software-Update ist der Rechner noch viel besser geworden. Wenn Sie auf dem Home-Bildschirm auf das Rechner-Icon tippen, wird der einfache Rechner geöffnet. Dieser Rechner besitzt all die grundlegenden Funktionen, die Sie erwarten würden, wie etwa Addition, Multiplikation, Subtraktion und Division, er enthält aber auch einen Speicher. Wenn Sie einen etwas umfangreicher ausgestatteten Rechner haben wollen, dann drehen Sie den iPod touch um 90°. Anstelle des einfachen Rechners erscheint ein wissenschaftlicher Rechner. Wirklich Klasse!

---

iTipp: Eingabe löschen

Wenn Sie beim Eingeben einer Reihe von Zahlen einen Fehler machen, müssen Sie nicht von vorn anfangen. Tippen Sie einfach auf die Taste C*. Dadurch wird die Eingabe gelöscht und Sie können die Zahl noch einmal eintippen.*

Videos auf YouTube finden

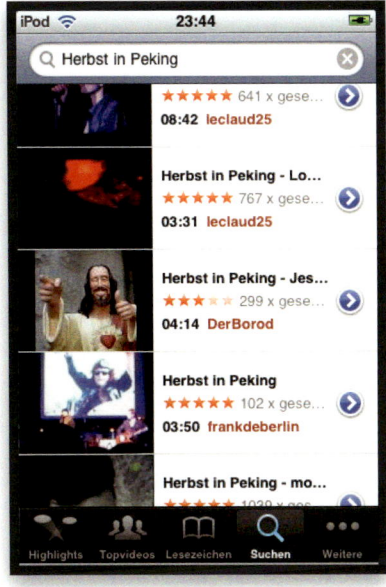

Wenn Sie einen Wi-Fi-Internet-Zugang haben, können Sie sich direkt auf Ihrem iPod touch Videos von YouTube.com anschauen. Dabei werden die Videos nicht auf den iPod touch heruntergeladen – Sie suchen die Videos, die Sie sich gern anschauen wollen, und betrachten sie dann auf Ihrem iPod touch genauso, als würden Sie das auf Ihrem Computer tun. Sie können jedoch Ihre Lieblingsvideos als Lesezeichen speichern und sich später direkt zu ihnen begeben. Tippen Sie auf dem Home-Bildschirm auf YouTube. Tippen Sie dann in der Navigationsleiste am unteren Rand des Bildschirms auf Suchen, um ein Suchfeld zu öffnen. Wenn Sie auf dieses Suchfeld tippen, erscheint die Tastatur, mit deren Hilfe Sie den Suchbegriff eingeben können. Tippen Sie dann auf den Suchen-Button, um die gigantische YouTube-Videothek zu durchsuchen. Die Ergebnisse erscheinen in einer Liste unter dem Suchfeld. Um eines dieser Videos anzuschauen, tippen Sie einfach darauf. Drehen Sie anschließend den iPod touch auf die Seite (Videos werden immer in diesem breiten Format abgespielt).

---

iTipp: Weitere Videoinformationen erhalten

Um weitere Informationen über ein YouTube-Video anschauen zu können, tippen Sie auf den kleinen blauen Pfeil, der rechts neben dem Namen des Videos zu sehen ist. Damit gelangen Sie zu einem Bildschirm mit einer ausführlichen Beschreibung des Videos. Hier können Sie auch ein Lesezeichen für das Video speichern und außerdem sehen Sie eine Liste verwandter Videos.

YouTube-Videos anschauen

Sobald Sie ein Video gefunden haben, das Sie anschauen wollen, tippen Sie einfach darauf. Auf dem Bildschirm erscheinen verschiedene Steuerelemente, mit denen Sie das Video anhalten, zum nächsten Video springen und es erneut abspielen können. Darüber hinaus gibt es einen Lautstärkeregler (wenn Sie ihn nach rechts ziehen, wird der Ton lauter, wenn Sie ihn nach links ziehen, wird er leiser). Um diese Steuerelemente auszublenden, tippen Sie einmal auf den Bildschirm. Sie werden wieder eingeblendet, wenn Sie erneut den Bildschirm berühren. Um ein Lesezeichen für ein Video anzulegen (damit Sie beim nächsten Mal direkt dorthin gelangen), tippen Sie auf den LESEZEICHEN-Button links neben der Videosteuerung. Im unteren Teil des YouTube-Bildschirms gibt es außerdem Buttons, mit denen Sie direkt zu den promoteten Videos, zu den meistgesehenen YouTube-Videos und zu Ihren Video-Lesezeichen kommen. Wenn Sie auf WEITERE tippen, kommen Sie zu einem neuen Menü, mit dessen Hilfe Sie zu den neuesten Videos und den Videos mit den Top-Ratings springen können. Der letzte Button zeigt Ihnen eine Liste der YouTube-Videos, die Sie sich bereits angeschaut haben.

Die Wi-Fi-Version des iTunes Store

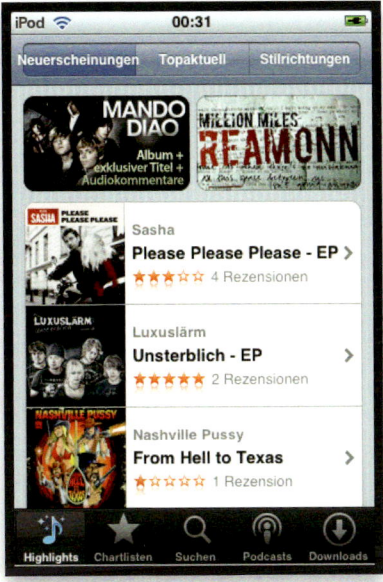

Da der iPod touch über Wi-Fi-Fähigkeiten verfügt, können Sie sich bei der Wi-Fi-Version des iTunes Store anmelden, um Titel zu kaufen und drahtlos direkt auf den iPod herunterzuladen. Cool ist, dass alles, was Sie drahtlos kaufen, beim nächsten Synchronisieren vom iPod touch auf Ihren Computer geladen wird. Und so funktioniert es: Tippen Sie auf dem Home-Bildschirm auf das violette iTunes-Icon in der unteren rechten Ecke des Bildschirms. Sie gelangen zu einer besonderen Wi-Fi-Version des iTunes Store (vorausgesetzt natürlich, dass Sie eine aktive Wi-Fi-Internet-Verbindung haben, aber das wussten Sie, nicht wahr?).

Titel im Wi-Fi-iTunes Store suchen

Wenn Sie den Wi-Fi-iTunes Store betreten, stehen Ihnen für den Store vier Navigationsbuttons an der Unterseite des Bildschirms zur Verfügung. Highlights bringt Sie zu den aktuellen Top-Titeln, fördert aber auch drei neue Buttons im oberen Bereich des Bildschirms zum Vorschein, die Sie direkt zu den Neuerscheinungen, Topaktuell und einer sehr praktischen Auflistung nach Stilrichtungen bringen. Der zweite Button führt Sie zu den iTunes-Chartlisten (in verschiedenen Kategorien), über den dritten Button starten Sie eine Suche (es öffnet sich ein Suchfeld und die Tastatur wird angezeigt, damit Sie einen Suchbegriff eintippen können). Der letzte Button, Downloads, zeigt die Titel an, die Sie aus dem Wi-Fi-Store heruntergeladen haben. Wenn Sie einen Titel antippen, hören Sie eine 30-sekündige Vorschau. Der Preis für die einzelnen Lieder steht rechts neben dem Titel; wenn Sie den Preis antippen, ändert sich die Aufschrift des Buttons in "Jetzt kaufen". Sie werden nach Ihrem iTunes-Passwort gefragt (damit kein Unbefugter Ihnen die Kaufentscheidungen abnimmt). Wenn der Download startet, können Sie auf den Downloads-Button tippen, um den Gang der Dinge zu beobachten. Ist der Titel dann irgendwann vollständig heruntergeladen, bleibt der Bildschirm leer, wenn Sie auf den Downloads-Button tippen. Allerdings sehen Sie dann in der oberen rechten Ecke einen Button namens Gekauft. Wenn Sie diesen antippen, gelangen Sie auf die Liste der gekauften Titel. Das Tolle daran ist, dass Ihr heruntergeladener Titel automatisch in dieser Wiedergabeliste auftaucht.

Ihren Kalender importieren

Ihr iPod touch besitzt ein eingebautes Kalenderprogramm und kann – je nachdem, welches Kalenderprogramm Sie auf Ihrem Computer benutzen – Ihren Kalender direkt in den iPod touch importieren. Sie können die Kalenderinformationen auf dem Macintosh entweder von Apples iCal oder von Microsoft Entourage synchronisieren (vor dem Synchronisieren mit Entourage müssen die Kalenderinformationen zuerst mit .Mac synchronisiert werden). Unter Windows können Sie den Kalender von Microsoft Outlook synchronisieren. Wenn Sie Ihren iPod touch zum Synchronisieren mit Ihrem Computer verbinden, werden die Kalenderinformationen automatisch geladen, sobald Sie die Checkbox KALENDER SYNCHRONISIEREN im INFOS-Karteireiter der IPOD-EINSTELLUNGEN aktiviert haben. Um Ihre importierten Kalenderinformationen zu sehen, tippen Sie auf dem Home-Bildschirm auf KALENDER. Sie können sich Ihren Kalender entweder als lange Liste oder in einer eher traditionellen Kalenderansicht anschauen. Wenn Sie am unteren Rand des Bildschirms auf TAG tippen, erhalten Sie eine Tagesansicht, MONAT hingegen liefert Ihnen den gesamten Monat auf einer Seite. Wenn Sie in der Monatsansicht einen kleinen Punkt unter dem Datum sehen, dann wissen Sie, dass an diesem Termin ein Ereignis ansteht. Um dieses Ereignis anzuschauen, tippen Sie einmal direkt auf diesen Tag. Die Informationen zu den Ereignissen dieses Tages erscheinen direkt unter dem Kalender. Falls Sie auf die Tagesansicht tippen, wird der gesamte Tag, beginnend bei 0:00 Uhr, angezeigt. In der Tagesansicht navigieren Sie mit den Pfeilen (oben links und rechts) zu benachbarten Tagen. Wollen Sie zum heutigen Tag wechseln, dann tippen Sie auf den HEUTE-Button in der unteren linken Ecke des Bildschirms.

Kontakte von Ihrem Computer importieren

Als Macintosh-Benutzer stehen Ihnen drei Anwendungen zur Verfügung, die Sie direkt zwischen Ihrem Computer und Ihrem iPod touch synchronisieren können: (1) das Adressbuch-Programm Ihres Macs, (2) Microsoft Entourage (Ihr Entourage-Adressbuch muss zuerst mit den Synchronisierungsdiensten synchronisiert werden) oder (3) das Yahoo!-Adressbuch. Liegen Ihre Kontakte in einem der drei Programme, dann wird beim Synchronisieren des iPods iTunes gestartet und die Kontakte auf Ihrem Computer werden auf den iPod touch übertragen. Ganz einfach.

Für Windows-Benutzer funktioniert das fast genauso, allerdings werden folgende drei Kontakte-Manager für einen Direktimport unterstützt: (1) Yahoo!-Adressbuch, (2) Windows-Adressbuch und (3) Microsoft Outlook.

Um Ihre Kontakte schließlich auf Ihrem iPod touch zu sehen, tippen Sie auf dem Home-Bildschirm auf KONTAKTE. Es wird eine Liste mit Kontakten angezeigt, die Sie durch Hoch- und Runterwischen mit dem Finger durchblättern können. Um die Informationen für einen Kontakt zu sehen, tippen Sie einfach auf den Namen. Sie legen einen neuen Kontakt an, indem Sie auf das + (Pluszeichen) in der oberen rechten Ecke des Bildschirms tippen. In der folgenden Ansicht können Sie mit Hilfe der Tastatur verschiedene Kontaktinformationen eingeben. Wenn Sie den iPod wieder mit Ihrem Computer synchronisieren, werden alle Kontakte, die Sie auf dem iPod eingegeben haben, auf Ihren Computer kopiert.

Einen E-Mail-Account auf dem iPod touch hinzufügen

Falls Sie sich dagegen entschieden haben, Ihre E-Mail-Accounts von Ihrem Computer auf den iPod zu übertragen, können Sie sie auch direkt auf dem iPod touch anlegen. Dazu müssen Sie zunächst einmal verschiedene Dinge wissen:

• Ihre E-Mail-Adresse: Sie@irgendwo.de
• die Art Ihres Mailservers: POP, IMAP oder Exchange
• die Adresse des empfangenden Servers (des POP-Servers): mail.domain.de
• die Adresse des sendenden Servers (des SMTP-Servers): smtp.domain.de

Außerdem verlangen die meisten sendenden Mailserver irgendeine Art von Authentifzierung zum Senden von E-Mails, wenn Sie sich nicht in deren Netzwerk befinden. Fragen Sie Ihren Internet-Dienstanbieter nach den erforderlichen Einstellungen. Meist werden diese Angaben auf den Hilfeseiten des Anbieters präsentiert. Als Sie Ihren Account eingerichtet haben, wurde Ihnen wahrscheinlich eine E-Mail mit all diesen Informationen zugeschickt.
Sobald Sie diese Informationen haben, tippen Sie in den Einstellungen Ihres iPod auf MAIL, KONTAKTE, KALENDER. Im Bereich ACCOUNTS tippen Sie auf ACCOUNT HINZUFÜGEN. Falls Sie einen Account bei Yahoo, Google (Gmail), MobileMe oder AOL haben, kennt der iPod touch die meisten der kryptischen Einstellungen bereits. Sie brauchen jetzt nur noch Ihre Account-Informationen. Gehört Ihr Account nicht zu einem dieser Dienste, dann tippen Sie auf WEITERE. Hier müssen Sie die Angaben eintragen, die zu Ihrem Account gehören.

Ihre E-Mails abrufen

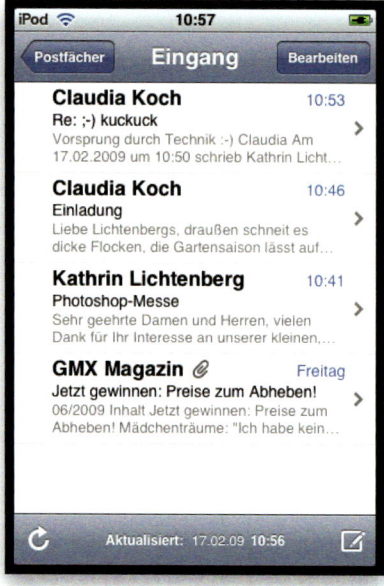

Der iPod touch ist relativ schlau, was das Abrufen der E-Mails betrifft. Er geht davon aus, dass Sie wahrscheinlich nach Ihren Mails schauen wollen, wenn Sie auf das Mail-Icon tippen, so dass er keinen gesonderten Button zum Abrufen der E-Mails anbietet. Stattdessen sucht er bei Vorhandensein einer Wi-Fi-Verbindung nach neuen Nachrichten. Tippen Sie dazu einfach auf dem Home-Bildschirm auf das MAIL-Icon. Wenn Sie sich bereits Ihre Inbox anschauen, dann veranlassen Sie den iPod touch, nach neuen E-Mails zu suchen, indem Sie den gebogenen Pfeil in der linken unteren Ecke des Bildschirms antippen. Seit der iPod touch 2-Software gibt es die Möglichkeit, entweder manuell oder zu vorgegebenen Zeiten (z.B. alle 30 Minuten) oder – falls Ihr E-Mail-Account das unterstützt – über »Push« nach neuen Nachrichten zu suchen. Zum Beispiel werden E-Mails von Microsoft Exchange und MobileMe automatisch auf Ihren iPod touch geschoben, sobald sie eintreffen.

Ihre E-Mails lesen

Sobald Ihre E-Mail eingerichtet ist und die Nachrichten eintrudeln, finden Sie sie unter dem Account, den Sie angelegt haben. Ungelesene Nachrichten weisen auf der linken Seite einen blauen Punkt auf. Standardmäßig zeigt der iPod touch die ersten beiden Zeilen jeder Nachricht an. Sie können dann entscheiden, welche E-Mails Sie in welcher Reihenfolge lesen wollen. Wenn Sie die gesamte E-Mail anzeigen wollen, tippen Sie einmal darauf. Mit dem Finger können Sie die Nachricht auf dem Bildschirm nach oben oder unten schieben. Zu Anfang ist das vielleicht nicht besonders intuitiv, weil es genau entgegengesetzt zu Ihrem Vorgehen auf dem Computer funktioniert. Im Prinzip wischen Sie in die Richtung, in die die Nachricht sich verschieben soll. Sie wollen, dass sie nach oben rutscht, damit Sie lesen können, was unten steht. Wenn die Schrift zu klein ist, dann zoomen Sie ein und aus: setzen Sie zwei Finger auf die Anzeige (z.B. Ihren Daumen und Ihren Zeigefinger) und ziehen Sie sie auseinander, um einzuzoomen. Drücken Sie sie wieder zusammen, um auszuzoomen. Durch Fingerbewegungen auf dem Bildschirm können Sie die Nachricht nach Wunsch verschieben. Mit den Pfeilen in der oberen rechten Ecke navigieren Sie zwischen den einzelnen Nachrichten.

Fotos in Ihren iPod touch importieren

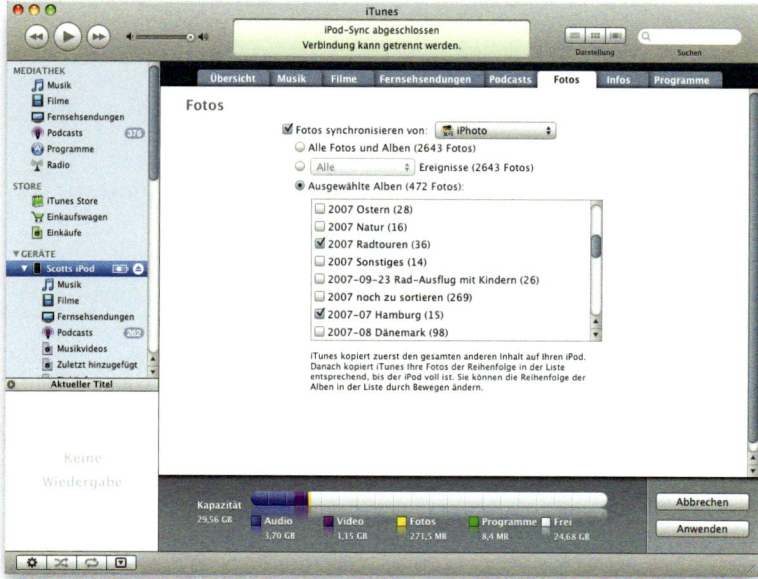

Wenn Sie auf einem Mac Apples iPhoto oder auf einem PC Adobe Photoshop Elements benutzen, können Sie genau wie beim iPod classic oder iPod nano Ihre Fotoalben auf den iPod touch
übertragen. Dazu schließen Sie den iPod touch an Ihren Computer an und klicken in iTunes auf
den Karteireiter FOTOS. Aktivieren Sie oben die Checkbox FOTOS SYNCHRONISIEREN VON und wählen Sie
IPHOTO, falls Sie auf einem Mac arbeiten. Auf einem PC schalten Sie ebenfalls diese Checkbox ein,
wählen aus dem Popup-Menü jedoch ADOBE PHOTOSHOP ELEMENTS. (*Hinweis:* Falls Sie weder iPhoto
noch Adobe Photoshop Elements verwenden, können Sie Ihre Fotos einfach in einen Ordner und
gegebenenfalls in Unterordner legen und dann anstelle des jeweiligen Programms diesen Ordner
mit Fotos auswählen.)

Die importierten Fotos betrachten

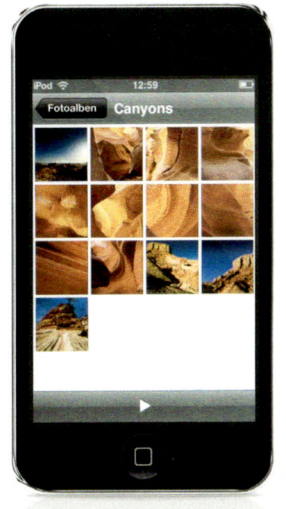

SCOTT KELBY

Um sich die Fotos nach dem Import auf den iPod touch anzuschauen, tippen Sie auf dem Home-Bildschirm auf Fotos. Dadurch öffnet sich der Fotoalben-Bildschirm. Oben sehen Sie das Fotoarchiv (über das Sie mit einem Fingerdruck auf alle Fotos zugreifen, die Sie importiert haben), anschließend folgt eine Liste der einzelnen Fotoalben, die Sie mit Apples iPhoto (für den Mac) oder Photoshop Elements auf dem PC angelegt haben. Um die Miniaturen der Fotos in einem bestimmten Album zu sehen, tippen Sie auf dieses Album. Wenn Sie ein Foto in voller Bildschirmgröße betrachten wollen, tippen Sie einmal darauf. Um in diesem Modus die anderen Fotos zu sehen, wischen Sie mit Ihrem Finger in die Richtung über den Bildschirm, in die Sie scrollen möchten. Falls Ihr Foto hüpft, als würde es von einer Wand zurückprallen, haben Sie das Ende des Albums erreicht und müssen wieder in die andere Richtung wischen. Um Fotos im Querformat besser erkennen zu können, drehen Sie Ihren iPod auf die Seite.

Eine Diashow Ihrer Fotos anschauen

Tippen Sie auf dem Home-Bildschirm auf FOTOS, um die Fotoalben zu erhalten. Um ein Fotoalbum als Diashow anzuschauen, tippen Sie einmal auf das Album. In der Miniaturenansicht sehen Sie am unteren Bildschirmrand einen Startknopf. Tippen Sie darauf, um die Diashow zu starten. Um die Diashow zu stoppen, tippen Sie einmal auf den Bildschirm und anschließend auf den Namen des Albums, der in der oberen linken Ecke auftaucht. Die Diashow ist bereits mit sanften Übergängen zwischen den einzelnen Fotos ausgestattet. Falls Sie allerdings einen anderen Übergang wünschen oder die Anzeigedauer für die einzelnen Fotos ändern wollen, müssen Sie sich in die EINSTELLUNGEN begeben (vom Home-Bildschirm aus). Tippen Sie auf dem Einstellungen-Bildschirm auf FOTOS, damit die Optionen für Ihre Diashow angezeigt werden. Um eine Einstellung zu ändern, tippen Sie einfach darauf. Sie können die Wiederholung einschalten, um die Diashow immer wieder durchlaufen zu lassen. Wenn Sie den ZUFÄLLIG-Regler aktivieren (indem Sie ihn nach rechts schieben), werden die Dias in zufälliger Reihenfolge abgespielt. Tippen Sie zum Schluss auf den EINSTELLUNGEN-Button in der oberen linken Ecke.

Hintergrundmusik für Ihre Diashow einstellen

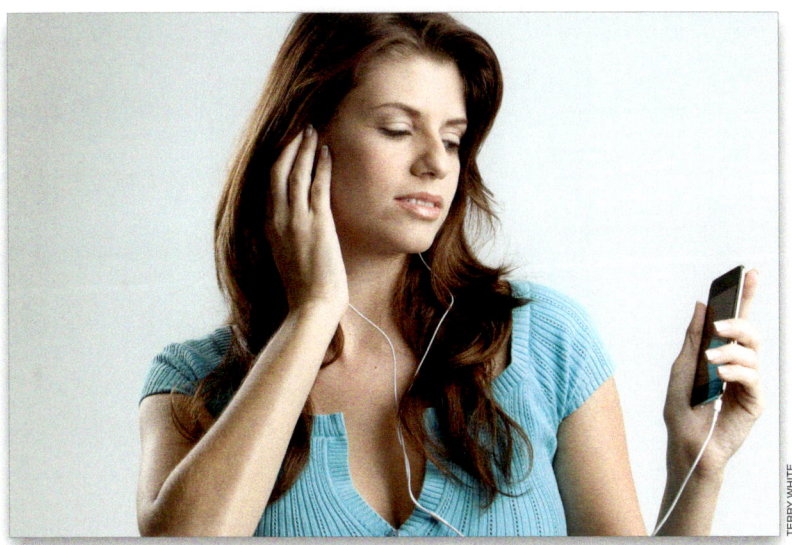

Es gibt eigentlich keine Funktion, mit der Sie Musik für Ihre Diashow einstellen können (zumindest bis jetzt nicht), weshalb wir einen kleinen Umweg gehen müssen (ein wenig umständlich, er funktioniert aber). Tippen Sie auf dem Home-Bildschirm auf das orangefarbene Musik-Icon. Tippen Sie dann in der Navigationsleiste am unteren Rand des Bildschirms auf TITEL und scrollen Sie zu dem Lied, das als Hintergrundbeschallung laufen soll. Tippen Sie den Titel an, damit das Abspielen beginnt. Begeben Sie sich nun über den Home-Bildschirm zu den Fotos und tippen Sie das Fotoalbum an, das Sie als Diashow sehen möchten. Starten Sie das Abspielen der Diashow, indem Sie auf den Startknopf drücken. Das war's – Ihre Diashow wird mit Hintergrundmusik abgespielt.

---

iTipp: Die Reihenfolge der Fotos ändern

Um die Reihenfolge Ihrer Fotos zu ändern, müssen Sie sich wieder auf Ihren Computer begeben und die Anordnung der Fotos im Album ändern. Anschließend synchronisieren Sie mittels iTunes den iPod touch wieder mit dem Computer und bekommen so die neue Anordnung auf Ihren iPod.

Ein neues Hintergrundbild beim Start

Immer wenn Sie Ihren iPod touch aus dem Schlaf aufwecken (und glauben Sie mir, er wird viel schlafen), werden Sie mit dem Entriegeln-Bildschirm begrüßt. In dieser Ansicht ist standardmäßig ein NASA-Foto der Erde, aufgenommen im Weltall, eingestellt. (Ich schätze, ich hätte nicht extra erwähnen müssen, dass es im Weltall aufgenommen wurde. Ich meine, wo sonst hätte man ein Foto der kompletten Erde aufnehmen können?) Sie können jedoch für diesen Bildschirm ein Foto aus Ihrem Fotoarchiv wählen. Tippen Sie dazu auf dem Home-Bildschirm auf Fotos, gehen Sie in Ihr Fotoarchiv und scrollen Sie durch alle Bilder, bis Sie eines gefunden haben, das Ihnen als Hintergrundbild zusagt. Tippen Sie darauf, um es in voller Bildschirmgröße zu sehen. Jetzt tippen Sie einmal auf das kleine Icon in der linken unteren Ecke. Es werden drei Buttons angezeigt. Tippen Sie auf den Button Als Hintergrundbild und anschließend auf Hintergrundbild, um Ihre Wahl zu bestätigen.

iTipp: Zusammendrücken zum Zoomen

Um ein Foto genauer in Augenschein zu nehmen, tippen Sie zuerst auf das Foto, damit es in voller Bildschirmgröße angezeigt wird. Drücken Sie anschließend Ihre Finger in der Mitte des Bildschirms zusammen und ziehen Sie sie dann auseinander, um einzuzoomen. Wenn Sie noch mehr einzoomen wollen, wiederholen Sie diese Bewegung (Finger in der Mitte zusammendrücken und dann auf dem Bildschirm nach außen ziehen). Um zur normalen Größe zurückzukehren, tippen Sie zweimal auf den Bildschirm.

Mit der eingebauten Karte suchen

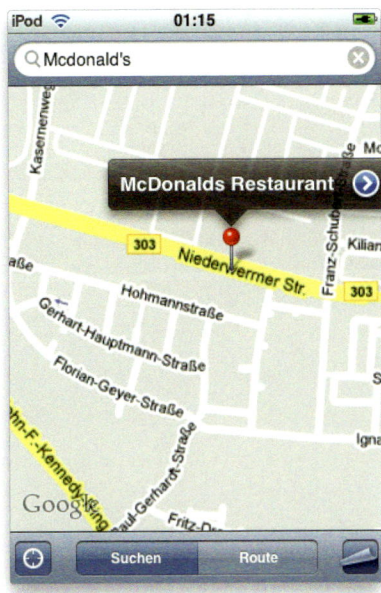

Die eingebaute Kartenfunktion ist wirklich irre – damit können Sie praktisch alles finden, vom nächstgelegenen Golfclub bis zur Reinigung am Ort Ihrer nächsten Dienstreise. Sie bekommen nicht nur exakte Anweisungen, wie Sie dorthin gelangen, Sie können auch Informationen über Ihr Ziel erhalten. Und so funktioniert es: Tippen Sie auf dem Home-Bildschirm auf KARTEN. Auf dem Karten-Bildschirm sehen Sie oben ein Suchfeld, in das Sie eine Adresse eingeben können. Bevor Sie jedoch Ihre Suche eingeben, tippen Sie auf den runden AKTUELLER-ORT-Button in der unteren linken Ecke, damit der iPod touch weiß, wo Sie sich befinden. Anschließend sucht er den nächstgelegenen Standort des von Ihnen gesuchten Unternehmens. Nehmen wir einmal an, Sie wollen den nächstgelegenen McDonald's suchen (nicht dass Sie da jemals hingehen würden – zwinker). Sie tippen einmal in das Suchfeld, um die Tastatur zu öffnen, geben dann den Namen des gesuchten Unternehmens ein und tippen auf Suchen. Auf der Google-Karte meiner Umgebung erscheint am nächstgelegenen Standort eine rote Stecknadel. Ein kleines Schild zeigt den Namen und wenn Sie auf den blauen Pfeil tippen, gelangen Sie zu einer Information für diesen speziellen Standort. Falls Sie ein Unternehmen suchen, das nicht in Ihrer Nähe liegt, beziehen Sie die Stadt in die Suche ein. Wenn Sie z.B. »McDonalds, München« eingeben würden, dann würden Sie zu den entsprechenden Klopsbratern in und um München gelangen.

Suchen Sie sich selbst auf der Karte

Der iPod touch benutzt Wi-Fi-Hotspots, um Ihren Standort zu ermitteln. Tippen Sie auf dem Home-Bildschirm auf KARTEN und betätigen Sie dann den AKTUELLER-ORT-Button in der unteren linken Ecke des Bildschirms, damit der iPod touch Ihre Position auf der Karte sucht. Sobald der iPod touch weiß, wo Sie sich gerade befinden, kann die Umgebung mit Hilfe der Karte nach Dienstleistungen und Unternehmen durchsucht werden. Geben Sie z.B. »Pizza« ein, tippen Sie auf Suchen und das Karten-Programm sucht alle Pizza-Services in Ihrer Nähe.

Fahrtrouten anzeigen lassen

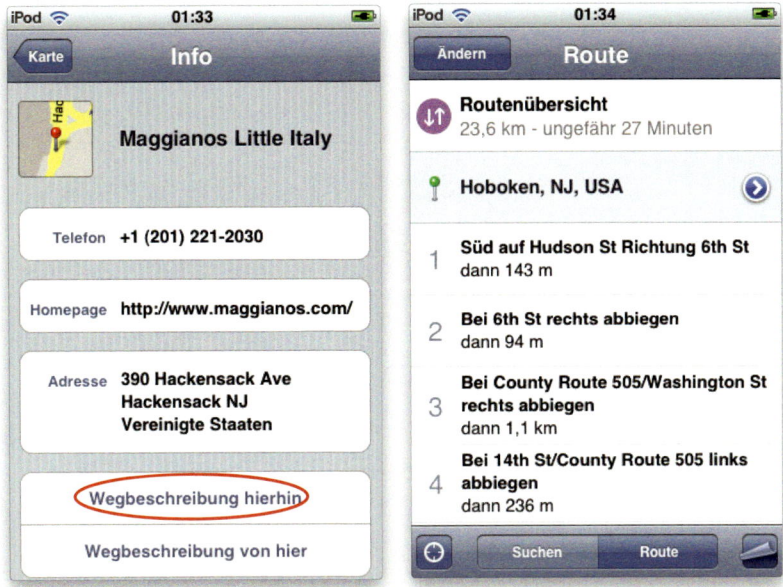

Mit Hilfe der Karten können Sie sich ausführliche Routeninformationen zwischen zwei Orten anzeigen lassen. Tippen Sie dazu auf dem Home-Bildschirm auf Karten. Nehmen Sie einmal an, Sie wollen zu Ihrem Lieblingsrestaurant fahren – meins ist Maggiano's Little Italy. Tippen Sie auf Suchen am Ende des Karten-Bildschirms, geben Sie den Ort ein, zu dem Sie fahren wollen – in meinem Fall Maggiano's – und tippen Sie auf den Suchen-Button. Sobald an der Stelle auf der Karte, an der sich das gesuchte Restaurant befindet, eine Stecknadel erscheint (falls es mehrere Stecknadeln gibt, suchen Sie die richtige Nadel heraus und tippen Sie darauf), tippen Sie auf den kleinen blauen Pfeil rechts neben dem Namen der Nadel. Dadurch öffnet sich die Informationsseite für das Restaurant, auf der Sie unter anderem die Telefonnummer finden, damit Sie Plätze reservieren können. Tippen Sie nun auf Wegbeschreibung hierhin. Auf der folgenden Ansicht tippen Sie auf Route und der iPod touch stellt automatisch fest, wo Sie sich befinden, und zeichnet entsprechend Ihre Fahrtroute. Falls Sie eine ausführliche Beschreibung wünschen, tippen Sie auf das kleine gewellte Blatt in der unteren rechten Ecke und wählen Liste auf der folgenden Seite. Damit erhalten Sie ausführliche Routeninformationen.

Eine Stecknadel auf die Karte setzen

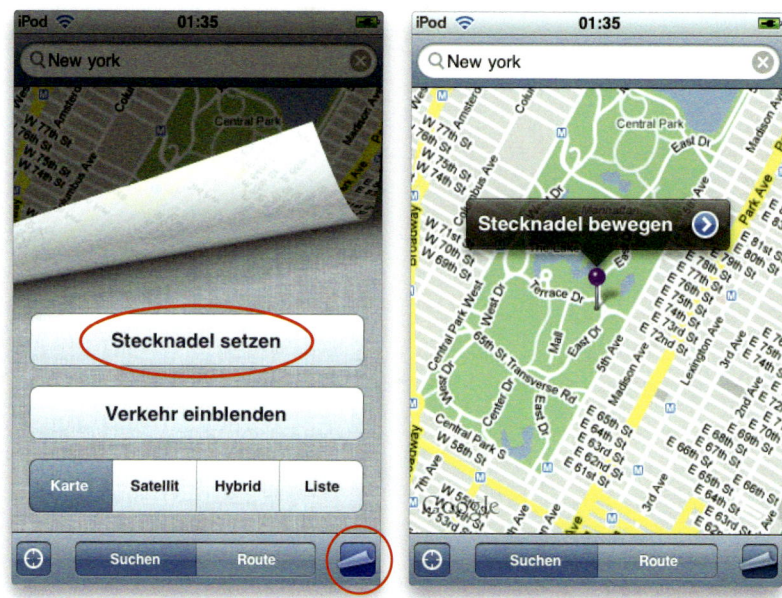

Manchmal werden Sie den Namen des Unternehmens, zu dem Sie gelangen wollen, oder seine Adresse gar nicht kennen. Kein Problem! Wenn Sie ganz grob den Ort auf der Karte feststellen können, dann setzen Sie einfach eine Stecknadel an die entsprechende Stelle auf der Karte. Sobald die Stecknadel an Ort und Stelle ist, verwenden Sie sie als Referenzpunkt für die Berechnung einer Route von Ihrem Standort zu dieser Stelle. Tippen Sie auf dem Home-Bildschirm auf KARTEN. Navigieren Sie danach auf der Karte ungefähr zu der Stelle, zu der Sie fahren wollen – Sie können nach einer Stadt, einer Straße oder irgendeiner anderen markanten Stelle in dieser Gegend suchen. Klicken Sie anschließend auf das kleine gewellte Blatt in der unteren rechten Ecke des Bildschirms, um die zusätzlichen Optionen anzeigen zu lassen. Tippen Sie auf STECKNADEL SETZEN. Sie können die Stecknadel verschieben, indem Sie sie antippen und mit dem Finger herumziehen. Wenn sie sich an der richtigen Stelle befindet, tippen Sie sie an, tippen auf den blauen Pfeil und drücken dann auf WEGBESCHREIBUNG HIERHIN. Dadurch öffnet sich die Routenansicht, von der aus Sie die Fahrtroute zwischen Ihrem aktuellen Standort und dem Ort der Stecknadel auf der Karte berechnen lassen können.

Weitere Informationen auf der Karte anzeigen

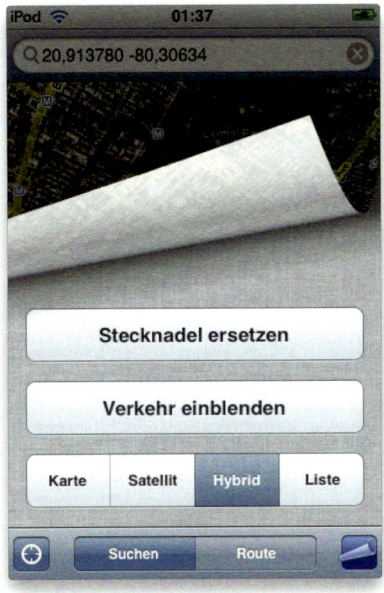

Der iPod touch besitzt nicht nur die Fähigkeit, Ihren Standort und die Route anzuzeigen, sondern kann auch ein Satellitenbild und sogar die aktuellen Verkehrsinformationen präsentieren. Diese Optionen verbergen sich hinter dem kleinen gewellten Blatt in der unteren rechten Ecke des Karten-Bildschirms. Karte zeigt Ihnen eine Landkarte des gesuchten Standorts, Satellit bringt tatsächlich ein Satellitenfoto zum Vorschein und Hybrid zeigt Ihnen die Satellitenansicht mit Straßennamen – sozusagen das Beste aus beiden Welten. Wenn Sie Liste antippen, erhalten Sie die ausführlichen Routeninformationen. Der Verkehrsinfo-Button ergänzt das Ganze um Verkehrsinformationen (z.B. erlaubte Geschwindigkeiten).

Ihre Kontakte auf der Karte finden

Falls Sie für einen Kontakt eine Adresse eingegeben haben, dann ist es ganz leicht, das Haus auf der Karte zu finden. Gehen Sie zur ALLE KONTAKTE-Liste, tippen Sie auf den entsprechenden Namen oder suchen Sie danach und tippen Sie auf der Info-Seite auf die Adresse des Kontakts. Dadurch gelangen Sie automatisch in das Karten-Programm und sehen den Landkartenausschnitt des gesuchten Standorts mit einer Stecknadel an der exakten Adresse. Natürlich können Sie sich auch ein Satellitenfoto anschauen – tippen Sie auf das gewellte Blatt und wählen Sie SATELLIT. Um einzuzoomen und sich das Ganze genauer anzuschauen, doppeltippen Sie auf den Bildschirm. Mit jedem doppelten Tippen zoomen Sie näher heran.

---

iTipp: Wieder in die Kartenansicht wechseln

Wenn Sie im Kartenprogramm eine Landkarte haben, die Ihnen die Route zwischen zwei Orten anzeigt, dann ist es meist ganz nützlich, wenn man gelegentlich in die ausführliche Listen-ansicht wechselt (über die Optionen hinter dem gewellten Blatt). Das ist aber nicht der Tipp, sondern: Wenn Sie auf eine der Routenanweisungen tippen, wechselt der iPod touch sofort wie-der in die Kartenansicht und zeigt Ihnen mittels einer Stecknadel genau, wo dieser Listeneintrag auf der Karte zu finden ist.

Lesezeichen benutzen

Wenn Sie auf Reisen sind und immer in der Lage sein wollen, zum gleichen Ort zurückzukehren oder für alle Routenberechnungen den gleichen Ausgangspunkt zu haben (z.B. Ihr Hotel), dann können Sie Ihre bevorzugten Orte, Suchergebnisse oder eingesteckten Stecknadeln als Lesezeichen speichern. Tippen Sie dazu einfach auf den blauen Pfeil rechts neben dem Namen der Stecknadel, die Sie sich merken wollen, und drücken Sie dann auf LESEZEICHEN HINZUFÜGEN. Sie erhalten die Möglichkeit, das Lesezeichen mit einem beliebigen Namen zu benennen. Tippen Sie anschließend auf SICHERN. Wenn Sie nun wieder einmal eine Route zu oder von diesem Ort ermitteln wollen, können Sie Ihr Lesezeichen als Start- oder Endpunkt verwenden. Wählen Sie ROUTE und tippen Sie dann entweder auf START oder auf ENDE. Sie sehen ein kleines Lesezeichen-Icon auf der rechten Seite des Felds (wenn in dem Feld bereits ein Ort steht, dann tippen Sie auf das kleine X, um es zu löschen). Tippen Sie darauf und wählen Sie ein Lesezeichen aus der Liste der Favoriten. Sie können jedes Lesezeichen als Start- oder Endpunkt benutzen. Wenn Sie nun auf ROUTE tippen, geht es schon los.

---

iTipp: Zuletzt gesuchte Orte

Der iPod touch merkt sich Ihre zuletzt durchgeführten Suchen auf der Karte, so dass Sie auch ohne Lesezeichen ein jüngst ermitteltes Suchergebnis als Start- oder Endpunkt für eine Suche verwenden können. Tippen Sie dazu auf der Favoriten-(Lesezeichen-)Seite auf den Button ZULETZT BENUTZT am unteren Ende des Bildschirms.

Ihr lokales Wetter anschauen

Ihr iPod touch ist in der Lage, Ihnen nicht nur das aktuelle Wetter in Ihrer Gegend, sondern sogar eine Wettervorhersage für die nächsten sechs Tage zu liefern. Tippen Sie auf dem Home-Bildschirm auf WETTER. Sie erhalten die Wettervorhersage für Berlin. Diesen Ort ändern Sie, indem Sie auf das kleine »i« in der unteren rechten Ecke des Bildschirms tippen. Dadurch öffnet sich der Wetter-Bildschirm, wo Sie den Eintrag BERLIN mit einem kleinen roten – (Minuszeichen) sehen. Wenn Sie darauf tippen, erscheint ein Lösch-Button, mit dem Sie Berlin löschen. (Übrigens gibt es am unteren Rand des Bildschirms zwei Buttons, mit denen Sie die Temperatur in Fahrenheit oder in Celsius anzeigen lassen können.) Um den Wetterbericht für Ihre eigene Stadt hinzuzufügen, tippen Sie auf das + (Pluszeichen) in der oberen linken Ecke und geben mit der Tastatur den Namen der Stadt ein. Anschließend tippen Sie auf SUCHEN. Ihre Stadt (so sie denn gefunden wird) erscheint in einer Liste. Sie müssen den Namen der Stadt jetzt nur noch antippen, auf FERTIG drücken und können jederzeit über Ihr lokales Wetter fluchen.

---

iTipp: Tippen Sie die Punkte an...

Wenn Sie für mehrere Städte das Wetter anzeigen lassen, müssen Sie nicht mit dem Finger über den Bildschirm wischen, sondern Sie können die Punkte am unteren Bildschirmrand antippen, um durch die einzelnen Orte zu blättern.

Das Wetter für weitere Städte hinzufügen

Um das Wetter für weitere Städte hinzuzufügen, beginnen Sie im Prinzip genauso wie auf der vorherigen Seite – Sie tippen auf das kleine »i« und betätigen auf der nächsten Seite das + (Pluszeichen) in der oberen linken Ecke, um eine neue Stadt hinzuzufügen. Geben Sie den Namen der Stadt ein und tippen Sie auf Suchen. Wenn die Stadt gefunden wurde, tippen Sie auf Fertig. Jetzt können Sie die Städte neu anordnen, indem Sie die Dreifachlinie rechts neben einer Stadt anfassen und das Städtefeld nach oben oder unten ziehen. Sie haben jetzt zwar eine neue Stadt hinzugefügt, sehen sie aber noch nicht, wenn Sie auf den Wetter-Button tippen. Sie müssen mit dem Finger über den Bildschirm ziehen (wie bei den Fotos im Fotoprogramm), um die anderen Städte zu sehen, die Sie überwachen. Im Prinzip schieben Sie also Ihr lokales Wetter aus dem Weg, um die anderen Städte zu sehen. Um wieder zum lokalen Wetter zurückzukehren, ziehen Sie in die andere Richtung. Übrigens sehen Sie in der unteren linken Ecke jedes Wetterberichts ein kleines Yahoo!-Logo. Wenn Sie auf das Logo tippen, gelangen Sie zu einer Yahoo!-Webseite mit Informationen über diese Stadt, einschließlich eines Stadtplans, eines Veranstaltungsplans, Fotos usw.

---

iTipp: Tag oder Nacht?

Die Farbe des Wetter-Bildschirms verrät Ihnen, ob es in der Stadt, die Sie sich anschauen, Tag oder Nacht ist. Wenn der Wetter-Bildschirm blau ist, ist es Tag, erscheint er dunkelviolett, ist es Nacht.

Schnelle Notizen machen

Es gibt ein Notizen-Programm, mit dem Sie sich Notizen machen können, die auf Ihrem iPod touch gespeichert werden sollen. Tippen Sie dazu auf dem Home-Bildschirm auf Notizen. Auf dem Notizen-Bildschirm sehen Sie eine Liste aller Notizen, die Sie schon angelegt haben. Gibt es noch keine Notizen, dann geht das Programm davon aus, dass Sie jetzt neue Notizen aufzeichnen wollen, und bringt Sie zur (Überraschung!) Neue-Notiz-Ansicht. Geben Sie mit Hilfe der Tastatur Ihre Notiz ein und tippen Sie dann auf Fertig, wenn Sie fertig sind. Dadurch wird die Tastatur wieder ausgeblendet und Sie können Ihre Notiz auf dem ganzen Bildschirm sehen. Um zu Ihrer Notizliste zurückzukehren, tippen Sie auf den Notizen-Button in der oberen linken Ecke. Wenn Sie eine Notiz lesen wollen, tippen Sie einfach darauf (für jede Notiz werden automatisch das Datum und die Uhrzeit der Erstellung angezeigt). Um eine Notiz zu löschen, tippen Sie darauf und tippen dann auf dem nächsten Bildschirm auf den Papierkorb am unteren Rand des Bildschirms.

---

iTipp: Schnell bearbeiten

Um im Notizen-Programm eine Notiz schnell zu bearbeiten, tippen Sie in der Liste darauf. Wenn die Notiz auf dem Bildschirm erscheint, tippen Sie irgendwohin und die Tastatur wird angezeigt – bereit für die Eingabe. Falls Sie dann auf ein Wort tippen, erscheint der Cursor rechts neben dem Wort. Wollen Sie etwas zu der Notiz hinzufügen, tippen Sie unter den Text.

Kapitel 8

Home Sweet Home
iTunes-Grundlagen

⏩ Ich weiß, was Sie jetzt denken: »Wie kann der Motley-Crue-Titel 'Home Sweet Home' zu einem Kapitel über die grundlegenden, wesentlichsten Dinge passen, die ich über iTunes wissen muss?« Erstens, viele von Ihnen werden iTunes zuhause einsetzen. (Es sei denn, natürlich, Sie sind wie meine Angestellten, die iTunes den ganzen Tag benutzen, anstatt produktiv zu arbeiten. Um ehrlich zu sein, wenn ich durch die heiligen Hallen schleiche, bin ich mir manchmal nicht sicher, was ich häufiger auf ihren Bildschirmen sehe – iTunes, eBay, Amazon oder CNN. Einmal habe ich sogar jemanden gesehen, der Photoshop offen hatte, zum Glück aber nur, weil er eine Farbkorrektur an einem CD-Cover vornehmen wollte, das zur Benutzung in iTunes bestimmt war. Himmel – was für eine Überleitung!) Wie auch immer, da einige von Ihnen iTunes zuhause benutzen werden, vor allem, wenn Sie den iPod neu haben, dachte ich, dass es vielleicht einen losen Faden gäbe, mit dessen Hilfe ich Ihre Verwendung des iPod mit dem Wort »Home« in »Home Sweet Home« verbinden könnte. He, er ist wirklich »lose«, ich weiß das, aber Plan B sah vor, den Song »Essential« vom The-Gravy-Album »Lollipolyp« zu nehmen. Ich habe kein Problem mit dem »Polyp«-Teil darin (so eklig das ist), aber falls der Kapiteltitel »Essential« und der Untertitel »iTunes-Essentials« lauten würde, dann würden Sie glauben, ich machte es mir einfach. Sie verdienen aber mehr als das. Sie verdienen einen Titel, der so wenig mit dem eigentlichen Thema des Kapitels zu tun hat, dass es mehr als 250 Wörter erfordert, um zu erklären, weshalb ich ihn gewählt habe. Sehen Sie, gerade als Sie glaubten, Sie hätten mich erkannt, flutsche ich Ihnen wieder davon. Schnell, blättern Sie um, bevor mir noch mehr Unsinn einfällt, den ich an dieser Stelle schreiben könnte.

Einschränken, was iTunes anzeigt

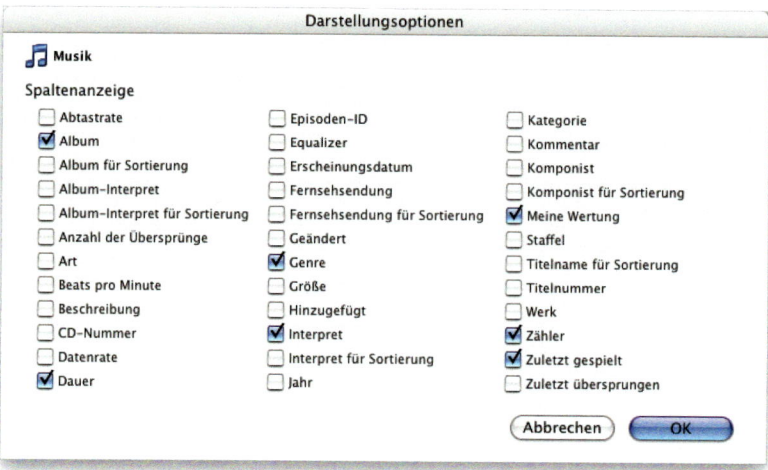

Im iTunes-Hauptfenster (in dem Sie die Lieder sehen) gibt es einzelne Spalten, in denen Titel, Künstler, Albumnamen und eine Menge anderer Informationen angezeigt werden. Um einige von ihnen kümmern Sie sich wahrscheinlich (wie den Namen des Lieds, den Künstler, die Zeit usw.), andere dagegen müssen Sie nicht unbedingt sehen. Niemals. Zeug wie Beats pro Minute (obwohl diese Spalte für einen DJ durchaus nützlich sein kann). Zum Glück können Sie die Spalten anpassen und auswählen, welche sichtbar sein (und welche ausgeblendet werden) sollen. Dadurch erhalten Sie ordentliche, einfach zu lesende Wiedergabelisten, da diese nur die Informationen anzeigen, die Sie benötigen. Und so passen Sie die Darstellung an: Drücken Sie ⌘-Ⓙ (PC: Strg-Ⓙ) auf Ihrer Tastatur, um die iTunes-Darstellungsoptionen anzuzeigen. Wählen Sie aus, welche Spalten sichtbar sein sollen, indem Sie die Checkboxen neben den Spaltennamen ein- oder ausschalten. Wenn Sie fertig sind, klicken Sie auf OK. Im Hauptfenster erscheinen jetzt nur noch die angekreuzten Spalten.

---

iTipp: Ausgeblendete Spalten sichtbar machen

Falls Sie irgendwann einmal eine ausgeblendete Spalte einblenden wollen, dann Ctrl-klicken (PC: rechtsklicken) Sie einfach direkt auf einen der Spaltenköpfe. Dadurch wird ein Kontextmenü geöffnet, in dem Sie die Spalten auswählen können, die Sie sehen wollen (ausgeblendete Spalten haben kein Häkchen). Um eine Spalte auszublenden, entfernen Sie entsprechend das Häkchen.

Weitere Informationen über Titel erhalten

Die Statusanzeige von iTunes (das rechteckige Feld oben in der Mitte des iTunes-Fensters) zeigt Ihnen den Namen des aktuellen Lieds, den Künstler, die bereits abgelaufene Zeit – in Minuten und Sekunden sowie in Form eines Fortschrittsbalkens – und die verbleibende Zeit bis zum Ende des Titels. Wenn Sie den Namen des Albums erfahren wollen, von dem der Titel stammt, dann klicken Sie direkt auf den Namen des Künstlers (die Namen des Künstlers und des Albums werden unterhalb des fest stehenden Titelnamens im Wechsel angezeigt). Sie wollen die Gesamtzeit des Titels wissen? Klicken Sie auf die verbleibende Zeit (rechts neben dem Fortschrittsbalken).

---

iTipp: Einen Titel überspringen

Links neben dem Liedtitel befindet sich eine Checkbox. Jeder markierte Titel wird abgespielt, wenn eine Wiedergabeliste durchläuft. Wenn Sie einen Titel überspringen wollen, dann deaktivieren Sie einfach seine Checkbox. Das funktioniert auch, wenn Sie Lieder von einer Audio-CD importieren – angekreuzte Titel werden importiert, nicht angekreuzte Titel nicht.

Die Titelinformationen bearbeiten

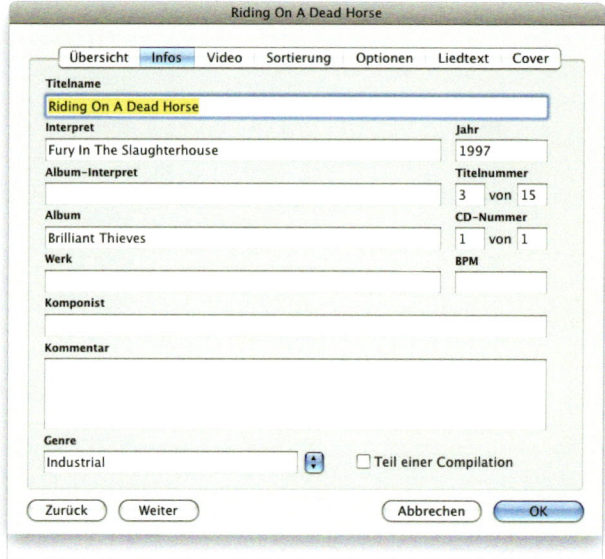

Wenn Sie Informationen über einen Titel hinzufügen, aktualisieren oder ändern wollen, dann
Ctrl-klicken (PC: rechtsklicken) Sie auf den Titel. Aus dem sich öffnenden Kontextmenü wählen
Sie INFORMATIONEN. Klicken Sie in der Dialogbox, die nun erscheint, auf den Karteireiter INFOS. Sie
sehen hier eine Reihe von Feldern, in denen Sie Informationen über den Titel eintragen oder
bearbeiten können. Diese Informationen tauchen auch in der Statusanzeige (oben in der Mitte
des iTunes-Fensters) auf, wenn ein Lied abgespielt wird. Sie können hier aber auch zusätzliche
Informationen eintragen, wie etwa das Jahr der Aufnahme, Ihren persönlichen Kommentar und
den Komponisten des Titels. Wenn Sie fertig sind, klicken Sie auf OK.

---

iTipp: Einen Titel abspielen

*Es gibt tatsächlich vier verschiedene Methoden, um ein Lied in iTunes abzuspielen. Sie sollten sie
alle ausprobieren, um diejenige zu ermitteln, die Ihrem persönlichen Stil am besten entspricht.
Hier sind sie: (1) Doppelklicken Sie auf den Titel, den Sie abspielen wollen, (2) klicken Sie den
Titel an, den Sie abspielen wollen, und drücken Sie dann die Leertaste auf Ihrer Tastatur, (3) klicken Sie den Titel an, den Sie hören wollen, und klicken Sie dann auf den Start-Button in der
oberen linken Ecke des iTunes-Fensters oder (4) klicken Sie den Titel an, den Sie spielen wollen,
und wählen Sie WIEDERGABE aus dem Menü STEUERUNG.*

Mehr als einen Titel gleichzeitig bearbeiten

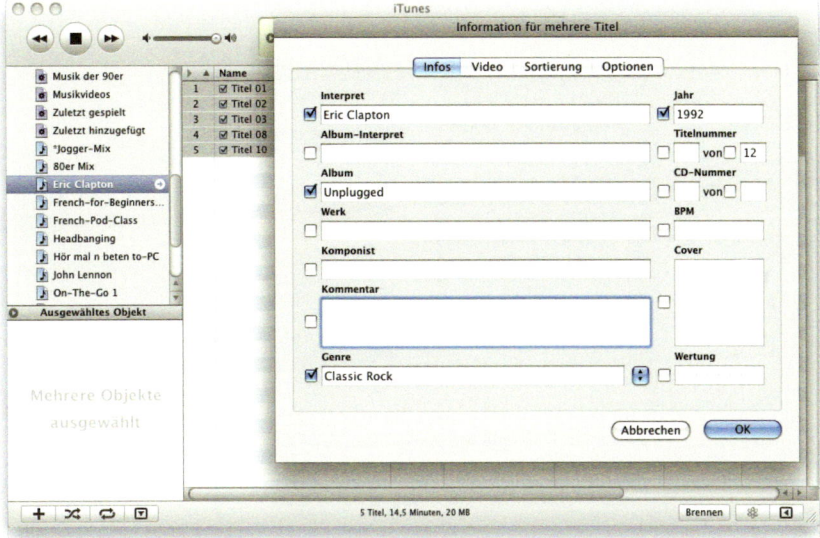

Sie wissen nun, wie Sie (mit Hilfe des Info-Dialogs) die Titelinformationen bearbeiten. Doch was ist, wenn Sie einen ganzen Stapel Lieder auf einmal bearbeiten wollen (weil Sie beispielsweise 14 Songs von einem Album importiert haben und nun zu allen 14 Songs den Albumtitel hinzufügen wollen)? Dazu ⌘-klicken (PC: Strg-klicken) Sie auf die Titel, die Sie bearbeiten wollen (in diesem Fall auf alle 15 Titel, die Sie gerade importiert haben), und Ctrl-klicken (PC: rechtsklicken) Sie dann auf einen dieser 14 Titel. Aus dem Kontextmenü wählen Sie INFORMATIONEN. Anstelle des normalen Info-Dialogs erscheint nun eine Dialogbox mit der Bezeichnung INFORMATIONEN FÜR MEHRERE TITEL. (Nun, um genau zu sein, kommt beim ersten Mal ein Warndialog, in dem Sie gefragt werden: 6»Möchten Sie wirklich Informationen für mehrere Titel bearbeiten?« Klicken Sie einfach auf JA.) Die Informationen, die Sie nun in diesen Dialog eingeben, werden auf alle ausgewählten Titel angewandt. Wenn Sie fertig sind, klicken Sie auf OK.

Nur ein Info-Feld aktualisieren

Falls Sie nur eine einzige Information für einen Titel ändern wollen (nehmen wir beispielsweise an, Sie hätten als Album für den Van-Halen-Song »And the Cradle Will Rock« *Diver Down* angegeben, obwohl doch jeder weiß, dass er tatsächlich vom Album *Women and Children First* stammt), gibt es gute Nachrichten: Sie müssen nicht den gesamten Info-Dialog öffnen, um diese kleine Änderung vorzunehmen. Klicken Sie stattdessen einfach auf den Titel und dann einmal auf den aktuellen Namen des Albums, um das Album-Feld zu markieren. Geben Sie nun den neuen Namen anstelle des alten Namens ein und drücken Sie die ⏎-Taste, um Ihre Änderung wirksam werden zu lassen. Sie werden es schon ahnen, aber ich sage es dennoch – das funktioniert auch zum Bearbeiten anderer Felder wie Titelname, Interpret usw.

Eigene Genres hinzufügen

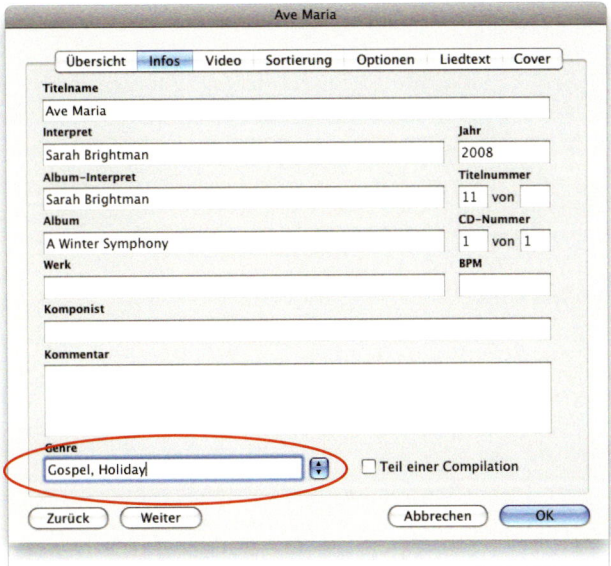

iTunes enthält zwar bereits eine Liste verbreiteter Genres, einige werden Sie aber hier noch nicht finden (wie Salsa, Thrash oder New Wave und wahrscheinlich fallen Ihnen auch noch einige ein). Aus diesem Grund erlaubt es Ihnen iTunes, Ihre eigenen Genres zu erzeugen (wie Death Metal oder Oper). Um ein eigenes Genre anzulegen, Ctrl-klicken (PC: rechtsklicken) Sie auf ein Lied und wählen dann INFORMATIONEN aus dem sich öffnenden Kontextmenü. Klicken Sie in der Info-Dialogbox auf den Karteireiter INFOS und geben Sie einfach den gewünschten Namen für Ihr »neues« Genre in das Genre-Feld ein (wie wäre es mit Broadway-Musicals oder Gospel?). Klicken Sie dann auf OK. Falls Sie ein Genre anlegen wollen, das eine Reihe unterschiedlicher Stile umfasst, setzen Sie ein Komma hinter jeden Namen (wie Metal, Jazz, Punk, Choral). Durch das Zuweisen mehrerer Genres zu einem Lied erscheint dieser Titel beim Suchen oder Blättern in mehreren Kategorien. Zum Beispiel wollen Sie vielleicht den Sarah-Brightman-Song »Ave Maria« unter mehreren Genres einordnen, damit er sowohl dann auftaucht, wenn Sie nach Gospel suchen, als auch dann, wenn Sie nach Holiday suchen. Beim Blättern würde er in einem neuen Genre mit der Bezeichnung »Gospel, Holiday« erscheinen.

Hilfe für Leute, die den Text nicht kennen

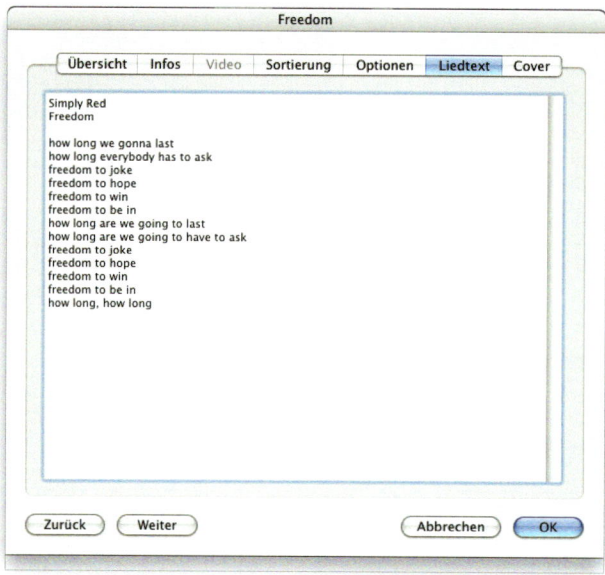

Wenn Sie einen iPod nano (oder einen neueren iPod) besitzen und sich Liedtexte partout nicht merken können, dann bleiben Sie ruhig – ich hol' Hilfe. Also: Seit Version 5 bietet iTunes die Möglichkeit, Texte in die Songs einzubetten (so wie Sie auch das Genre, die Bewertung, das Cover usw. einbetten). Das Beste ist, dass Sie diese Texte auf Ihrem iPod nano oder neueren iPod betrachten können. Und so richten Sie das ein: Wählen Sie in iTunes den Titel, für den Sie den Text hinzufügen wollen, gehen Sie in das Menü ABLAGE und wählen Sie INFORMATIONEN. Klicken Sie im Info-Dialog auf den Karteireiter LIEDTEXT und tippen Sie den Text ein. Ganz einfach. Falls Sie den Text nicht kennen, dann starten Sie Ihren Webbrowser und surfen Sie zu einer der vielen (und wenn ich viele sage, dann meine ich das auch so) Websites mit Liedtexten. (Das Feld LIEDTEXTE unterstützt übrigens das Kopieren und Einfügen. Muss ich mehr sagen?) Wenn Sie sich nun einen Titel auf Ihrem iPod nano anhören, müssen Sie einfach nur mehrmals die Auswahltaste drücken, um den entsprechenden Text angezeigt zu bekommen.

---

iTipp: Formate ohne Texte

Wie das Leben so spielt, gibt es zwei Dateiformate, zu denen Sie keine Texte hinzufügen können: QuickTime-Dateien und WAV-Dateien. Was tun? Wandeln Sie sie in ein Format um, das Liedtexte unterstützt. Klicken Sie auf die Datei und wählen Sie im iTunes-Menü ERWEITERT AAC-VERSION ERSTELLEN. Bamm. Das war's.

Die Sortierreihenfolge ändern: von hinten nach vorn

Standardmäßig sind iTunes-Spalten entweder alphabetisch oder numerisch (von der niedrigsten zur höchsten Zahl) sortiert. Sie können feststellen, wie iTunes sortiert, indem Sie nach der Spalte suchen, in deren oberer rechter Ecke ein kleiner Pfeil steht. Weist der Pfeil nach oben, dann wird die Spalte von A bis Z (alphabetisch) oder von der niedrigsten zur höchsten Zahl (numerisch) sortiert. Falls Sie es jedoch vorziehen, die Titel rückwärts zu sortieren (damit Sie »Real Gone« von Sheryl Crow vor »Ain't No Other Man« von Christina Aguilera hören), klicken Sie einmal auf den Spaltenkopf INTERPRETEN. Dadurch wird die alphabetische Reihenfolge umgekehrt (der kleine Pfeil im Kopf der Interpretenspalte zeigt nun nach unten): »Real Gone« wird an die Spitze der Wiedergabeliste gesetzt. (Falls Sie auf eine numerische Spalte wie die Spalte namens DAUER klicken, wäre der längste Titel ganz oben, gefolgt vom zweitlängsten usw. Am Ende der Wiedergabeliste stünde der kürzeste Titel.) Klicken Sie auf die Spalte MEINE WERTUNG, dann erscheinen Ihre 5-Sterne-Titel am Anfang des iTunes-Fensters. Wenn Sie noch einmal klicken, rutschen sie an das Ende des iTunes-Fensters.

Den Titel suchen, der gerade gespielt wird

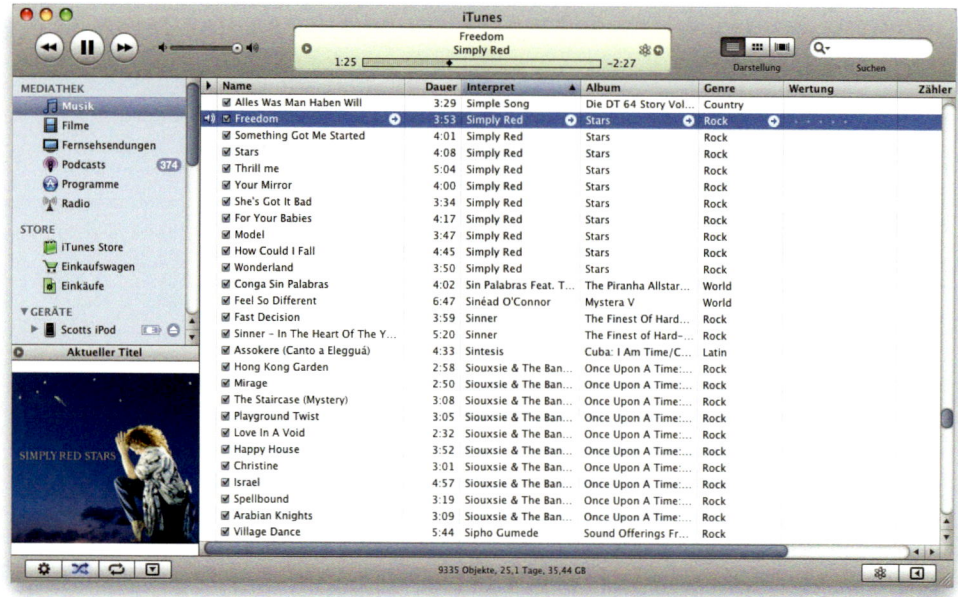

Wenn Sie einen Titel abspielen, erscheint rechts neben der Titelnummer ein kleines Lautsprechersymbol, das Ihnen anzeigt, welches Lied abgespielt wird. Oft werden Sie einen Titel starten und sich dann anderen Dingen zuwenden. Sie könnten beispielsweise eine andere Wiedergabeliste sortieren, die Liednamen ändern usw. Obwohl Sie also den Song »Let's Get Loud« von Jennifer Lopez hören, ist dieser Titel nicht mehr hervorgehoben, weil Sie an einer völlig anderen Wiedergabeliste arbeiten. Wie finden Sie also den Titel heraus, der gerade abgespielt wird? Drücken Sie einfach ⌘-L (PC: Strg-L). Dadurch gelangen Sie sofort zu dem Lied, das gerade abgespielt wird, auch wenn es sich in einer völlig anderen Wiedergabeliste befindet.

---

iTipp: Ihre Musik wiederholen

Sollten Sie nicht genug von einem bestimmten Lied (oder einer bestimmten Wiedergabeliste) kriegen können, dann lassen Sie iTunes das Lied (oder die Liste) automatisch wiederholen, indem Sie auf den WIEDERHOLEN-Button klicken (es handelt sich um den dritten Button von links in der unteren linken Ecke des iTunes-Fensters). Wenn Sie einmal auf diesen Button klicken, dann wiederholt iTunes die gesamte aktuelle Wiedergabeliste. Wenn Sie noch einmal darauf klicken, wird der aktuelle Titel wieder und wieder und wieder gespielt (kleine Kinder lieben das). Um das Wiederholen zu stoppen, klicken Sie den Button erneut an.

Titel mit der Übersicht finden

Nehmen Sie einmal an, Sie wollen nur Country-Songs hören, haben aber keine Country-Wieder-gabeliste. Oder vielleicht haben Sie Lust, sich alle Ihre Aerosmith-Songs zu Gemüte zu führen, haben aber auch keine Aerosmith-Liste angelegt. Benutzen Sie die Übersicht, die es Ihnen (mit nur einigen Mausklicks) erlaubt, eine Wiedergabeliste mit Ihrem bevorzugten Künstler, Genre oder Album zu erzeugen. Und so geht's: Klicken Sie in der Mediathek auf der linken Seite des iTunes-Fensters auf Musik und drücken Sie dann ⌘-B (PC: Strg-B) oder wählen Sie Darstel-lung/Übersicht einblenden. Sie erhalten drei Hauptkategorien, die Sie durchblättern können: Genre, Interpret und Album. Klicken Sie in der Genre-Liste auf Country. Sofort werden alle Country-Titel gezeigt (zumindest die, bei denen als Genre Country eingestellt ist). Doppelklicken Sie auf den ersten Titel in der Liste und die Liste wird abgespielt. So schnell und einfach ist das. (*Hinweis:* Um die Übersicht wieder auszublenden, drücken Sie erneut ⌘-B [PC: Strg-B].)

Ein Lied suchen

Wenn Sie erst einmal mehrere Hundert (oder mehr) Lieder in Ihrer Musikbibliothek haben, werden Sie staunen, wie schwer es ist, einen bestimmten Titel zu finden. Bei einigen Tausend Titeln ist es wie mit der sprichwörtlichen Nadel im Heuhaufen. Aus diesem Grund besitzt iTunes ein Suchfeld in der oberen rechten Ecke des iTunes-Fensters (es handelt sich um das Feld mit dem Vergrößerungsglas). Beginnen Sie, während Sie noch in der Musikbibliothek sind, den Namen des Titels, des Albums oder des Interpreten einzugeben. Bereits beim Tippen beginnt iTunes mit der Suche. Sobald es einen Treffer findet (selbst wenn Sie noch nicht fertig mit Tippen sind), zeigt es die Treffer im Hauptfenster an. Um die Suchergebnisse zu entfernen und zur vollständigen Wiedergabeliste zurückzukehren, klicken Sie den kleinen grauen Kreis mit dem X an (rechts neben dem Suchfeld). Und noch etwas: Wenn Sie vor dem Suchen auf Ihre Musikbibliothek klicken, wird die gesamte Musik durchsucht, die Sie in iTunes haben. Falls Sie nur eine bestimmte Wiedergabeliste durchsuchen wollen, dann klicken Sie zuerst auf diese Liste. Die Suche wird dann entsprechend eingeschränkt.

Noch geschickter suchen

Nehmen wir einmal an, Sie suchen nach dem Titel »Cars« von Gary Numan. Sie geben also »car« in das Suchfeld ein (klar so weit, oder?). Es werden 247 Ergebnisse angezeigt (zumindest in meinem iTunes) – vom Lied »Car Wash« bis hin zum *Cars*-Soundtrack (es wird quasi alles aus der Musikbibliothek ausgegeben, was das Wort »car« enthält, von »Carolina In My Mind« bis zur Band Yellowcard). Sie können die Suche allerdings mit dem Such-Popup-Menü einschränken (dieses Popup-Menü verbirgt sich hinter der kleinen Lupe). Klicken Sie auf die kleine Lupe und wählen Sie aus dem sich öffnenden Popup-Menü TITEL. Alben und Interpreten werden jetzt bei der Suche ausgespart. Die Suche wird eingeschränkt und Sie gelangen schneller zum Ergebnis. Wenn Sie mit der Suche fertig sind, klicken Sie das graue X rechts neben dem Suchfeld an.

Den Zähler eines Titels zurücksetzen

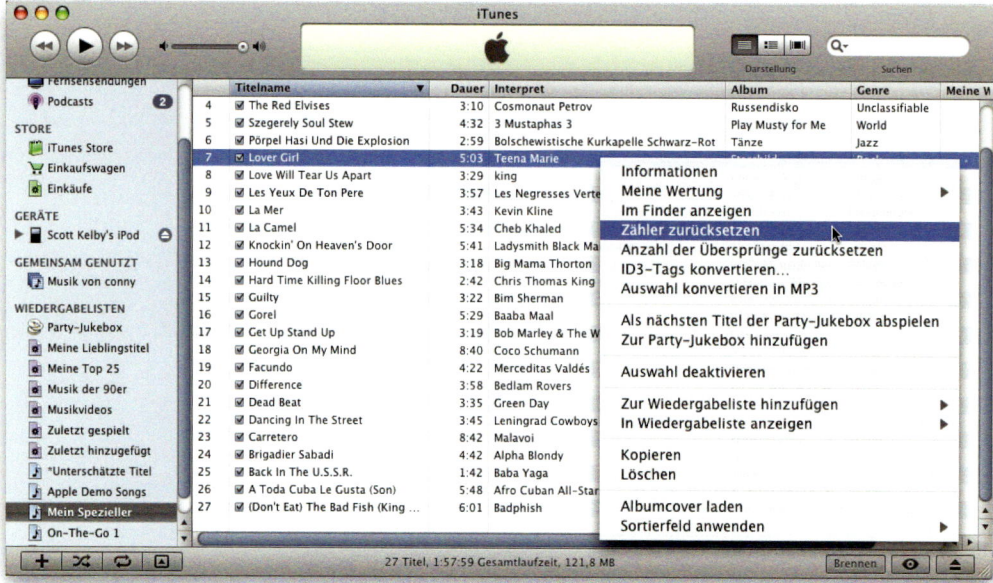

Wie Sie vermutlich wissen, zählt iTunes mit, wie oft Sie einen bestimmten Titel gespielt haben. Falls Sie jedoch irgendwann einmal diesen Zähler löschen wollen (weil beispielsweise Freunde zu Besuch kommen und diese nicht merken sollen, dass Sie »Lover Girl« von Teena Marie 87 Mal gespielt haben), dann Ctrl-klicken (PC: rechtsklicken) Sie einfach auf den Titel und wählen aus dem Kontextmenü, das aufgeklappt wird, den Befehl ZÄHLER ZURÜCKSETZEN. iTunes setzt den Zähler auf Null zurück. Ihr Geheimnis wird für immer gewahrt und Ihre Freunde bleiben in dem Glauben, dass Sie unheimlich cool sind. (*Hinweis:* Sie haben zwar das Zählerfeld gelöscht, doch das Feld ZULETZT GESPIELT zeigt weiterhin – offensichtlich – den letzten Zeitpunkt, zu dem Sie den Titel gespielt haben, so dass immer noch eine gewisse Wahrscheinlichkeit besteht, dass Ihr Geheimnis auffliegt ...)

Titel löschen

Wenn Sie genug von einem Lied haben und es aus iTunes (und Ihrem Leben) verschwinden lassen wollen, dann klicken Sie einfach einmal auf den Titel und drücken Sie die Löschtaste (PC: ←) auf Ihrer Tastatur. Sie können einen Titel auch löschen, indem Sie auf einen Titel Ctrl-klicken (PC: rechtsklicken) und LÖSCHEN aus dem Kontextmenü wählen. Wählen Sie aus dem ersten Dialog, der erscheint, den Befehl ENTFERNEN und dann aus dem nächsten Dialog IN DEN PAPIER-KORB BEWEGEN. Befindet sich der Titel in einer Wiedergabeliste, dann entfernt iTunes ihn nur aus dieser Wiedergabeliste. Wenn Sie auf einen Titel in Ihrer Musikbibliothek klicken, dann löscht iTunes die Datei richtig und legt sie in den Papierkorb. Keine Panik – Sie werden vor dem tatsächlichen Löschen gewarnt, so dass Sie nicht befürchten müssen, die falsche Taste zu drücken und einen geliebten Favoriten zu verlieren, wie »Lover Girl« von Teena Marie.

---

iTipp: Mehrere Titel löschen

Um mehrere Titel auf einmal zu löschen, Befehl-klicken (PC: Strg-klicken) Sie einfach auf alle Titel, die Sie löschen wollen, und drücken dann die Löschtaste (PC: ←) auf Ihrer Tastatur. Wollen Sie eine ganze Gruppe aufeinanderfolgender Titel auswählen, dann klicken Sie auf den ersten Titel in der Gruppe, halten dann die ⇧-Taste gedrückt, scrollen bis zum letzten Titel und klicken darauf. Alle Lieder, die dazwischenliegen, werden markiert. Zum Löschen drücken Sie die Löschtaste (PC: ←). (Hinweis: Denken Sie daran, wenn Sie sie aus Ihrer iTunes-Bibliothek löschen, sind sie für immer verschwunden; löschen Sie sie aus einer Wiedergabeliste, dann bleiben sie zumindest in Ihrer Musikbibliothek erhalten.)

Das in iTunes eingebaute VU-Meter

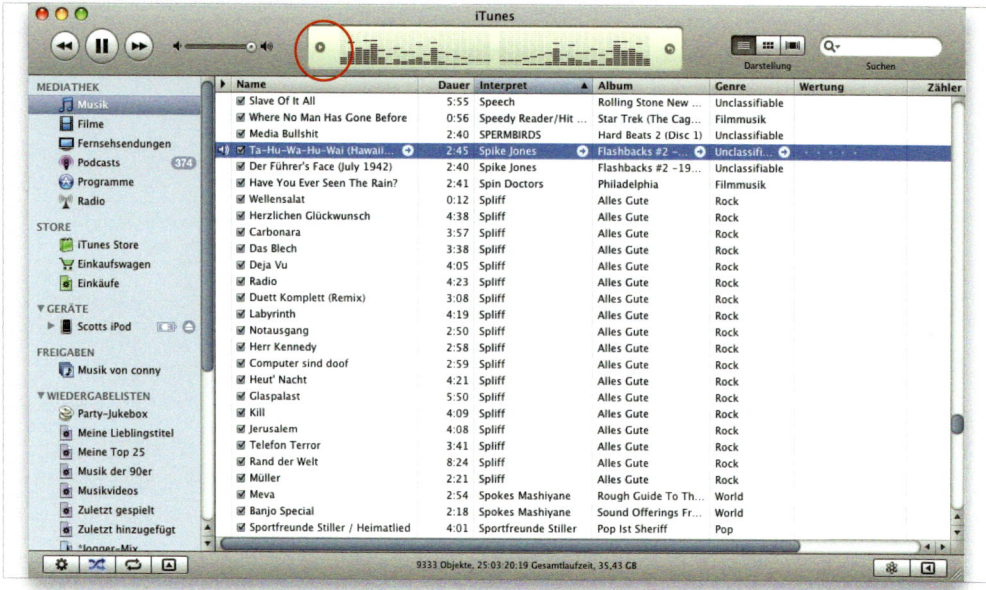

Falls Sie einmal eine grafische Darstellung der Tonfrequenzen in Ihrem Titel benötigen (beispielsweise, damit Sie bei einer Aufnahme nicht übersteuern, wodurch es zu Verzerrungen kommen
könnte), dann gehen Sie in die Statusanzeige (oben in der Mitte des iTunes-Fensters) und klicken
auf der ganz linken Seite der Anzeige auf den kleinen dunkelgrauen Kreis mit dem nach rechts
weisenden Pfeil. An der Stelle, an der normalerweise die Titelinformationen stehen, tauchen
zwei digitale VU Meter auf (deutsch etwa: VU-Messgerät, VU steht hierbei für Volume Unit bzw.
für 1 dBu), die die Musikfrequenzen visualisieren (für den Fall, dass es Sie interessiert). Klicken
Sie erneut auf diesen Pfeil, um die Titelinformationen wieder einzublenden.

Die Titel auf Ihrer Festplatte organisieren

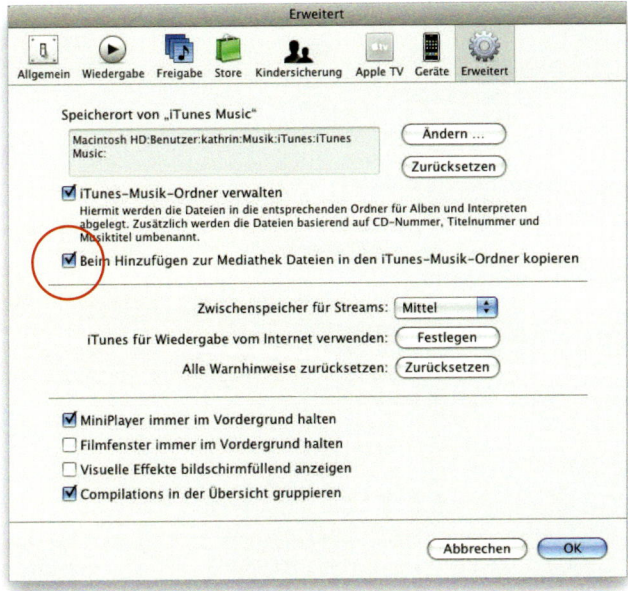

Wenn Sie einen MP3-Titel auf Ihrer Festplatte haben und darauf doppelklicken, dann startet iTunes und spielt den Titel ab. Außerdem wird ein unsichtbares Kürzel (ein sogenannter Alias) auf diesen Titel in diesem Ordner auf Ihrer Festplatte angelegt. Das ist nicht weiter schlimm, allerdings haben Sie auf diese Weise bald einen ganzen Haufen Ordner quer über Ihre Festplatte verstreut, in denen sich Musik befindet. Sie können die ganze Sache besser organisieren (und sich dami6t auch die Sicherung Ihrer Musik vereinfachen), indem Sie iTunes alle Titel, die es spielt, in den iTunes Musik-Ordner kopieren lassen. So befindet sich Ihre ganze Musik an einer Stelle. Sie aktivieren diese Funktion, indem Sie in den iTunes-Einstellungen (auf dem Mac im iTunes-Menü, auf einem Windows-PC im Bearbeiten-Menü) im Abschnitt Erweitert auf den Karteireiter Allgemein klicken und dann dann die Checkbox Beim Hinzufügen zur Mediathek Dateien in den iTunes-Musik-Ordner kopieren aktivieren. Klicken Sie nun OK mit dem Frieden und der Gewissheit, dass Sie Ordnung und Harmonie in Ihre Musikwelt gebracht haben.

---

iTipp: Ihre Musik zusammenlegen

Sollte die Musik bereits über Ihre Festplatte verstreut sein, ist es noch nicht zu spät – lassen Sie iTunes die Titel aus all diesen Ordnern, die sich in Ihrer Musikbibliothek befinden, in den iTunes Musik-Ordner kopieren. Wählen Sie im Menü Ablage den Befehl Mediathek zusammenlegen. Passenderweise sollten Sie dabei »Come Together« von den Beatles hören.

Direkt von der CD auf die Wiedergabeliste

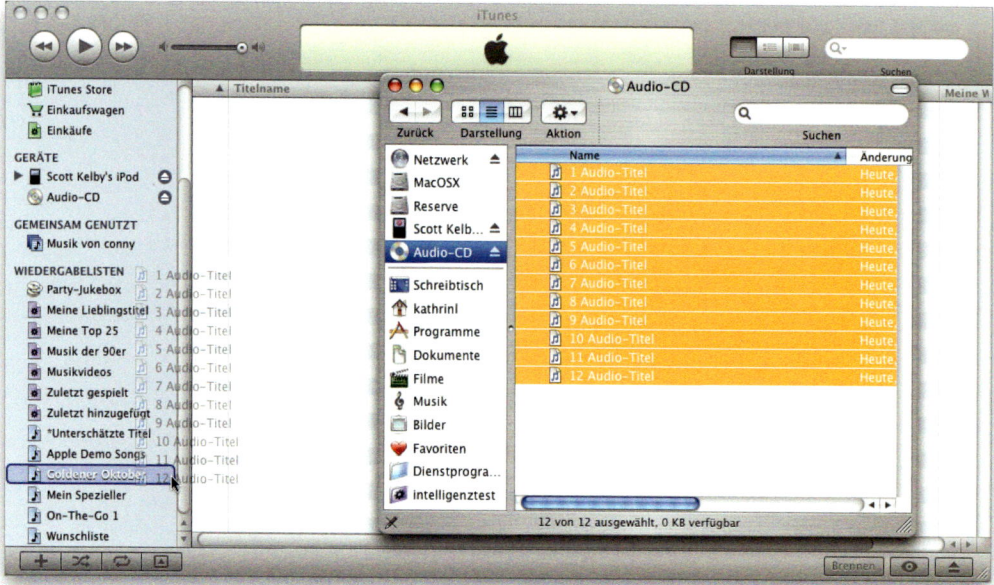

Wenn Sie Titel von einer CD importieren, dann geht das normalerweise so vonstatten: Sie importieren die Lieder, Sie finden sie in Ihrer iTunes-Mediathek und dann ziehen Sie diese importierten Titel in eine Wiedergabeliste. Wollen Sie einen Schritt überspringen? Wenn Sie eine CD importieren, wählen Sie die Lieder auf der CD aus (indem Sie auf den ersten und den letzten Titel im Ordner der CD auf Ihrer Festplatte ⇧-klicken) und ziehen Sie sie direkt in Ihre neue Wiedergabeliste. Beim Import gelangen sie natürlich auch in Ihre Musikbibliothek, aber gleichzeitig kommen sie auch in die gewünschte Wiedergabeliste. He, wenn es Zeit spart, bin ich dafür.

---

iTipp: MP3-Titel hinzufügen

Sollten Sie MP3-Titel bereits auf Ihrer Festplatte haben und sie in Ihre iTunes-Musikbibliothek einfügen wollen, dann ist es einfach: Gehen Sie in das ABLAGE-Menü und wählen Sie ZUR MEDIATHEK HINZUFÜGEN. Ein normaler ÖFFNEN-Dialog erscheint, mit dem Sie an die Stelle auf Ihrer Festplatte navigieren können, an der sich Ihre Titel befinden. Klicken Sie dann auf AUSWÄHLEN, um sie hinzuzufügen. Natürlich geht es noch einfacher – öffnen Sie den Ordner, in dem die MP3-Dateien liegen, ziehen Sie sie direkt in iTunes, lassen Sie sie dort fallen und sie werden importiert. Leichter geht es wirklich nicht.

CDs automatisch importieren lassen

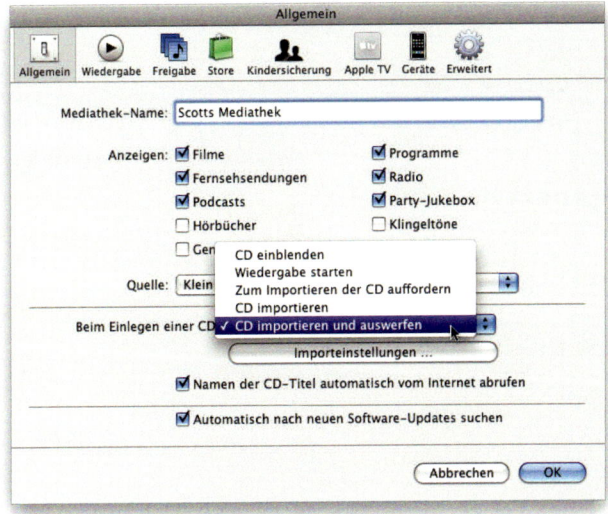

Falls Sie (was ich von ganzem Herzen empfehle) Ihre ganze CD-Sammlung in iTunes importieren wollen, möchten Sie sicher so viel wie möglich automatisieren, damit Sie sich dabei nicht zu Tode langweilen. Wenn Sie nämlich eine CD einlegen, dann werden die Titel der CD nicht importiert. Stattdessen wird Ihnen angezeigt, was sich auf der CD befindet, was sicher ganz großartig ist, wenn Sie sich die CD lediglich anhören wollen. Wenn Sie jedoch Ihre ganze CD-Sammlung katalogisieren wollen, dann ist dies das Letzte, was Sie wollen. Stellen Sie sich dagegen vor, wie viel Zeit Sie sparen könnten, wenn Sie die CD einfach einlegen und iTunes automatisch alle Titel importieren und die CD dann wieder auswerfen würde, bereit für die nächste Scheibe? Genau das kann iTunes – Sie müssen es ihm nur sagen. Gehen Sie zu den iTunes-Einstellungen (im iTunes-Menü auf dem Mac, im Bearbeiten-Menü unter Windows) und klicken Sie auf das Allgemein-Icon. Wählen Sie aus dem Popup-Menü Beim Einlegen einer CD den Befehl CD importieren und auswerfen und klicken Sie dann auf OK. Das war's – Sie haben Ihren Computer gerade in eine automatische CD-Importiermaschine verwandelt, was Sie in die Lage versetzt, Ihren kleinen Bruder für einige Stunden mit der Aufgabe zu betrauen, die CDs zu wechseln, während Sie selbst zu einem Konzert gehen. Sehen Sie, darum geht's doch im Leben.

Importierte CD-Titel automatisch benennen

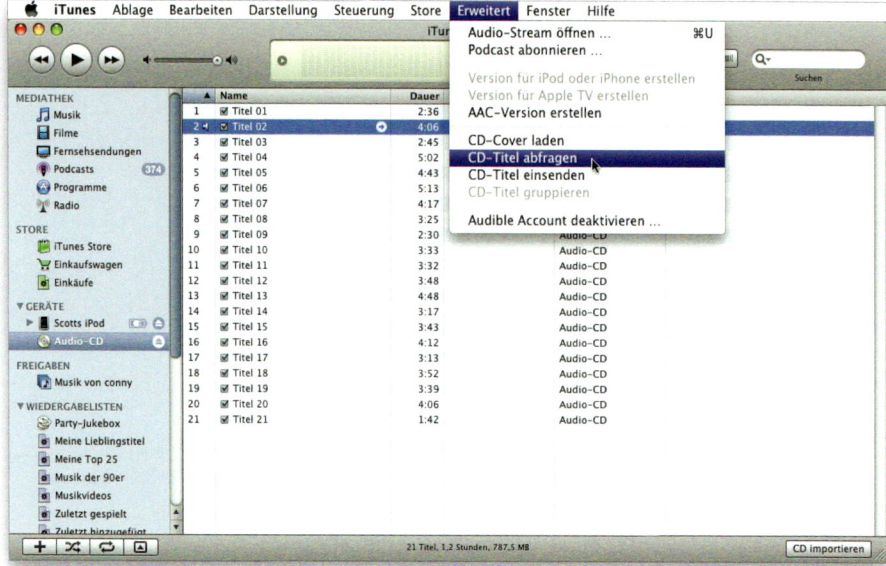

Wenn Sie Titel von einer CD importieren und eine permanente Verbindung ins Internet haben, dann sucht iTunes automatisch die Namen (und andere Hintergrundinformationen) für die Titel, die Sie importieren. Genauer gesagt, geschieht Folgendes: Beim Importieren geht iTunes in das Web und durchsucht die riesige Gracenote-CD-Datenbank nach den Informationen für die gerade importierte CD. Wenn es diese Informationen findet, lädt iTunes sie automatisch in das Info-Feld des jeweiligen Titels und benennt dabei die Titel (Interpret, Albumnamen usw. – cool, nicht wahr?!). Wenn Sie keine Standleitung ins Internet haben, dann bringen Sie einfach alle Titel in Ihre iTunes-Musikbibliothek oder die Wiedergabelisten, stellen dann eine Internetverbindung her und wählen im ERWEITERT-Menü den Befehl CD-TITEL ABFRAGEN.

Festplattenplatz beim Importieren von CDs sparen

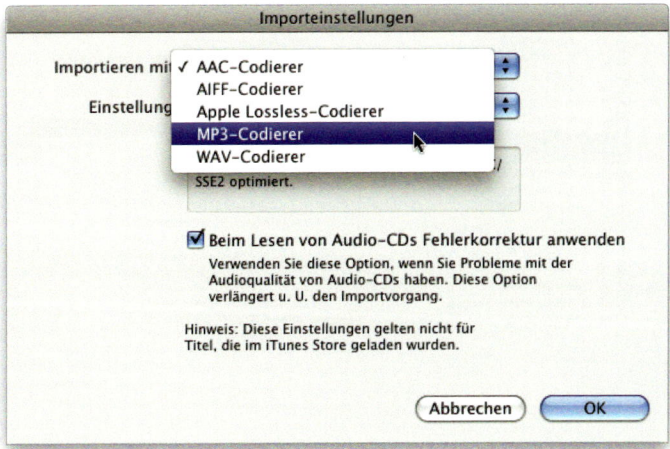

Beim Importieren von Musik von einer CD wandelt iTunes Ihre Songs standardmäßig in das AAC-Format um (was großartig ist, da es die Größe Ihrer Musikdateien durch Komprimierung verkleinert, dabei aber CD-Qualität bewahrt). Falls Sie jedoch noch kleinere Dateien importieren wollen (und einen gewissen Qualitätsverlust in Kauf nehmen), können Sie die Titel auch als MP3s importieren. Gehen Sie zu den iTunes-Einstellungen (auf einem Mac im iTunes-Menü, auf einem Windows-PC im Bearbeiten-Menü), klicken Sie auf das Allgemein-Icon und dann auf Importeinstellungen. Wählen Sie aus dem Popup-Menü Importieren mit den Befehl MP3-Codierer (oder nach Belieben ein anderes Dateiformat). Jetzt werden CD-Titel beim Importieren in das gewünschte Format umgewandelt. (Übrigens liegen alle Lieder aus dem iTunes Store im geschützten AAC-Format vor. Das bedeutet, dass eine Datei nicht »mit anderen geteilt« werden kann, während die meisten von CD importierten Dateien ungeschützt AAC-kodiert werden, das heißt an andere weitergegeben werden können.)

Zwei Titel zu einem kombinieren

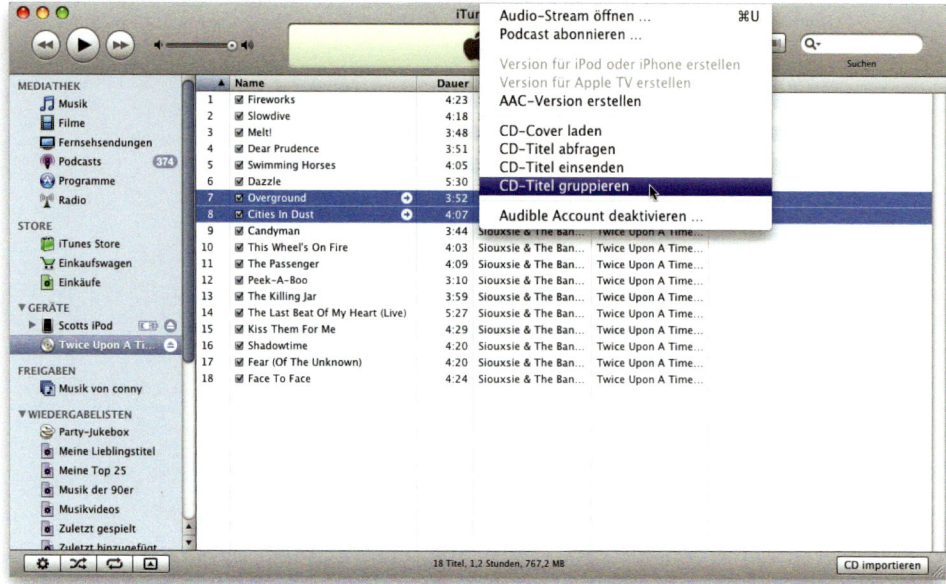

Wenn Sie einen Titel von CD importieren, der einen längeren Anfang hat, kann dieser vom eigentlichen Stück getrennt sein. Denken Sie beispielsweise an Van Halens »Little Guitars«. Dieses
Lied beginnt mit einem legendären Gitarrensolo von Eddie Van Halen, das sogar einen eigenen
Namen trägt (»Little Guitars [Intro]«). Wenn Sie diesen Song jedoch im Radio hören, dann werden
beide Teile als ein Lied gespielt, da das Intro direkt in das Lied übergeht. Es ist wirklich nur ein
Lied und beim Importieren von CD besteht eine gewisse Wahrscheinlichkeit, dass iTunes es
auch als ein Lied importiert. Falls iTunes jedoch glaubt, dass es sich um zwei getrennte Titel
handelt, dann werden Sie eine Lücke von einigen Sekunden zwischen beiden Teilen erhalten.
Sollte das geschehen sein, dann lassen Sie sich keine grauen Haare wachsen – ⌘-klicken
(PC: Strg-klicken) Sie auf die beiden Titel, bevor sie importiert werden, und führen Sie den
Befehl CD-TITEL GRUPPIEREN aus dem ERWEITERT-Menü aus. Jetzt werden sie als ein Lied ohne Lücke
dazwischen importiert. (Sie werden sehen, dass sie verknüpft sind, da ein kleines Klammersym-
bol neben den Namen der beiden Titel auftaucht.) Falls Sie sich übrigens mit der Geschichte des
Rock herumplagen wollen, dann können Sie beide Titel auswählen, in das ERWEITERT-Menü gehen
und GRUPPIERUNG DER CD-TITEL AUFHEBEN wählen. (*Hinweis:* Dieses ganze Gruppieren kann nur geschehen, *bevor* die CD-Titel in iTunes importiert werden – nicht hinterher.)

Beschädigte CDs retten

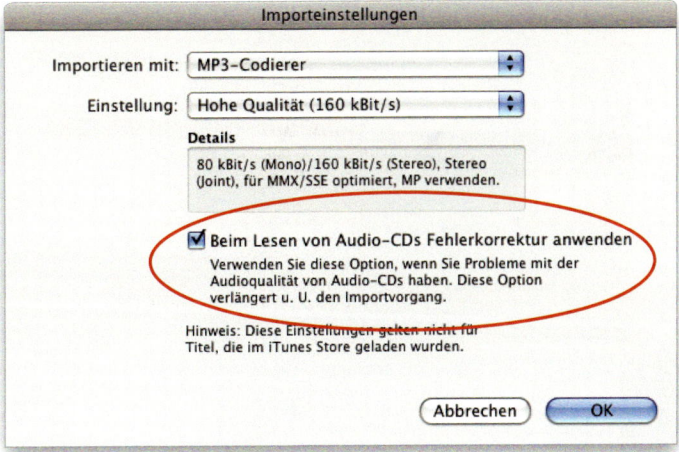

Vielleicht merken Sie, dass Ihre kleine Schwester eine Ihrer teuren CDs als Frisbee-Scheibe verwendet hat, wenn Sie die CD in iTunes abspielen wollen. Sie weist Kratzer, Staub und andere hässliche Dinge auf, die das Importieren dieser Titel nahezu unmöglich machen – es sei denn, Sie kennen diese etwas eigenartige und obskure Einstellung. Um sie zu finden, gehen Sie zu den iTunes-Einstellungen (im iTunes-Menü auf einem Mac, im Bearbeiten-Menü auf einem Windows-PC), klicken auf das Allgemein-Icon und wählen dann Importeinstellungen. Jetzt schalten Sie die Check-box Beim Lesen von Audio-CDs Fehlerkorrektur anwenden ein. iTunes gibt nun sein Bestes, um beim Import die Schäden an der Scheibe zu korrigieren und so viel wie möglich zu retten. Es funktioniert nicht hundertprozentig sicher, aber wenn, dann ist es sein Gewicht in Kopi Luwak wert.

Eine CD brennen

Das Brennen einer CD geht kinderleicht, allerdings gibt es einiges, was Sie vorher wissen sollten. Erstens, Sie können nur Wiedergabelisten brennen (nicht Ihre Musikbibliothek). Klicken Sie deshalb in der Quellenliste auf eine Wiedergabeliste, die Sie brennen wollen (und legen Sie auch noch keine leere CD ein, sondern warten Sie, bis Sie dazu aufgefordert werden). Werfen Sie einen Blick an den unteren Rand des iTunes-Fensters, um sicherzugehen, dass Sie nicht mehr als 1,2 Stunden Musik in Ihrer Wiedergabeliste haben (das entspricht in etwa der Menge an Musik, die Sie heutzutage auf eine Audio-CD packen können). Wenn es zu viele Titel sind, dann löschen Sie einige, bis Sie weniger als 1,2 Stunden haben. Klicken Sie dann auf den Brennen-Button (in der unteren rechten Ecke des iTunes-Fensters) und wählen Sie die passenden Einstellungen (siehe nächste Seite). Klicken Sie dann auf Brennen. In der Statusanzeige des iTunes-Fensters (oben in der Mitte) werden Sie aufgefordert, eine leere CD einzulegen (das ist Ihr Zeichen). Nachdem Sie eine leere CD eingelegt haben, beginnt der Brennvorgang. (*Hinweis:* Jetzt haben Sie noch Gelegenheit, das Brennen der CD abzubrechen, indem Sie auf das X in der Statusanzeige klicken, allerdings kann die zuvor leere CD nicht mehr benutzt werden.) Wenn alles glattgegangen ist, wirft iTunes Ihre neue Musik-CD aus dem CD-Laufwerk aus.

---

iTipp: Titel in einer Wiedergabeliste überspringen ▬

Falls Sie einen Titel auf der Wiedergabeliste haben, der nicht auf der CD erscheinen soll, die Sie brennen wollen, dann entfernen Sie das Häkchen vor dem Namen des betreffenden Titels.

Mehr Lieder auf Ihre CDs »quetschen«

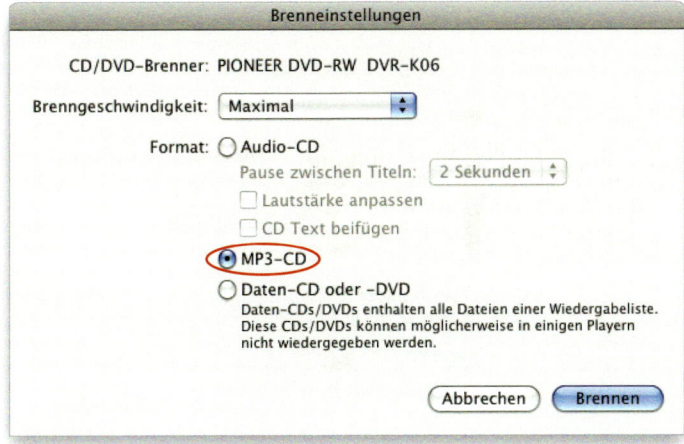

Falls Sie die maximal mögliche Anzahl an Liedern auf Ihre CDs bekommen wollen, könnten Sie versuchen, anstelle einer Audio-CD eine MP3-CD zu brennen (vorausgesetzt natürlich, Ihr CD-Spieler kann MP3-CDs abspielen – viele neue CD-Spieler können das, aber nicht alle). Da das MP3-Format eine hohe Komprimierungsrate verwendet, bekommen Sie auf eine CD im MP3-Format viel mehr Lieder, allerdings müssen Sie zuvor eine iTunes-Einstellung ändern. Wählen Sie also nach dem Betätigen des BRENNEN-Buttons im Dialog BRENNEINSTELLUNGEN das Format MP3-CD. Klicken Sie dann auf BRENNEN. Das ist alles – jetzt müssen Sie nur noch hoffen, dass Ihr CD-Spieler MP3-CDs unterstützt. (*Hinweis:* Für Lieder aus dem iTunes Store oder für Titel im AAC-Format funktioniert das nicht.)

Die Pause zwischen gebrannten Titeln einstellen

Damit Ihre CDs nicht wie ein langes, niemals endendes Stück klingen, fügt iTunes standardmäßig jeweils eine zwei Sekunden lange Pause zwischen zwei Liedern ein. Abgesehen davon, dass der Hörer das so gewohnt ist, hilft diese Pause dem CD-Spieler, einzelne Stücke zu unterscheiden. Zwei Sekunden sind zwar die Standardeinstellung, Sie können die Länge der Pause aber auch länger oder kürzer machen oder sie ganz entfernen (was sich als sinnvoll erweisen könnte, wenn Sie ein Hörbuch oder die Aufnahme einer Rede anhören wollen). Dazu wählen Sie die Wiedergabeliste, die Sie brennen wollen, und klicken auf BRENNEN. Wählen Sie dann die gewünschte Länge (in Sekunden) aus dem Popup-Menü PAUSE ZWISCHEN TITELN. Klicken Sie anschließend auf OK. Diese Länge wird nun zur Standardeinstellung für Ihre gebrannten CDs.

Sie wollen eine Stelle in einem Lied finden? Spulen Sie dorthin!

Eine weitere hilfreiche Funktion, die Apple zu iTunes 7 hinzugefügt hat, war die Fähigkeit, »in Echtzeit« durch einen Titel zu spulen. Das klingt im ersten Moment vielleicht nicht wie eine große Sache, aber denken Sie daran, wie das vorher erledigt wurde. Nehmen wir beispielsweise den Titel »Bawitdaba« von Kid Rock. Der hat dieses irre lange Intro mit verrückten Sounds und, nun ja … ich möchte einfach zum Titel kommen. Vor iTunes 7 konnten Sie den kleinen Zeiger in der Fortschrittsanzeige oben im iTunes-Fenster nehmen und ihn an die passende Stelle ziehen. Während Sie gezogen haben, war es jedoch vollkommen still, so dass Sie beim Ziehen eigentlich nur raten konnten, ob Sie an der richtigen Stelle angekommen sind oder nicht. Sie haben also in Wirklichkeit nur im Dunkeln herumgestochert. In iTunes 7 hat Apple diese Fortschrittsanzeige jedoch geändert, so dass Sie beim Ziehen bzw. Spulen die Musik (im Schnelldurchlauf) hören können. Sie können hören, wann dieses nervende (ich meine »inspirierte«) Intro zu Ende ist, damit Sie genau an der richtigen Stelle anhalten. Ahhhhh, das ist besser. (Los, jetzt alle: »Bawitdaba da bang da bang diggy diggy, diggy said the boogy said up jump the boogy!«)

Live-Alben ohne Pausen abspielen

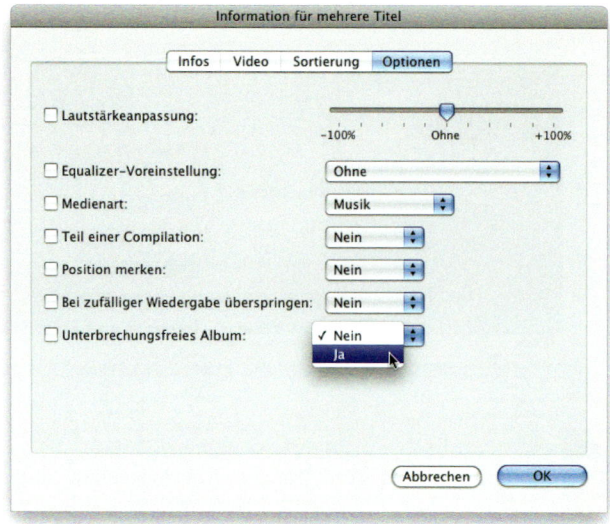

Schließlich können Sie iTunes so einstellen, dass es Live-Alben in iTunes oder auf Ihrem iPod durchgehend abspielt – ohne die kurzen Pausen zwischen den einzelnen Liedern, die bisher Bestandteil jeder früheren iTunes-Version waren. Das gilt nicht nur für Live-Alben, sondern auch für Klassikalben und Pink-Floyd-Alben und Brian Wilsons »Smile«, das nun endlich wie ein durchgehendes Stück klingt!!!!! Was für ein glänzender Tag in unserem ansonsten ereignislosen und banalen Leben (entschuldigung, ich wurde mitgerissen). Wie auch immer, diese Eigenschaft nennt sich »unterbrechungsfreies Abspielen«. Und so begründen Sie seine hoheitsvolle Stärke und machtvolle Herrschaft (entschuldigung, schon wieder mitgerissen). Wählen Sie in iTunes alle Titel aus, für die dieses unterbrechungsfreie Abspielen gelten soll (Sie halten auf dem Mac die ⌘-Taste [oder auf einem PC die Strg-Taste] und klicken auf alle Titel von einem Live-Album oder Klassikalbum), und drücken Sie dann ⌘-I (PC: Strg-I), um den Dialog INFORMATIONEN FÜR MEHRERE TITEL zu öffnen. (Damit können Sie die Einstellungen für mehrere Titel ändern; er erscheint nur, wenn Sie zuvor mehr als einen Titel ausgewählt haben.) Klicken Sie auf den Karteireiter OPTIONEN in der rechten oberen Ecke des Dialogs. Dort sehen Sie die Checkbox UNTERBRECHUNGSFREIES ALBUM. Aktivieren Sie die Checkbox, wählen Sie JA aus dem Popup-Menü und klicken Sie dann OK. Das war's – die Pausen sind weg.

Wie viel Platz bleibt noch für Videos?

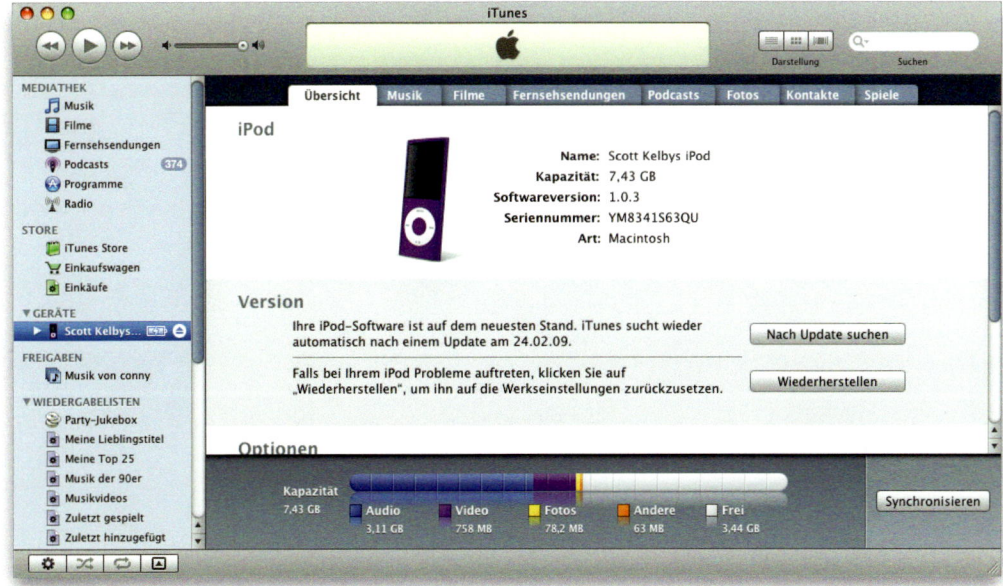

Sie wollen wissen, während der iPod an Ihren Computer angeschlossen ist, wie viel Platz noch darauf für Musik und Video-Podcasts und Fotos usw. vorhanden ist? Klicken Sie dazu erst in der iTunes-Geräteliste auf den iPod. Sie gelangen in das Übersichtsfenster der iPod-Einstellungen, in dem nicht nur eine kleine Zeichnung Ihres iPod zu sehen ist, sondern auch alle wichtigen Informationen über Ihren iPod, einschließlich des verfügbaren Platzes sowie der Information, wie viel von diesem Platz von Musik, Videos und Fotos eingenommen wird. Das Balkendiagramm unten im Fenster liefert Ihnen diese Informationen. Auf diese Weise erkennen Sie auf einen Blick, wie es steht.

---

iTipp: Personalisierte Farbe

Wollen Sie wissen, wie schlau das Einstellungsfenster ist? Schauen Sie sich die Zeichnung Ihres iPod an. Haben Sie bemerkt, dass die Zeichnung der Farbe Ihres iPod entspricht? Es stimmt, wenn Sie einen roten iPod nano haben, sehen Sie hier das Bild eines roten iPod nano. Man hätte hier auch ein allgemeines iPod-Bild verwenden können. Es entspricht exakt dem Wesen von Apple, hier eine Zeichnung Ihres persönlichen iPod-Modells einzusetzen. Noch ein Grund, weshalb der iPod das ist, was er ist.

Kapitel 9
Lido Shuffle
Wie Sie Apples
iPod shuffle benutzen

Als ich hörte, dass Apple seinen mit einem Flash-Speicher ausgestatteten iPod als »iPod shuffle« bezeichnen wollte, war ich wie elektrisiert – vor allem weil es meine Aufgabe vereinfachte, einen Namen für dieses Kapitel zu finden, der sich von einem Songtitel herleitete. Zwei Lieder kamen mir sofort in den Sinn: Ich hätte »Flash« von Queen nehmen können. Meist ist es auch eine sichere Bank, auf einen Queen-Titel zu setzen, da sie in der Welt der Rockmusik sehr verehrt werden. Allerdings ist der Song »Flash« echt Shit. Tut mir leid, aber so ist es. Sie wissen, dass es so ist. Ich weiß, dass es so ist. Selbst mein elf Jahre alter Sohn (der dankenswerterweise das Wort »Shit« nicht verwendet) hätte vermutlich keine andere Wahl, als das Wort »Shit« zu wählen, wenn ich ihm das Stück vorspielen würde. Ich will ihn aber nicht in diese peinliche Lage bringen. Deshalb entschied ich mich stattdessen für »Lido Shuffle«, eines der coolsten Lieder von Boz Skaggs. Nun ja, beide Titel sind aus den 80er Jahren, was automatisch bedeutet, dass ein gewisses Maß an Räudigkeit bereits eingebaut ist, aber wir übersehen das jetzt einfach einmal, da sich dadurch meine Aufgabe, einen Namen für dieses Kapitel zu finden, weiter vereinfacht und, wirklich, darum geht es hier doch: mein Leben zu vereinfachen. Und wo wir gerade von einfach reden (wow, was für eine lahme Überleitung), der iPod shuffle ist wirklich einfach, dank der Tatsache, dass er kein Display besitzt. Als ich das erste Mal davon hörte, dass er kein Display besitzt, habe ich bei mir gedacht, dass Apple ihn statt iPod shuffle lieber iPod blind oder iPod in the Dark oder so ähnlich hätte nennen sollen. Leider hat Apple mich nie nach meiner Meinung gefragt. Vielleicht hätte ich ihnen geraten, ihn iPod Schlimmer Queen-Song zu nennen. Vermutlich hat Apple deshalb nicht angerufen.

Titel in Ihren iPod shuffle bekommen

Es könnte kaum einfacher sein, Lieder in Ihren iPod shuffle zu bekommen – Sie stecken ihn einfach auf das mitgelieferte Dock und verbinden das Dock mit dem USB-Eingang Ihres Computers (übrigens, der kleine Stecker am Dock kommt an den Kopfhöreranschluss des iPod shuffle). Beim ersten Mal wird automatisch iTunes gestartet. Es erscheint ein Dialog, in dem Sie aufgefordert werden, Ihren iPod shuffle zu benennen. Anschließend wählt iTunes automatisch genauso viele Titel aus Ihrer Musikbibliothek aus, um Ihren iPod shuffle mit einer zufälligen Auswahl von Titeln zu füllen. (Falls es Sie interessiert, auf Ihren iPod shuffle passen ungefähr 240 Titel. Vorausgesetzt natürlich, Sie haben so viele in Ihrer Musikbibliothek.) Diese Funktion Ihres iPod shuffle wird (wenig überraschend) als »Automatisch füllen« bezeichnet.

---

iTipp: Einen Titel löschen

Um einen Titel von Ihrem iPod shuffle zu löschen, klicken Sie auf das Icon des iPod shuffle in der Geräteliste von iTunes (auf der linken Seite des iTunes-Fensters), wenn Ihr iPod shuffle an Ihren Computer angeschlossen ist. Im Hauptfenster werden jetzt alle Titel angezeigt, die auf dem iPod shuffle vorhanden sind. Um einen Titel zu löschen, klicken Sie darauf und drücken die Löschtaste (PC: ⬅) auf Ihrer Tastatur.

Titel bekommen, die Sie tatsächlich haben wollen

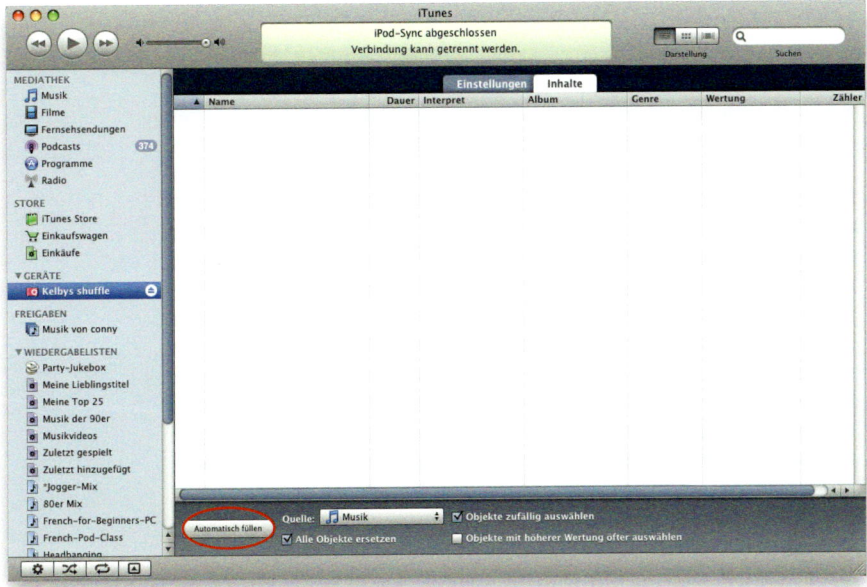

Wenn Sie den iPod shuffle das erste Mal an Ihren Computer anschließen, wählt iTunes zufällige Titel aus Ihrer Musikbibliothek aus und lädt sie auf Ihren iPod shuffle, bis er voll ist. Anstelle Ihrer kompletten Musikbibliothek wollen Sie stattdessen jedoch vielleicht Titel von einer Ihrer Wiedergabelisten nehmen. (Als beispielsweise iTunes zum ersten Mal Musik auf meinen iPod shuffle geladen hat, wählte es auch einige Weihnachtslieder aus. Das ist im Dezember ganz prima, aber dummerweise hatten wir gerade September.) Um also das automatische Füllen von einer Wiedergabeliste aus zu erledigen (statt aus der gesamten Musikbibliothek), schließen Sie Ihren iPod shuffle an und klicken dann auf das Icon des iPod shuffle in der Geräteliste auf der linken Seite des iTunes-Fensters. Klicken Sie auf den Karteireiter INHALT im oberen Teil der Darstellung, um den Inhalt Ihres iPod zu enthüllen. Das Feld AUTOMATISCH FÜLLEN erscheint direkt unterhalb des Hauptfensters von iTunes (siehe oben). Wählen Sie im Popup-Menü QUELLE die Wiedergabeliste, von der die Musik kommen soll, und klicken Sie dann auf den Button AUTOMATISCH FÜLLEN auf der linken Seite des Felds. Wenn die Checkbox ALLE OBJEKTE ERSETZEN eingeschaltet ist, löscht iTunes die Titel, die auf Ihrem iPod shuffle waren, als Sie ihn das erste Mal angeschlossen haben (falls es überhaupt schon Titel auf dem Gerät gab), und ersetzt sie durch die Musik aus Ihrer momentan ausgewählten Wiedergabeliste.

Ihren iPod shuffle einschalten

Der Schalter des iPod shuffle befindet sich an der Unterseite. Um den iPod einzuschalten, schieben Sie den runden Knopf nach rechts (siehe oben), bis der grüne Balken zu sehen ist. Beim Einschalten des iPod shuffle leuchtet außerdem für einige Sekunden eine grüne LED-Statusanzeige rechts neben dem Ein-/Ausschalter. Um Ihren iPod shuffle auszuschalten, schieben Sie den Knopf wieder zurück nach links in die OFF-Position (wobei der grüne Streifen verdeckt wird).

---

iTipp: Eine bessere Zufallsliste erhalten

Sie wollen, dass die Funktion Automatisch füllen ein bisschen mehr Umsicht an den Tag legt, wenn sie Titel für Ihren iPod shuffle auswählt? Dann sorgen Sie dafür, dass der Radiobutton Objekte mit höherer Wertung öfter auswählen aktiviert ist. Auf diese Weise werden bei der Auswahl der 240 Titel solche Titel stärker berücksichtigt, die Sie höher bewertet haben (das heißt, Titel, die Ihnen besser gefallen). Sie erhalten also eine bessere zufällige Wiedergabeliste.

Die Titel auf Ihrem iPod shuffle anhören

Gut, Ihre Titel befinden sich jetzt also auf dem iPod shuffle – nun wollen Sie sie anhören. Stecken Sie die Ohrstöpsel (die mit dem iPod shuffle geliefert wurden) in den Kopfhöreranschluss an der Oberseite des iPod shuffle und drücken Sie den Start-/Pause-Knopf in der Mitte des runden Steuerfelds, um einen Titel zu hören. Um den gerade abgespielten Titel anzuhalten, drücken Sie erneut auf den in der Mitte gelegenen Start-/Pause-Knopf. Sollte Ihnen der aktuelle Titel nicht gefallen, dann können Sie ihn überspringen, indem Sie auf den Nächster Titel/Vorwärtsspulen-Knopf auf der rechten Seite des runden Steuerfelds drücken (ich muss sicher nicht erwähnen, dass der vorhergehende Titel abgespielt wird, wenn Sie auf den entsprechenden Knopf auf der linken Seite des Steuerfelds – den Vorheriger Titel/Zurückspulen-Knopf – drücken). Falls Sie übrigens den Nächster Titel/Vorwärtsspulen-Knopf drücken und halten (anstatt ihn nur einmal zu drücken), spult der iPod shuffle schnell durch den gerade laufenden Titel (wenn Sie den Vorheriger Titel/Zurückspulen-Knopf drücken und halten, wird entsprechend zurückgespult).

---

iTipp: An den Anfang springen

Wollen Sie irgendwann einmal an den Anfang Ihrer Wiedergabeliste zurückspringen, dann drücken Sie dreimal schnell hintereinander den Start-/Pause-Knopf.

Die Lautstärke einstellen

Um die Lautstärke zu erhöhen, drücken Sie den Plus-Knopf (+) oben an dem runden Steuerfeld. Um die Lautstärke abzusenken, drücken Sie den Minus-Knopf (–) unten an dem Steuerfeld.

iTipp: Hörbücher anhören

Sie wollen Hörbücher mit Ihrem iPod shuffle hören? Kein Problem, Sie müssen sie aber manuell auf den iPod shuffle ziehen, da die iTunes-Funktion AUTOMATISCH FÜLLEN Hörbücher nicht einbezieht. Das ist merkwürdig. War es schon immer.

Manuell Titel zu Ihrem iPod shuffle hinzufügen

Sie müssen nicht auf die Funktion AUTOMATISCH FÜLLEN zurückgreifen, um Musik auf Ihren iPod shuffle zu bekommen – ziehen Sie einfach die gewünschten Titel aus Ihrer iTunes-Musikbibliothek direkt auf das Icon des iPod shuffle. Das erscheint in der Quellenliste (auf der linken Seite des iTunes-Fensters), wenn Ihr iPod shuffle an Ihren Computer angeschlossen wird. Lassen Sie die Titel dort fallen.

---

iTipp: Wiedergabelisten in die gleiche Reihenfolge bekommen

Wenn die Titel, die sich auf Ihrem iPod shuffle befinden, genau die gleiche Reihenfolge aufweisen sollen wie in der Wiedergabeliste, aus der Sie sie übernommen haben, dann gehen Sie in das AUTO-MATISCH-FÜLLEN-Feld im unteren Bereich des iTunes-Fensters und deaktivieren Sie die Checkbox OBJEKTE ZUFÄLLIG AUSWÄHLEN. Jetzt werden die Titel nicht zufällig ausgewählt, sondern sie erscheinen auf Ihrem iPod shuffle in der gleichen Reihenfolge wie in der ausgewählten Wiedergabeliste in iTunes.

Beim Abspielen die Batterie prüfen

Falls Sie sich fragen, wie viel Saft noch auf der Batterie Ihres iPod shuffle ist, müssen Sie nicht extra das Abspielen unterbrechen, um es herauszufinden (wie in der Originalversion). Schalten Sie während des Abspielens schnell den iPod shuffle aus und dann wieder an. Die Status-LEDs der Batterie zeigen Ihnen, in welchem Ladezustand sich die Batterie befindet, ohne dass die Musik stoppt. Der Trick besteht natürlich darin, schnell zu sein. Ausschalten und dann ganz schnell wieder einschalten. Wenn die Musik anhält, waren Sie nicht schnell genug. Sollten Sie allerdings Probleme damit haben, Ihren iPod shuffle schnell genug aus- und wieder anzukriegen, dann ist die Unterbrechung der Musik wahrscheinlich nicht Ihr größtes Problem. (Hallo, ich habe nur Spaß gemacht. Kommen Sie, das war wirklich lustig. Ein echter Brüller. Ein Schenkelklopfer – aber nur für den rechten Schenkel.)

---

iTipp: Die Seriennummer finden

Wollen Sie wissen, wo sich die Seriennummer Ihres iPod shuffle befindet? Wenn Sie den Clip Ihres iPod shuffle öffnen, dann sehen Sie zwei Reihen mit dreieckigen Zähnen – eine ist am iPod selbst befestigt und eine am Clip. Die Seriennummer steht auf den dreieckigen Zähnen am eigentlichen Gehäuse des iPod.

Wie mehr Titel auf Ihren iPod shuffle passen

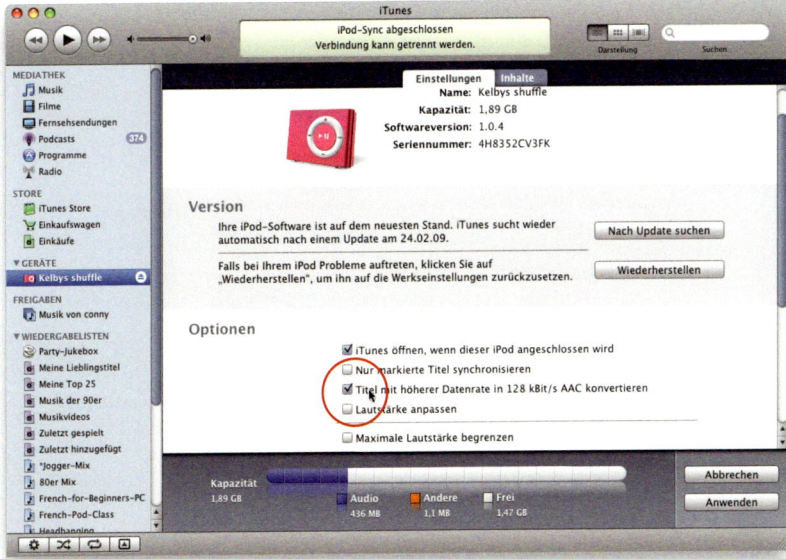

Falls Sie so viele Titel wie möglich auf Ihren iPod shuffle bekommen wollen, können Sie iTunes veranlassen, automatisch Ihre MP3-, AIFF- und WAV-Dateien nach AAC zu konvertieren (wie oben gezeigt). Klicken Sie in der Geräteliste auf den iPod shuffle, wählen Sie dann im Hauptfenster den Karteireiter EINSTELLUNGEN und aktivieren Sie die Checkbox TITEL MIT HÖHERER DATENRATE IN 128 KBIT/S AAC KONVERTIEREN. Oh, Sie müssen sich keine Sorgen machen, dass Ihre Originaltitel verändert werden – die Titel werden erst beim Laden auf den iPod shuffle umgewandelt; die Musik in Ihrer iTunes-Musikbibliothek bleibt davon unberührt.

---

iTipp: Ein zweites Dock besorgen

Ihr iPod shuffle bringt zwar sein eigenes Dock mit, doch falls Sie Bedarf für ein zweites Dock verspüren (eines für zuhause, eines für Ihr Büro?), können Sie sich im Apple Store eines bestellen. Passen Sie auf, wie neidisch Ihre Nachbarn sein werden. Sie werden Sie für geradezu dekadent halten.

Feststellen, wie viel Strom noch in der Batterie ist

Es gibt sowohl oben als auch unten an Ihrem iPod shuffle eine LED für den Batteriestatus (Sie brauchen sie an beiden Stellen, da Sie das Gerät mit dem Clip an Ihrer Kleidung befestigen und daher nicht wissen können, welche Seite oben ist). Wenn Sie den iPod shuffle einschalten, zeigen die LEDs den Ladezustand an. Sind die LEDs grün, dann ist die Batterie recht voll. Leuchten sie gelb, dann leert sich die Batterie und sollte in nächster Zeit wieder geladen werden, indem Sie Ihren iPod shuffle in sein Dock stellen und das Dock an den USB-Anschluss Ihres Computers anschließen. Leuchtet die LED rot, dann ist die Batterie fast leer und Sie werden bald »The Sounds of Silence« hören. Wenn die LED überhaupt nicht leuchtet, dann war's das – die Batterie ist leer und muss wieder aufgeladen werden, bevor Sie irgendetwas damit anstellen können. Stecken Sie also Ihren kleinen Liebling für wenigstens zwei Stunden in das Dock, das an den USB-Port Ihres Computers angeschlossen ist. Um die Batterie vollständig zu laden, müssen Sie vier Stunden einplanen.

---

iTipp: Nach dem Einstellen ins Dock

Wenn Sie Ihren iPod shuffle in das Dock stellen und das Dock an den USB-Anschluss Ihres Computers anschließen, dann leuchten die LED-Statusanzeigen (oben und unten am iPod shuffle) gelb und informieren Sie auf diese Weise, dass die Batterie geladen wird. Ist sie dann voll, leuchten die LEDs grün.

Die Tasten sperren

*Drücken und halten Sie den Start-/Pause-Knopf
drei Sekunden lang.*

Bevor Sie den iPod shuffle in Ihre Tasche stopfen, sollten Sie die Tasten an der Vorderseite sperren, damit Ihr iPod shuffle nicht versehentlich die Titel wechselt, anhält usw. Dazu drücken und halten Sie den Start-/Pause-Knopf drei Sekunden lang. Die LED-Statusanzeigen (oben und unten) flackern erst grün und dann dreimal gelb, um anzuzeigen, dass alles sicher gesperrt ist. Wenn Sie auf einen gesperrten Knopf drücken, flackern gelbe LEDs einmal auf und setzen Sie darüber in Kenntnis, dass die Tasten gesperrt sind. Um die Knöpfe des Steuerfelds wieder zu entsperren, drücken und halten Sie den mittleren Start-/Pause-Knopf wieder für drei Sekunden. Die LEDs flackern dreimal grün, um anzuzeigen, dass die Sperre aufgehoben wurde.

---

iTipp: Zwei Anwendungen für den Kopfhöreranschluss

Der Kopfhöreranschluss am iPod shuffle erfüllt zwei Aufgaben: (1) Natürlich bildet er in erster Linie die Stelle, an der Sie Ihren Kopfhörer anschließen können, aber er ist (2) der Anschluss für den Stecker des Dock, über den der iPod shuffle geladen und mit iTunes synchronisiert wird.

Irgendetwas ist merkwürdig? Zurücksetzen bitte!

Falls etwas schiefzugehen scheint (Ihr iPod shuffle spielt keine Musik mehr ab usw.), müssen Sie Ihren iPod shuffle möglicherweise zurücksetzen. Schalten Sie ihn dazu mit dem runden Ein-/Ausschalter an der Unterseite des Geräts aus und warten Sie fünf Sekunden. Schalten Sie ihn dann wieder an. Das sollte geholfen haben.

---

iTipp: Aufladen ohne Computer

Falls Sie gerade keinen Computer zur Hand haben, aber dennoch Ihren iPod shuffle aufladen müssen (z.B. im Urlaub), können Sie das Dock des iPod shuffle an den iPod-USB Power Adapter von Apple anschließen, der direkt in die Steckdose gesteckt wird. Dieses Teil gibt es im Apple Store (bzw. bei Ihrem lokalen Apple-Händler).

Dateien auf Ihrem iPod shuffle speichern

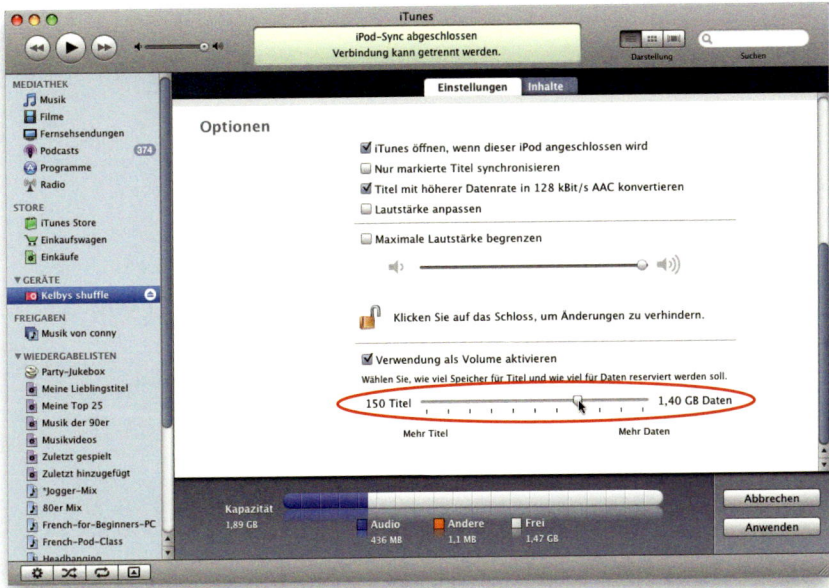

Sie können Ihren iPod shuffle ganz einfach dazu bringen, nicht nur Musik zu speichern, sondern auch Nichtaudiodateien, so dass er im Prinzip als Flash-Laufwerk agieren kann. Und so geht's: Nachdem Sie Ihren iPod shuffle an Ihren Computer angeschlossen haben, klicken Sie in iTunes auf den iPod shuffle in der Geräteliste. Klicken Sie dann auf den Karteireiter EINSTELLUNGEN oben in der Mitte des Hauptfensters. Im Abschnitt OPTIONEN aktivieren Sie die Checkbox VERWENDUNG ALS VOLUME AKTIVIEREN, dann stellen Sie mit Hilfe des Schiebereglers ein, wie viel Musik und wie viele Daten Sie speichern können wollen. (Während Sie den Regler verschieben, erhalten Sie sofort Rückmeldung darüber, wie sich das Verhältnis von Musikspeicherplatz zu Datenspeicherplatz ändert.) Wenn Sie auf ANWENDEN klicken, erscheint Ihr iPod shuffle auf dem Schreibtisch (auf einem Mac) oder als verfügbares Laufwerk (auf einem Windows-PC). Jetzt können Sie Dateien direkt auf den iPod shuffle ziehen und dort fallenlassen, wobei Sie ihn behandeln wie ein portables Flash-Laufwerk. *Hinweis:* Um die Daten auf Ihrem iPod shuffle zu schützen, klicken Sie immer auf den AUSWERFEN-Button in iTunes, bevor Sie das Gerät entfernen (siehe nächste Seite).

Wann müssen Sie den iPod shuffle auswerfen?

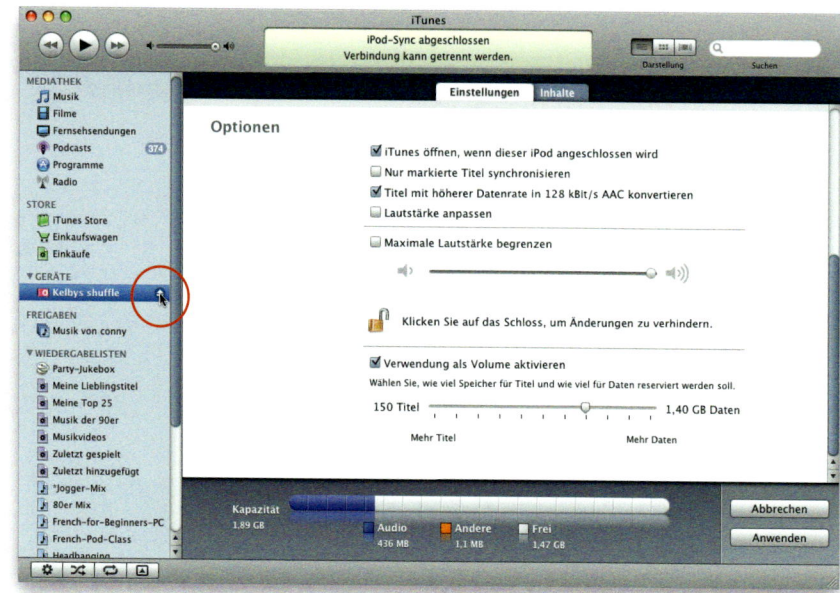

Falls Sie den iPod shuffle nur zum Abspeichern von Musik verwenden, müssen Sie nichts Besonderes tun, wenn Sie ihn vom Computer trennen wollen – nehmen Sie ihn einfach aus dem Dock und ziehen Sie das USB-Kabel von Ihrem Computer ab. Achten Sie lediglich darauf, dass Sie das nicht tun, während er sich aktualisiert. Schauen Sie einfach in die Statusleiste oben im iTunes-Fenster. Wenn iTunes die Aktualisierung des iPod shuffle abgeschlossen hat, wird dies in der Statusleiste mitgeteilt. Sollten Sie jedoch Ihren iPod dazu verwenden, um sowohl Musik als auch Daten (andere Nichtaudiodateien von Ihrem Computer) zu speichern, dann müssen Sie zuerst sicherstellen, dass Ihr iPod die Aktualisierung abgeschlossen hat, und anschließend müssen Sie auf den Auswerfen-Button rechts neben dem Namen Ihres iPod in der Geräteliste klicken. Wenn Sie dies tun, »mountet« iTunes Ihren iPod shuffle »ab«, so dass Sie ihn vom Computer entfernen können, ohne dass das Risiko besteht, Daten zu beschädigen. Noch einmal, Sie müssen den Auswerfen-Button nur betätigen, wenn Sie die Option Verwendung als Volume aktivieren in den iPod-Einstellungen eingeschaltet haben. Ansonsten können Sie Ihren iPod shuffle nach der Aktualisierung einfach wieder mitnehmen.

Wie Sie den iPod shuffle wiederherstellen

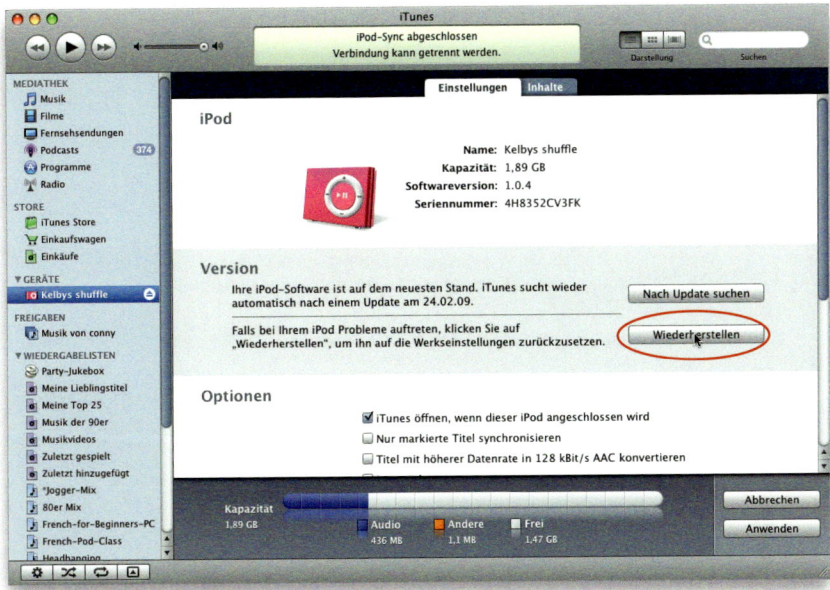

Auch wenn es selten vorkommt, kann es passieren, dass Sie eines Tages Ihren iPod shuffle einschalten und die LEDs zuerst grün und dann zweimal nacheinander gelb blinken, wobei sich das für etwa 10 Sekunden wiederholt. Ihr iPod möchte Ihnen damit auf seine Weise mitteilen, dass etwas ganz furchtbar schiefgegangen ist. Sie können das Problem beheben, indem Sie die Werkseinstellungen des iPod shuffle wiederherstellen. Dazu stecken Sie ihn zuerst in das Dock, das mit ihm geliefert wurde, und schließen dieses Dock dann an Ihren Computer an. Wenn iTunes sich öffnet, klicken Sie auf den iPod shuffle in der Geräteliste auf der linken Seite des iTunes-Fensters und dann auf den Karteireiter EINSTELLUNGEN im oberen Teil des Hauptfensters. In den Einstellungen klicken Sie im Abschnitt VERSION auf den Button WIEDERHERSTELLEN. Damit wird der Inhalt Ihres iPod shuffle gelöscht und der shuffle neu formatiert. Die Originalwerkseinstellungen werden wiederhergestellt und am wichtigsten – das Problem ist behoben. Nach der Wiederherstellung können Sie mit der Funktion AUTOMATISCH FÜLLEN erneut Musik auf Ihren iPod shuffle laden. Oder Sie nehmen das Laden manuell vor (wie weiter vorn beschrieben).

Ihre Musik in einer festen Reihenfolge abspielen

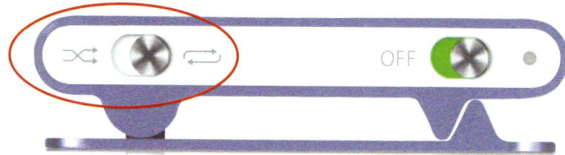

Auch wenn es das ureigene Wesen des iPod shuffle ist, »besteht das Leben nicht nur aus Zufäl-len« – denn Sie können die Musik nicht nur in einer absolut zufällig durcheinandergewürfelten Form abspielen, sondern auch in der Reihenfolge Ihrer Wiedergabeliste, um Konformität und Ordnung in Ihr ansonsten chaotisches und beliebiges Leben zu bringen. (Den letzten Teil des Satzes habe ich um des dramatischen Effekts willen eingefügt. Mein Verleger hat mir gesagt, dass man damit mehr Bücher verkaufen könne.) Kurz gesagt, Sie können Ihre Titel zufällig oder in der Reihenfolge der Wiedergabeliste abspielen – Sie haben die Wahl. Benutzen Sie dazu den Schalter an der unteren linken Seite Ihres iPod shuffle. Wenn der runde Knopf sich in der linken Position befindet, spielt Ihr iPod shuffle die Musik in zufälliger Reihenfolge ab. Schieben Sie ihn nach rechts, herrscht wieder Ordnung, das heißt, die Musik wird in der Reihenfolge dargeboten, wie sie auf der Wiedergabeliste zu finden ist. Freigeister gehen also nach links, Ordnungsliebende nach rechts.

Entfesseln Sie Ihren inneren Kontrollfreak

Wollen Sie wirklich einmal ernsthafte Kontrolle über einen Musikspieler ausüben, der eigentlich das Zufällige zum Prinzip erhoben hat? Dann schauen Sie sich das hier an: Sie können alles so einrichten, dass Ihre am höchsten bewerteten Titel zuerst gespielt werden, anschließend folgen die Vier-Sterne-Titel usw. Zuerst gehen Sie ins iTunes und klicken auf Ihren iPod shuffle in der Geräteliste auf der linken Seite des iTunes-Fensters. Klicken Sie dann auf den Spaltenkopf MEINE WERTUNG, um alle Titel entsprechend der Bewertung zu sortieren (höchste Bewertung nach oben, niedrigste nach unten). Zum Schluss [Ctrl]-klicken (PC: rechtsklicken) Sie auf Ihren iPod shuffle in der Geräteliste und wählen in dem Kontextmenü ZUR ABSPIELREIHENFOLGE KOPIEREN. Ihr iPod shuffle wird jetzt so angepasst, dass Ihre Lieblingstitel zuerst abgespielt werden, wenn der Schalter auf »Wiedergabe in normaler Reihenfolge« steht. Das ist nur ein Beispiel: Sie könnten auch nach dem Genre sortieren lassen, damit alle R&B-Titel zuerst kommen, oder nach der Zeit, so dass Sie zuerst die langen Schinken hören (merken Sie, wohin das führen kann? Totale Kontrolle über die Wiedergabe). Vergessen Sie nur nicht, ZUR ABSPIELREIHENFOLGE KOPIEREN zu wählen, nachdem Sie Ihre Spalten sortiert haben, damit Ihr iPod shuffle mit den gleichen Informationen aktualisiert wird.

Kapitel 10

Proof of Purchase

Den iTunes Store benutzen

Apple hat die Musikindustrie für immer verändert, als es den iTunes Store mit seiner »Fairplay«-Technik eingeführt hat, der die Rechte der Künstler wahrt, die ihre Musik für ein legales Herunterladen zur Verfügung stellen. Es war revolutionär und – noch wichtiger – es hat funktioniert. Inzwischen stehen mehr als sechs Millionen Titel im iTunes Store zum legalen Herunterladen zur Verfügung. Ich nenne ihn manchmal ITS, da ich ansonsten alt werde, wenn ich »iTunes Store« immer ausschreibe. Und nicht nur ich, sondern auch Sie – der Leser (und natürlich die Leserin). Dafür gibt es schließlich Akronyme. Die Leute haben genug davon, lange Namen zu lesen, zu schreiben und gar noch auszusprechen. Beispielsweise lautet mein wirklicher, vollständiger Name (wie er auf meiner Geburtsurkunde steht): Stephen Charles Oscar Theodore Thaddeus Kevin Edward Lawrence Bradley Young. Nachdem ich mich mehr als 26 lange Jahre damit herumgequält habe, ihn auszuschreiben, habe ich mir schließlich stattdessen das Akronym SCOTT KELBY ausgedacht, das viel einfacher zu schreiben ist und dessen Bedeutung Ihnen viel offensichtlicher sein wird (ähnlich wie bei IBM oder UPS). In den folgenden drei Jahren habe ich das Akronym immer in Großbuchstaben geschrieben. Sobald ich aber merkte, dass die meisten Leute wussten, was es bedeutete, habe ich angefangen, nur noch die Anfangsbuchstaben der beiden Wörter großzuschreiben, also: Scott Kelby. Nun zum Namen dieses Kapitels – es ist eigentlich der Name einer Band, Proof of Purchase. Momentan (das heißt, zu dem Zeitpunkt, als ich dieses Buch schrieb) können Sie zwei Titel dieser Band im ITS finden. Ich habe mir die 30-sekündige Preview ihres Titels »Fallacy« angehört und mich fast zu Tode geängstigt. Hören Sie sich das nie im Dunkeln an. Es ist viel zu Furchtbar, Schrecklich und Katastrophal. Es ist FSK.

Den iTunes Store durchstöbern

Sie können den iTunes Store besuchen, indem Sie auf der linken Seite des iTunes-Fensters auf den entsprechenden Eintrag klicken. Im Prinzip ist der Store fast wie eine Website aufgebaut – es gibt eine Homepage und Links auf andere Seiten (ohne Internetverbindung ist ein Zugriff auf den iTunes Store gar nicht möglich; man könnte iTunes daher als eine Art Webbrowser für den Store betrachten). Es gibt auf der Homepage drei Spalten. Über die Links, die in der linken Spalte oben stehen, greifen Sie auf die Hauptbereiche des Store zu (Musik, TV-Sendungen, Musikvideos usw.). Über das kleine Haus-Icon in der linken oberen Ecke des iTunes-Hauptfensters gelangen Sie immer wieder zurück auf die Homepage. Um auf die vorhergehende Seite zu kommen, drücken Sie den Zurück-Button (links neben dem Haus-Icon). Falls Sie sich verirrt haben, helfen Ihnen die kleinen Karteireiter rechts neben dem Haus-Icon. Sie zeigen den Weg von der Homepage auf diese Seite. Wenn Sie sie anklicken, gehen Sie wieder zurück.

---

iTipp: Tastenkürzel zur Navigation

Wie bei einem Webbrowser können Sie mittels Tastenkürzeln zur vorhergehenden Seite zurückkehren. Um zum Beispiel eine Seite zurückzuspringen, drücken Sie ⌘-[(PC: Strg-[). Das ist die linke eckige Klammer. Um eine Seite vorwärtszuspringen, drücken Sie ⌘-] (PC: Strg-]) – das ist die rechte eckige Klammer.

Die Homepage-Navigationspunkte

In der mittleren Spalte der Homepage des iTunes Store gibt es besondere Bereiche für Neu-veröffentlichungen und exklusiv im ITS erschienene Titel, Mitarbeitertipps und Kostenloses. Es sind viele Titel, auch wenn nur einige sichtbar sind. Klicken Sie die blauen, runden Pfeil-Buttons links und rechts des jeweiligen Bereichs an, um die anderen Titel zu sehen. Wie oft müssen Sie also klicken, um alles zu sehen? So bekommen Sie es heraus: In der Titelleiste der jeweiligen Bereiche gibt es kleine Navigationspunkte. Wenn Sie drei Punkte sehen, gibt es drei Infoseiten. Sie können auf einen der Punkte klicken, um direkt zu einer der Seiten zu springen (falls Sie zur dritten Seite wollen, klicken Sie auf den dritten Punkt). Um zurück zur ursprünglichen Home-page-Gruppe zu gelangen, klicken Sie wieder auf den ersten Kreis. Sehen Sie, es sind die kleinen Dinge, nicht wahr?

---

iTipp: Alle Neuveröffentlichungen anschauen

Sie wollen sich schnell einmal anschauen, was kürzlich zum iTunes Store hinzugekommen ist? Natürlich könnten Sie durch die Neuerscheinungen scrollen oder mit Hilfe der kleinen Punkte oben im Neuerscheinungen-Bereich navigieren. Mit dieser Abkürzung können Sie jedoch auch auf einen Blick feststellen, was diese, letzte, vorletzte und vorvorletzte Woche neu war. Das stimmt, anstatt auf die nach links oder rechts weisenden blauen Pfeile zu klicken, klicken Sie einfach auf die Worte ALLE ANZEIGEN in der oberen rechten Ecke des Neuerscheinungenfelds. Es wird eine Seite angezeigt, auf der Sie alles sehen, was in den letzten vier Wochen neu war. Hübsch.

Sie können auch durch den iTunes Store blättern!

Die Genre-Übersicht funktioniert im iTunes Store recht gut, da jedem Titel ein Genre zugewiesen ist. Falls Sie also alle Comedy-Titel durchblättern wollen, dann klicken Sie auf den ÜBERSICHT-Button in der oberen rechten Ecke (unter »Alles auf einen Klick«) und auf MUSIK in der iTunes-Store-Liste auf der linken Seite. Anschließend wählen Sie COMEDY in der GENRE-Liste und ALLE als Unterkategorie. In der Interpretenliste (oben in der Mitte) erscheinen alle Comedians, für die herunterladbare Titel zur Verfügung stehen. Wenn Sie einen Interpreten anklicken, dann werden oben auf der rechten Seite alle Alben von ihm oder ihr angezeigt. Die Titel eines Albums erscheinen im Hauptfenster, sobald Sie das jeweilige Album anklicken. *Warnung:* Wenn Sie das ausprobieren, werden Sie es mögen und auch in Ihrer eigenen Musikbibliothek die Genre-Übersicht benutzen, obwohl Sie dachten, dass Sie das Blättern und die Übersicht nicht leiden können. Ich mein' ja nur.

---

iTipp: Man kann fast alles anklicken

Im ITS steckt mehr, als man auf den ersten Blick vermutet, da nahezu alles, was Sie sehen, ange-klickt werden kann. Wenn Sie also eine Suche durchführen und im oberen Teil des Fensters einige Album-Cover erscheinen, dann versuchen Sie einmal, mit dem Cursor über den Text neben dem Album zu streichen – etwa über den Namen eines Künstlers. Er wird mit einem Link hervorge-hoben, der Sie nicht nur zu dem Album, sondern zum gesamten Werk des Künstlers führt. Sie können sogar die Explicit-Warnung anklicken und erhalten eine ausführliche Beschreibung, was »explicit« bedeutet. Nur falls Sie sich fragen, es bedeutet »wirklich unanständiger Kram«.

Sinnvoll suchen

Die Ergebnisse einer Suche werden in der Reihenfolge ihrer Relevanz in Bezug auf den Titelnamen (oder Interpreten usw.) angezeigt, den Sie eingegeben haben. Das bedeutet jedoch nicht, dass der Titel, den Sie haben wollen, ganz oben steht – im Gegenteil –, weshalb ich normalerweise diese Ergebnisse anschließend noch einmal anhand anderer Kriterien sortiere, um das zu finden, wonach ich suche. Zum Beispiel suche ich nach dem Titel »The Other Side« (Aerosmith-Version). Wenn ich aber »Other Side« in das Suchfeld eintippe, gibt es 150 Ergebnisse und ganz oben (sortiert nach Relevanz) steht »Otherside« von den Red Hot Chili Peppers. Wie finde ich also am schnellsten die Aerosmith-Version? Klicken Sie auf die Interpreten-Spalte, wodurch die Ergebnisse alphabetisch nach dem Künstler umsortiert werden.

ITipp: Schnell durch die Vorschauen blättern

Da es mehr als sechs Millionen Titel im ITS gibt, können Sie sich sicher sein, dass es mehrere Versionen eines Titels gibt (sogar mehrere Versionen vom gleichen Interpreten – die Live-Version, die Unplugged-Version usw.). Um die richtige Version aufzuspüren, müssen Sie möglicherweise viele 30-Sekunden-Vorschauen anhören. Mit diesem Trick können Sie die Sache beschleunigen: Wenn die Liste der gefundenen Titel erscheint, doppelklicken Sie auf den ersten Titel in der Liste. Sobald Sie merken, dass es nicht die gewünschte Version ist, drücken Sie den Rechtspfeil auf Ihrer Tastatur und die Vorschau des nächsten Titels startet. Drücken Sie so lange den Rechtspfeil, bis Sie die richtige Version gefunden haben. Damit sparen Sie eine Menge Zeit!

Nichts zu finden? Probieren Sie eine erweiterte Suche!

Wenn die normale ITS-Suche Sie nicht weiterbringt (vielleicht suchen Sie ja nach einem wirklich obskuren Titel und können ihn nicht finden, haben aber das Gefühl, dass er irgendwo sein muss – möglicherweise wissen Sie nicht genau, wie der Interpret geschrieben wird oder so etwas), können Sie die erweiterte Suche ausprobieren, die es Ihnen erlaubt, Ihre Suchkriterien zu verfeinern. Um eine erweiterte Suche auszuführen, gehen Sie auf die ITS-Homepage und klicken in den Quicklinks (das ist der Bereich »Alles auf einen Klick«) auf der oberen rechten Seite des Bildschirms auf ERWEITERTE SUCHE. Im oberen Bereich Ihres Hauptfensters erscheint ein ausführlicherer Suchbereich. Jetzt können Sie in mehreren Bereichen auf einmal suchen (zum Beispiel nach Interpret, Komponist, Titel, Album und/oder Genre). He, es lohnt sich.

---

iTipp: Apples Formular für Musikwünsche

Sie haben den ganzen iTunes Store durchsucht und können den gewünschten Titel nicht finden? Sagen Sie es Apple. Richtig, Apple hat ein Anforderungsformular für Musik, in dem Sie angeben können, welche Titel Ihnen im iTunes Store noch fehlen. Um dieses Online-Formular zu finden, besuchen Sie www.apple.com/feedback/itunes.html und teilen dort im Kommentarfeld den Namen des Titels und des Interpreten mit, die Sie vorzufinden wünschen. Es gibt natürlich keine Garantie, aber wenn es so dringend ist, dass Sie es Apple mitteilen müssen, dann sind Sie möglicherweise ja nicht der Einzige mit diesem Wunsch. Und je häufiger etwas gewünscht wird, umso wahrscheinlicher ist es, dass Sie damit Erfolg haben. Probieren Sie es einfach.

Schnell alle Titel eines Interpreten finden

Falls Sie von einem Künstler mehr erfahren möchten (vielleicht weil Sie nach Titeln suchen und in den Ergebnissen zufällig auf einen Michael Bublé-Titel stoßen), dann klicken Sie hinter dem Namen des Interpreten einfach auf den kleinen grauen Kreis mit dem Pfeil darin. Sie gelangen direkt auf eine Seite, auf der alle Titel dieses Interpreten aufgeführt sind, die im iTunes Store zur Verfügung stehen. Manche Künstler haben sogar eine eigene Seite, auf der dann nicht nur ein großes hübsches Foto zu sehen ist, sondern mit hoher Wahrscheinlichkeit auch ein Link auf eine Biografie und manchmal auch auf die Website des Künstlers oder auf Exklusivveröffentlichungen. Klicken Sie auf den Biografie-Link und informieren Sie sich über den Künstler. Sie sparen sich den Weg auf seine Website. Probieren Sie es einmal aus – Sie werden es immer wieder benutzen.

---

iTipp: iTunes in anderen Ländern

Sie wollen sich einmal anschauen, wie der französische iTunes Store aussieht? Das ist leicht – begeben Sie sich auf die Homepage des iTunes Store. Ganz unten in der Mitte des Hauptfensters gibt es das Popup-Menü MEIN STORE – wenn Sie darauf klicken, erscheint eine Liste mit allen weltweit vorhandenen iTunes Stores. Wählen Sie ein anderes Land (z.B. Frankreich) aus und schauen Sie sich an, was dort los ist.

Ihre neu entdeckten Schätze per E-Mail verschicken

Wenn Sie gerade den coolsten Song im ITS entdeckt haben, dann können Sie einen Freund direkt zu diesem Song schicken. Öffnen Sie Ihr E-Mail-Programm (bei weiterhin sichtbarem ITS) und klicken und ziehen Sie das Albumcover des Titels (oder den Namen des Lieds – es funktioniert beides) in die geöffnete E-Mail-Nachricht. Die ITS-URL des Lieds wird in Ihre E-Mail eingefügt wie ein normaler Weblink. Ihr Freund muss jetzt nur noch auf den Link klicken und gelangt direkt an die richtige Stelle. Das ist großartig, wenn Ihr Freund/Ihre Freundin mit Ihnen Schluss gemacht hat. Sie können ihm bzw. ihr einen ganzen Haufen »Herzschmerz«-Lieder schicken, wie »Here Without You« von 3 Doors Down oder »What Happened To Us?« von Hoobastank oder den »The Breakup Song« von Greg Kihn – ich bin mir aber nicht sicher, ob dieser Titel die gewünschte Wirkung haben wird (der Name des Lieds ist gut, aber die Botschaft ist unpassend, wenn Sie versuchen, damit Sympathie für Ihr gebrochenes Herz zu wecken).

---

iTipp: iTunes Store-Updates

Nachdem Sie sich einen Haufen alter Klassiker von Ihren Lieblingskünstlern geleistet haben, wäre es doch cool zu wissen, ob diese irgendwann einmal etwas Neues herausbringen, oder?! Kein Problem – der iTunes Store erledigt das für Sie. Wenn Sie im Quicklinks-Bereich auf der rechten Seite auf MEINE UPDATES klicken, werden alle neuen Titel von Interpreten angezeigt, die Sie bereits heruntergeladen haben. Sie können den iTunes Store sogar veranlassen, Sie per E-Mail zu benachrichtigen, sobald einer »Ihrer« Künstler einen neuen Titel veröffentlicht.

Feststellen, ob Sie diesen Titel bereits haben

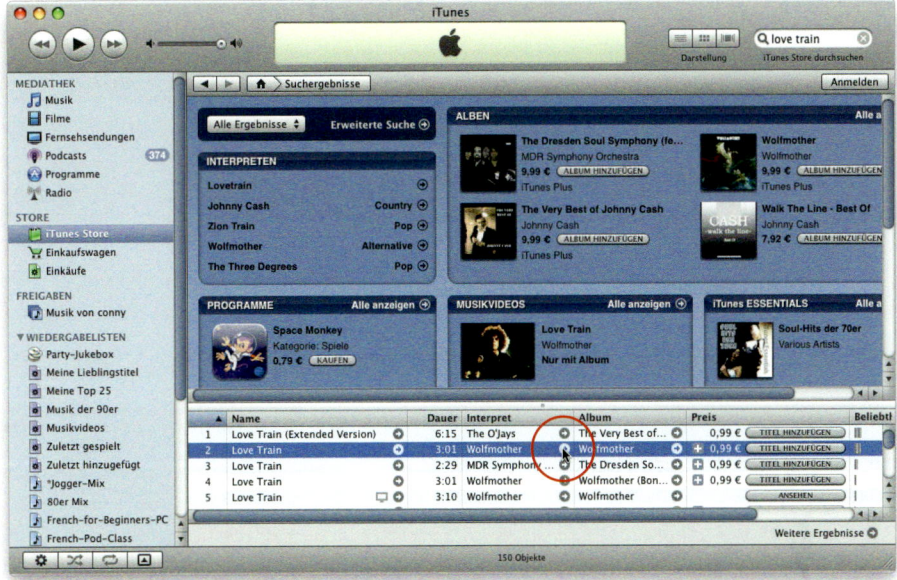

Okay, Sie durchstöbern den iTunes Store nach Musik und dabei kommt Ihnen ein Titel unter die Finger, den Sie wirklich mögen (sagen wir einmal »Love Train« von Wolfmother), und Sie sagen sich »Weeste, ick mag diesen Song würklich. Ick frage mir – habick den vielleicht schon?« Nun, fragen Sie sich nicht länger, denn hier ist eine schlaue und sehr schnelle Methode, um das herauszufinden – halten Sie die ⌘-Taste (PC: Strg-Taste) und klicken Sie auf den kleinen grauen Pfeil rechts neben dem Namen des Künstlers im iTunes Store. Sie springen aus dem ITS und direkt auf eine Liste mit Wolfmother-Songs in *Ihrer* Musikbibliothek, so dass Sie feststellen können, ob Sie ihn haben. Ehrlich, wie cool ist DAS denn – es verlässt den iTunes Store und zeigt Ihnen, welche Wolfmother-Songs Sie bereits in *Ihrer* Musikbibliothek haben (probieren Sie es einmal und Sie werden sehen, was ich meine).

---

iTipp: Ein Album vervollständigen

Falls Sie einen oder zwei Titel von einem bestimmten Album haben, können Sie dieses Album mit Hilfe des iTunes Store vervollständigen lassen. Dabei werden automatisch die fehlenden Titel gesucht, zusammengestellt, für den Kauf vorbereitet und heruntergeladen. Klicken Sie einfach in den Quicklinks auf ALBEN VERVOLLSTÄNDIGEN. Es werden alle Alben angezeigt, die vervollständigt werden können, welche Lieder dafür erforderlich sind und wie viel das kosten würde. Praktisch, oder?

Geschützte Titel kaufen

Die meisten Titel, die im iTunes Store zur Verfügung stehen, sind mittels DRM (Digital Rights Management; digitale Rechteverwaltung), einer beschränkten Art von digitalem Kopierschutz, geschützt. Beschränkt bedeutet, dass Sie Kopien auf Ihrem iPod sowie auf bis zu fünf von Ihnen autorisierten Computern anlegen dürfen. Das war es aber schon. Dieses DRM ist in die Titel eingebettet und verhIndert im Prinzip, dass Leute die Musik an ihre Kumpels weitergeben oder sie irgendwo zum Herunterladen anbieten. Es sorgt dafür, dass die Künstler zu ihrem Geld kommen, wenn die Titel im iTunes Store verkauft werden. Weil Apple das DRM in die Musik im iTunes Store eingebunden hat, bieten so viele Plattenfirmen ihre Musik im iTunes an und das ist ein Teil des Erfolgsgeheimnisses des iTunes Store. Wenn Sie also einen Titel im normalen iTunes Store kaufen, ist er üblicherweise mit DRM geschützt. Jetzt wissen Sie Bescheid.

---

iTipp: Benachrichtigungen im iTunes Store

Wenn Ihnen ein bestimmter Interpret gefällt, können Sie sich per E-Mail benachrichtigen lassen, sobald dieser Künstler einen neuen Titel (oder ein neues Album) im iTunes Store veröffentlicht. Suchen Sie nach Ihrem Lieblingskünstler, klicken Sie auf eines der Alben und klicken Sie dann auf der rechten Seite der Albumseite auf AUF DEM LAUFENDEN BLEIBEN (Sie müssen sich dann am iTunes Store anmelden). Das war's schon.

Ungeschützte Titel kaufen

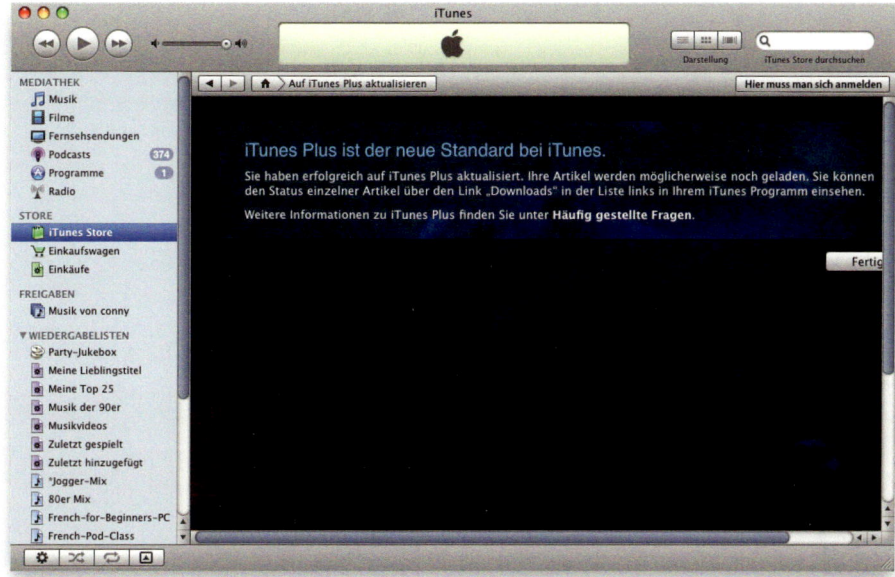

Obwohl alle Titel im iTunes Store von Anfang an DRM-geschützt waren, ist Apple Anfang 2007 von diesem Vorgehen abgewichen und hat damit begonnen, ungeschützte Musik-Downloads anzubieten, die keine Einschränkungen bezüglich der Verwendung der Musik (oder der benutzten MP3-Spieler) auferlegen. Diese uneingeschränkten Titel befinden sich in einem separaten Bereich namens iTunes Plus. Dort erhalten Sie die qualitativ besten Audiodateien, die Apple jemals angeboten hat. Um sie zu finden, klicken Sie auf den iTunes Plus-Link im Quicklinks-Bereich auf der rechten Seite der iTunes Store-Homepage. *Hinweis:* Nicht alle Titel stehen bei iTunes Plus zur Verfügung, da nur einige Plattenfirmen eingewilligt haben, ihre Musik ohne DRM anzubieten. Allerdings wächst das Angebot und ich kann mir vorstellen, dass mit der Zeit immer mehr Firmen auf diesen Zug aufspringen.

---

iTipp: Ihre Titel umstellen

Wenn Sie auf den iTunes Plus-Link klicken, durchsucht iTunes Ihre aktuelle Musiksammlung, stellt fest, welche von den Titeln, die Sie bereits haben, es auch bei iTunes Plus gibt, und bietet Ihnen die Möglichkeit, diese DRM-Versionen auf unbeschränkte Versionen umzustellen (für jeweils 30 Cent). Es teilt Ihnen genau mit, wie viele Titel sich dafür eignen und wie viel die gesamte Umstellung kosten wird (in meiner Sammlung hat es 16 Titel gefunden, so dass es 4,20$ kostet, sie alle umzuwandeln). Auch Musikvideos können umgestellt werden – für jeweils 60 Cent.

Das große Cover anschauen!

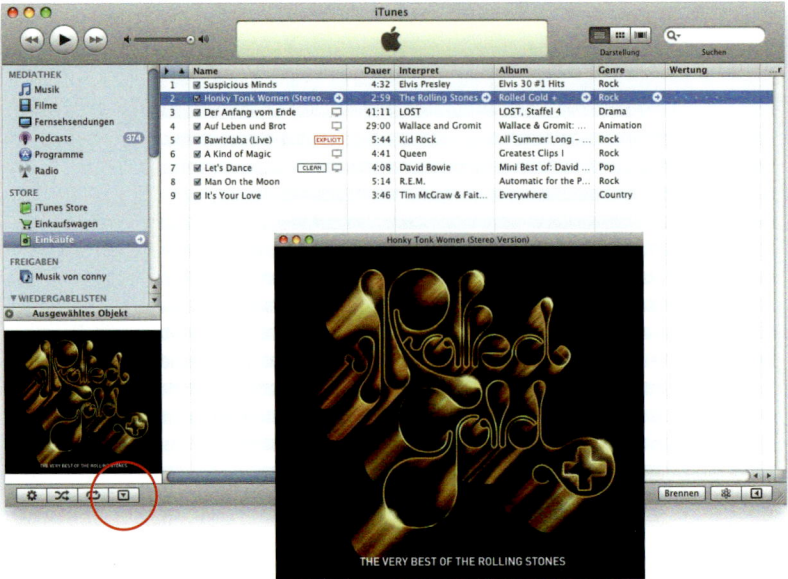

Wenn Sie Titel im iTunes Store kaufen, gibt es einen kleinen Bonus: Es wird nicht nur das Album-cover heruntergeladen (so dass Sie es sich in der linken unteren Ecke der iTunes-Oberfläche an-schauen können, wenn Sie auf den COVER-EINBLENDEN-Button klicken – das ist der vierte von links), sondern wenn Sie direkt auf das Cover klicken, wird ein separates schwebendes Fenster mit einer großen Version des Covers eingeblendet. Technisch gesehen könnten Sie eine große oder eine mittelgroße Version bekommen, je nachdem, wie lange es schon her ist, seit Sie den Titel vom ITS heruntergeladen haben, da die riesigen, nahezu bildschirmgroßen Cover eine neuere Funktion sind. Wie auch immer, es ist wirklich toll, die Cover in einer so großen Größe sehen zu können.

---

iTipp: Weitere Cover hinzufügen

Sie können sogar mehr als ein Albumcover pro Titel haben (z.B. ein Import-Cover oder ein Extended-Mix-Cover oder ein Single-Cover usw.). Ziehen Sie das gewünschte Cover aus Ihrem Webbrowser (von der Website der Band, wo Sie es gefunden haben) direkt über das Cover, das gerade da ist, und lassen Sie es fallen. Mit den kleinen Pfeilen über dem Albumcover können Sie zwischen den Covern wechseln.

Weshalb Sie Ihre gekauften Titel sichern müssen

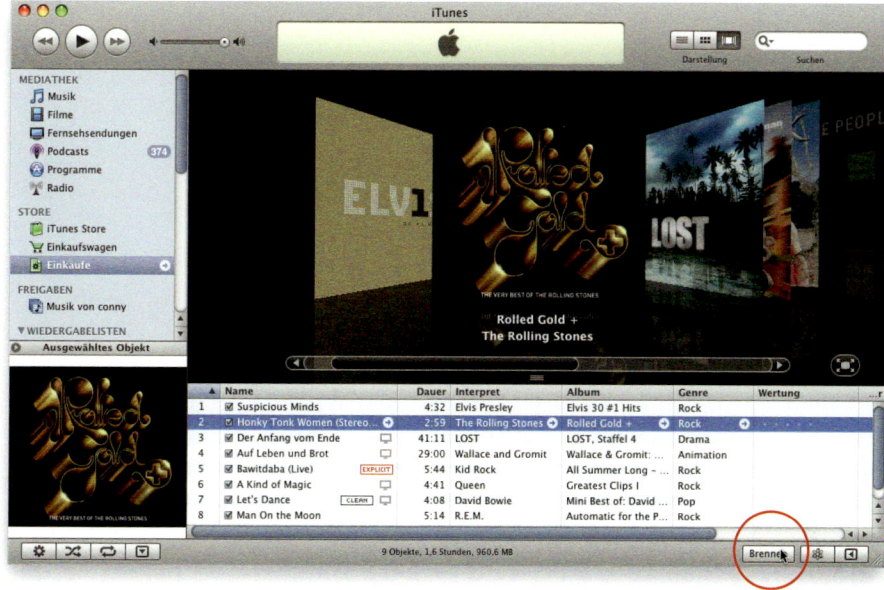

Sie denken sich vielleicht im Stillen: »He, kein Problem, wenn meine Festplatte irgendwann einmal den Geist aufgibt, Apple führt ja eine Statistik meiner iTunes-Einkäufe. Sollte der Mega-Crash-Tag kommen, dann schicke ich Apple einfach eine E-Mail und sie erlauben mir, alle meine gekauften Titel noch einmal herunterzuladen, stimmt's?« Nö. Wenn Ihre Festplatte stirbt, nimmt sie alle Ihre gekauften Titel mit sich ins Datengrab. Apple wird es Ihnen *nicht* erlauben, sie noch einmal herunterzuladen, ohne dafür zu bezahlen. Deshalb ist es SO wichtig, Ihre gekaufte Musik zu sichern. Dazu klicken Sie zuerst auf Einkäufe in der Quellenliste (auf der linken Seite des iTunes-Fensters), um sie auszuwählen. Anschließend klicken Sie auf den BRENNEN-Button in der unteren rechten Ecke des iTunes-Fensters. Legen Sie eine leere CD ein (sobald iTunes Ihnen das sagt) und starten Sie das Brennen. Legen Sie so lange weiter neue CDs ein, bis alle Titel gesichert sind. Wird Apple seine Meinung zu diesem Thema ändern, da ernsthafte Festplattenausfälle praktisch unausweichlich sind? Vielleicht eines Tages, aber bisher ist es noch nicht geschehen und so lange sind Sie nicht sicher. Wenn Sie nicht sichern, werden Sie eines Tages mit ziemlicher Sicherheit Ihre gesamte ITS-Investition verlieren. Deshalb … sichern Sie jetzt (legen Sie das Buch zur Seite und fangen Sie gleich an).

Eine Quelle für musikalische Inspiration

Wenn Sie gerade keine Idee haben, welche Lieder Sie kaufen könnten und ein bisschen Inspiration brauchen, dann gehen Sie auf die ITS-Homepage und klicken Sie auf der linken Seite des Hauptfensters auf Musik. Scrollen Sie auf der Musikseite nach unten und klicken Sie auf Playlisten. Apple hat eine Reihe Prominenter gebeten, ihre eigenen Listen anzulegen und zu veröffentlichen. Mit dem Popup-Menü in der oberen rechten Ecke des ITS-Fensters können Sie die Listen nach dem Datum (um die neuesten Listen zu erwischen) oder alphabetisch nach dem Namen sortieren. Wenn Sie einen Musiker oder Prominenten gefunden haben, der Sie interessiert, dann klicken Sie auf sein Foto, um seine Auswahl und (noch wichtiger) einige Hinweise zu sehen, weshalb er etwas ausgewählt hat. Und da diese Auswahl im ITS verkauft wird, können Sie für jeden Vorschlag eine 30-sekündige Vorschau anhören.

---

iTipp: Stellen Sie Ihren eigenen iMix zusammen

Seit Apple iMix eingeführt hat (wodurch Sie im Prinzip die Rolle des Prominenten übernehmen), können Sie Ihre eigenen Wiedergabelisten im iTunes Store veröffentlichen und sie mit der Welt teilen. Um Ihren eigenen iMix anzulegen und zu veröffentlichen, stellen Sie in iTunes einfach eine Wiedergabeliste mit Ihren Lieblingstiteln zusammen. Dann gehen Sie in das Store-Menü und wählen iMix erstellen. iTunes stellt eine Verbindung zum iTunes Store her und Ihr iMix wird aktiviert. Um die iMixe anderer Leute zu sehen (und zu bewerten), gehen Sie auf die ITS-Homepage, klicken auf Musik und dann auf der Musikseite auf der linken Seite des Fensters auf iMix.

Die Größe der Videoanzeige einstellen

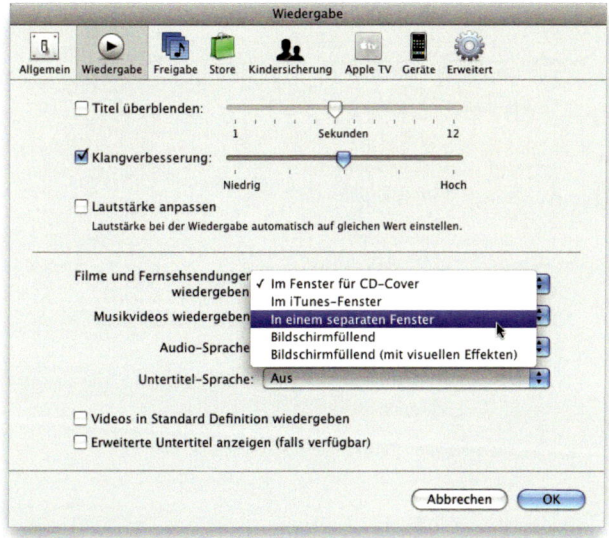

Sie wissen sicher, dass es im iTunes Store Musikvideos, Fernsehsendungen, Filme und Film-
trailer gibt, aber möglicherweise ist Ihnen nicht bewusst, dass Sie eine gewisse Kontrolle
darüber haben, wie groß dieses Video auf dem Bildschirm angezeigt werden wird (es muss
nicht mehr nur in dem winzigen Albumfenster ablaufen). Um anzugeben, wie groß Ihnen ein
Video präsentiert werden soll, gehen Sie in die ITUNES-EINSTELLUNGEN (unter dem ITUNES-Menü auf einem Mac, unter dem BEARBEITEN-Menü auf einem Windows-PC) und klicken auf das Icon WIEDERGABE.
Ziemlich genau in der Mitte des Wiedergabe-Felds finden Sie ein Popup-Menü, in dem Sie Ihre
bevorzugte Abspielgröße für Filme und Fernsehsendungen festlegen können, außerdem gibt es
eine eigene Einstellung für Musikvideos. Sie können zwischen der Wiedergabe im Hauptfenster,
der Wiedergabe in einem separaten Fenster (wobei das Video in einem schwebenden QuickTime-
Player-Fenster gezeigt wird, dessen Größe Sie ändern können) oder der bildschirmfüllenden
Wiedergabe (mit und ohne visuelle Effekte) wählen. Die Qualität der Darstellung hängt von der
Qualität des Videos und der Größe Ihres Bildschirms ab. Wählen Sie die gewünschte Wiedergabe-
größe aus dem Popup-Menü und klicken Sie auf OK.

Schmutzige Videos von Kindern fernhalten

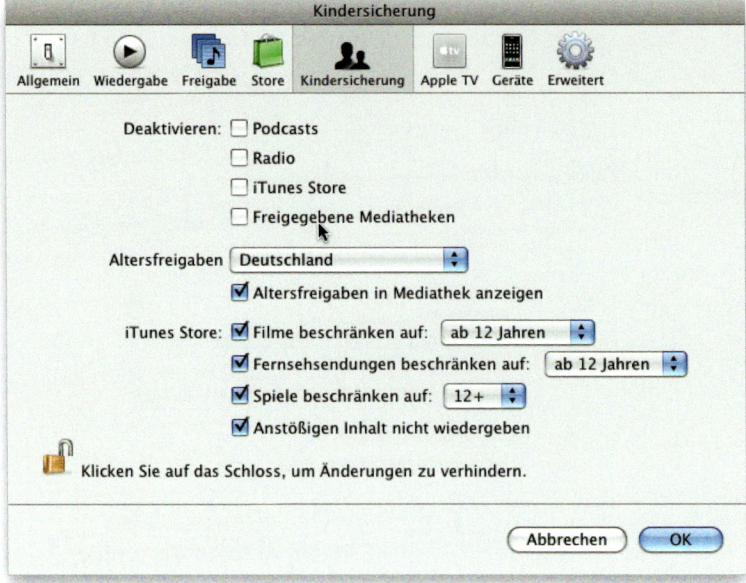

Okay, Sie haben also Ihrem zwölf Jahre alten Sohn einen iPod zu Weihnachten geschenkt und außerdem noch einen iTunes-Geschenkgutschein, damit er sich ein bisschen Musik und einige Videos im iTunes Store kaufen kann. Aber – nichts hindert ihn daran, anstößige Audio- und Video-Podcasts, Musik mit so schmutzigen Texten, dass selbst Snoop Dogg blass werden würde, und sogar nichtjugendfreie Filme herunterzuladen. Wie können Sie also Ihr Kind davon abhalten, an diesen nicht jugendfreien Kram heranzukommen? Sie sind gefragt. Benutzen Sie die Kindersicherung, die in iTunes eingebaut ist und Ihnen helfen soll, anstößige Inhalte vom iPod Ihres Kindes fernzuhalten. Dazu gehen Sie in die iTunes-Einstellungen (drücken Sie ⌘ auf dem Mac oder [Strg] auf dem PC, um den Einstellungen-Dialog zu öffnen) und klicken dann auf das Icon Kindersicherung in der Mitte des Dialogfensters. Jetzt öffnen sich die Kindersicherungen (siehe oben). Hier können Sie bestimmte Quellen sperren (wie Podcasts, Radio usw.) oder Fernsehsendungen und Filme entsprechend ihren Bewertungen einschränken. Wichtig: Nachdem Sie Ihre Wahl getroffen haben, klicken Sie auf das Vorhängeschloss-Icon, um diese Änderungen zu sperren und mit einem Passwort zu schützen, da Ihr Zwölfjähriger diese Einschränkungen ansonsten schnell wieder deaktivieren wird (unterschätzen Sie niemals einen zwölfjährigen Jungen an einem Computer). Klicken Sie nun OK und lehnen Sie sich beruhigt zurück.

Kontrollieren Sie Ihre Ausgaben

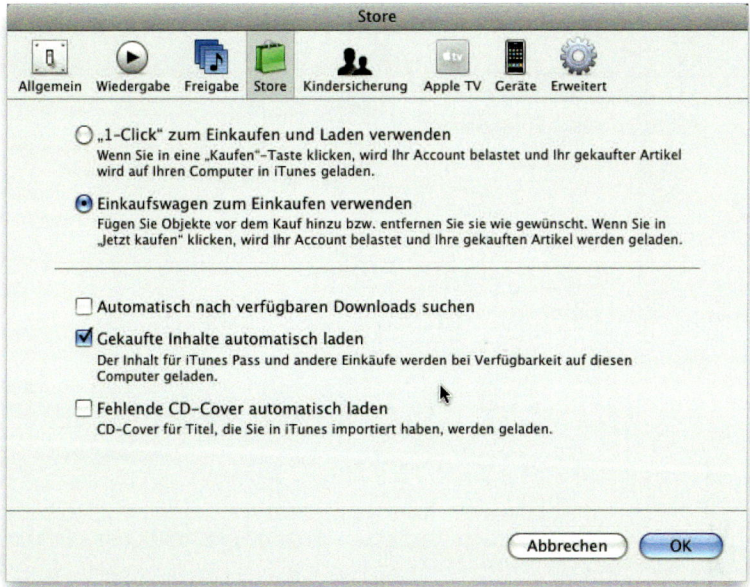

99 Cent pro Titel scheinen so billig zu sein, dass es einfach ist, Lieder zu kaufen – bis die Kredit-kartenabrechnung kommt und Sie schockiert sind, wie viele 99-Cent-Rechnungen da zusam-menkommen. Anstatt einfach blind drauflos Lieder zu kaufen, sollten Sie die Einkaufswagen-Funktion des ITS aktivieren. Gehen Sie zu den iTunes-Einstellungen (unter dem iTunes-Menü auf dem Mac, unter dem Bearbeiten-Menü auf einem Windows-PC). Klicken Sie auf das Store-Icon in der Dialogbox und wählen Sie Einkaufswagen zum Einkaufen verwenden. Dadurch wird Titel kaufen in Titel hinzufügen geändert. Wenn Sie nun auf den Titel-hinzufügen-Button klicken, dann erscheinen die Titel in Ihrem Einkaufswagen. Diese Titel werden erst dann heruntergeladen und in Rechnung gestellt, wenn Sie auf Jetzt kaufen im unteren Teil der Einkaufswagenseite klicken. Um wieder so frei und verschwenderisch einkaufen können wie zuvor, gehen Sie zurück zu den Store-Einstel-lungen und klicken Sie auf »1-Click« zum Einkaufen und Laden verwenden.

Den Überblick über Ihre Ausgaben behalten

Apple weiß zwar genau, wie viel Geld Sie im ITS ausgegeben haben, aber vielleicht wollen Sie das selbst ja auch wissen (damit Sie schon einmal einige Wertgegenstände ins Pfandhaus bringen können). Um festzustellen, wie viel Sie ausgegeben haben, klicken Sie auf den Account-Button (das ist derjenige, auf dem Ihre E-Mail-Adresse zu sehen ist) in der oberen rechten Ecke des ITS. Wenn Sie noch nicht angemeldet sind, werden Sie nach Ihrem Benutzernamen und Ihrem Passwort gefragt. Auf der Apple-Account-Daten-Seite finden Sie einen Button namens Einkaufs-statistik. Klicken Sie auf diesen Button und stellen Sie sich darauf ein, auszurasten, wenn Sie die dort aufgeführten Kosten sehen. Wenn Sie die Tränen weggewischt haben, klicken Sie auf den Button Fertig, denn jetzt sind Sie »fertig«.

---

iTipp: Melden Sie sich ab, wenn Sie gehen

Wenn Sie den ITS an Ihrer Arbeitsstelle benutzen und zum Mittagessen das Büro verlassen, könnte jemand anderes in dieser Zeit an Ihrem Rechner auf Ihre Kosten einige Songs kaufen, auf seinen iPod laden und wieder an seinen Platz verschwinden, bevor Sie zurückkommen. Sie merken das erst an Ihrer Kreditkartenabrechnung. Falls Sie also wissen, dass Sie eine Weile nicht da sind, klicken Sie auf den Account-Button (das ist der mit der E-Mail-Adresse) oben rechts im ITS-Fenster und wählen Sie Abmelden aus dem sich öffnenden Dialog. Auf diese Weise kann niemand in Ihrer Abwesenheit Ihren Account missbrauchen. Wenn Sie zurückkommen, melden Sie sich wieder an und laden während Ihrer Arbeitszeit weitere Lieder herunter.

Mit iTunes schenken

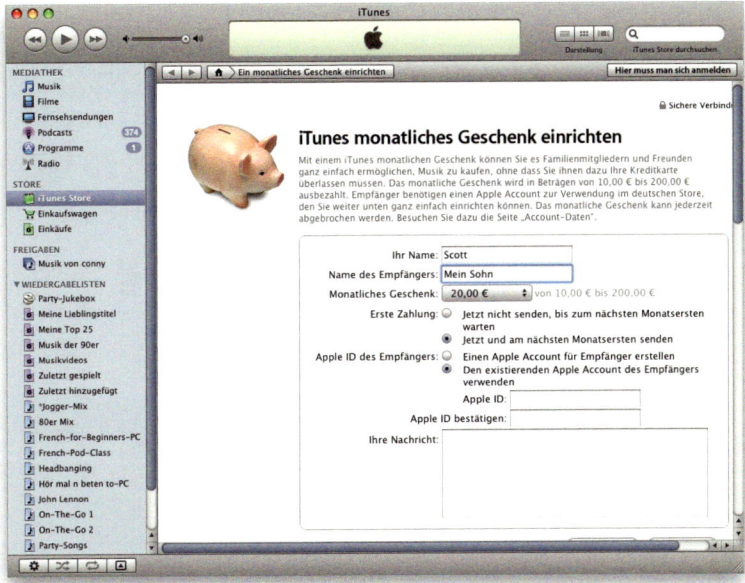

Wollen Sie Ihre Kinder überraschen? Richten Sie ihnen doch ein monatliches Guthaben im ITS ein! Es ist ganz einfach. Nachdem Sie einmal festgelegt haben, wieviel sie jeden Monat bekommen, geht alles automatisch: Der ITS weist deren Account jeden Monat einen Betrag zu und belastet Ihre Kreditkarte – es ist geradezu irre. Und ehrlich gesagt, ist es auch viel sicherer, als wenn Sie Ihren Kindern Ihre Kreditkarte überlassen, weil *Sie* nämlich genau festlegen, wie viel sie ausgeben dürfen. Und so geht's: Klicken Sie im ITS in der Liste der Quicklinks auf MIT ITUNES SCHENKEN. Auf dieser Seite klicken Sie auf MONATLICHE GESCHENKE. Dadurch wird die Seite ITUNES MONATLICHES GESCHENK EINRICHTEN geöffnet, auf der Sie Ihrem Kind einen Betrag von bis zu 200€ pro Monat genehmigen können. (Falls Sie übrigens 200€ wählen, sollte Sie Ihr nächster Weg zu einem Psychiater führen.) Klicken Sie anschließend auf WEITER. Wenn Ihr Kind sich an seinem Account anmeldet, übermittelt Apple die »gute Nachricht« an Ihre Kinder. Wie persönlich und nett.

---

iTipp: Geschenkgutscheine aus dem iTunes Store

Eine meiner weiteren Lieblingsfunktionen ist die Fähigkeit, einem Freund einen Geschenkgutschein zu schicken, um im ITS einzukaufen. Melden Sie sich am iTunes Store an und klicken Sie auf MIT ITUNES SCHENKEN. Falls Sie einen Gutschein einlösen wollen, klicken Sie auf EINLÖSEN und der ITS gibt Ihnen ein Guthaben in der Höhe des Geschenkgutscheins. Die jeweilige Restsumme erscheint in der rechten oberen Ecke des ITS-Fensters. Sie können übrigens Geschenkgutscheine auch im Apple Store kaufen.

Nichtautorisierte Personen am Kaufen von Musik hindern

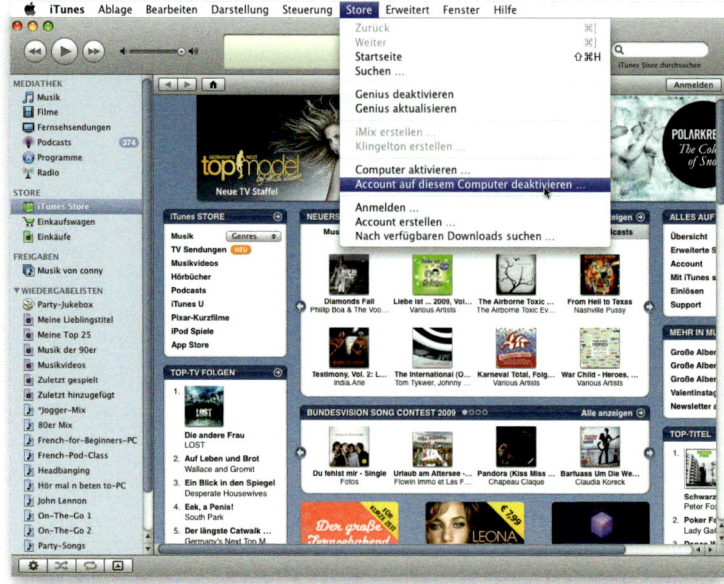

Die meisten Lieder, die Sie aus dem iTunes Store herunterladen, können auf bis zu fünf Computer kopiert werden (dank des eingebauten Schutzmechanismus namens »Fair Play«). Theoretisch könnten Sie einen Song auf Ihrer Desktop-Maschine kaufen, dann Ihren Laptop als zweiten Rechner und Ihren Computer in der Arbeit als dritten Rechner autorisieren. Jetzt sind immer noch zwei Computer übrig, die Sie autorisieren könnten (außerdem können Sie die Lieder auf beliebig viele iPods kopieren – das ist fair). Sie können von diesen fünf Computern aus auch weitere Titel erwerben und sie Ihrem Konto in Rechnung stellen. Das bedeutet aber auch, dass Sie Ihrem Computer auf jeden Fall die Autorisierung entziehen müssen, wenn Sie ihn verkaufen oder weggeben. Ansonsten ist der neue Besitzer ebenfalls in der Lage, Musik zu kaufen – auf Ihre Kosten. Um die Autorisierung zu entziehen, gehen Sie in iTunes in das Menü Store und wählen Account auf diesem Computer deaktivieren. Wenn der Dialog erscheint, klicken Sie auf OK und der Computer, den Sie gerade benutzen, wird deaktiviert. *Hinweis:* Es reicht nicht, eine Festplatte zu löschen und neu zu formatieren, um dem Computer die Autorisierung zu entziehen – Sie müssen das manuell erledigen, wie hier gezeigt.

iTunes-Store-Musik freigeben

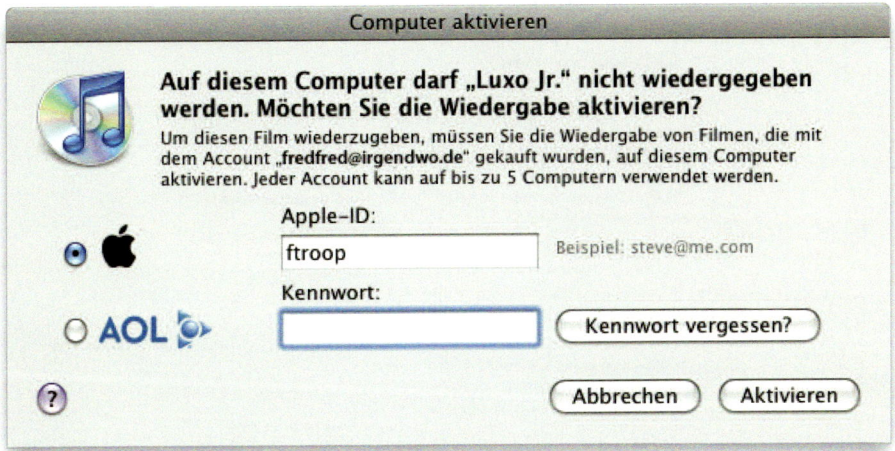

Wenn Sie in einem Netzwerk sind (in der Arbeit, zuhause, in der Schule usw.), können Sie Ihre Wiedergabelisten mit anderen Leuten im Netzwerk teilen. Ehrlich, Sie können die Musik aus Ihren Wiedergabelisten direkt aus Ihrer eigenen Kopie von iTunes abspielen. Der einzige Nachteil besteht darin, dass die anderen Leute die Titel, die Sie im iTunes Store gekauft haben, nicht zu hören bekommen – wenn solche Lieder in einer Liste auftauchen, überspringt iTunes sie automatisch (auch hier wieder, um die Rechte der von Ihnen gekauften Musik zu schützen). Wenn jemand in Ihrem Netzwerk Ihre ITS-Musik hören möchte, müssen Sie seinen Computer »aktivieren«. Gehen Sie dazu an dessen Computer, melden Sie sich mit Ihrem ITS-Benutzernamen (E-Mail-Adresse) und dem Passwort an, gehen Sie dann in das Menü Store und wählen Sie Computer aktivieren. (*Hinweis:* Dieser Computer wird dann einer der fünf, die Sie unter Ihrem ITS-Account aktivieren dürfen.)

---

iTipp: Einen Titel verschenken

Falls Sie ein Lied wirklich sehr mögen, können Sie es kaufen und einem Freund als Geschenk schicken. (Ihr Freund erhält per E-Mail einen Link, unter dem er Ihr freundliches Geschenk herunterladen kann.) Suchen Sie im iTunes Store die Seite des Interpreten für das Album, das den gewünschten Titel enthält. Klicken Sie im oberen Teil auf den Link Musik verschenken. Sie gelangen auf eine Seite, auf der Sie einzelne Titel dieses Künstlers auswählen können – klicken Sie auf den Titel schenken-Button neben dem jeweiligen Titel und folgen Sie den Anweisungen zum Verschicken des Titels. Sehen Sie, ganz einfach, oder?!

Freigaben und Vorschauen beschleunigen

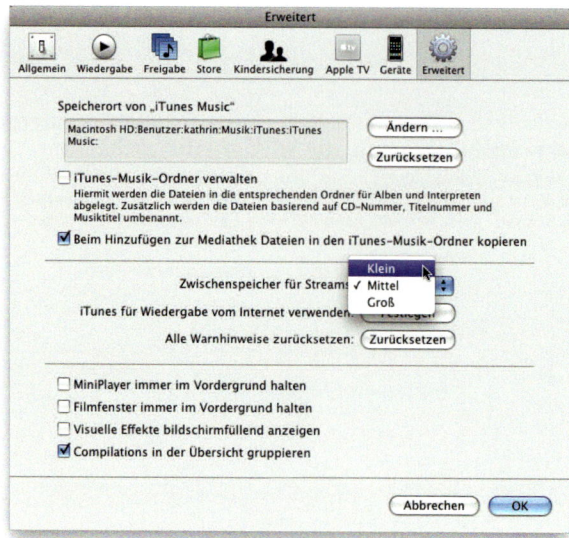

Wenn Sie in einem lokalen Netzwerk sind, dann ist die Wahrscheinlichkeit relativ hoch, dass Sie eine direkte und recht schnelle Verbindung zu diesem Netzwerk haben. In diesem Fall können Sie die Dinge noch etwas beschleunigen, indem Sie eine iTunes-Einstellung ändern, um das Laden der ITS-Vorschauen und der freigegebenen Wiedergabelisten in Ihrem Netzwerk noch schneller zu machen. Sie verkleinern einfach die Puffergröße des iTunes-Streaming-Puffers, wodurch weniger Informationen gepuffert werden und das Abspielen schneller einsetzt. Klingt das verwirrend? Gut so, das soll es auch. Spielt es wirklich eine Rolle, welcher Zaubertrick dafür verantwortlich ist, dass iTunes schneller läuft? Nein? Großartig, machen Sie das: Gehen Sie zu den iTunes-Einstellungen (unter dem iTunes-Menü auf einem Mac, unter dem Bearbeiten-Menü auf einem Windows-PC), klicken Sie dann auf das Icon Erweitert. Wählen Sie aus dem Popup-Menü Zwischenspeicher für Streams den Eintrag Klein. Jetzt geht alles schneller. Sehen Sie, das hat gar nicht wehgetan!

Ihre Musik auf einen anderen Computer verschieben

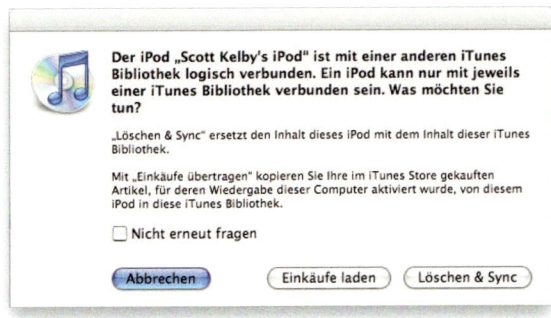

Mit Ihrem iPod können Sie am schnellsten und einfachsten Musik oder Videos, die Sie im iTunes Store erworben haben, auf einen anderen Computer verschieben. Und so geht's: Apple erlaubt es Ihnen, bis zu fünf Computer dazu zu autorisieren, im ITS gekaufte Musik und Videos abzuspielen. Laden Sie diese Artikel auf Ihren iPod (übrigens verschiebt er nur Musik und Videos, die Sie im ITS gekauft haben, keine Musik, die Sie von CD oder auf anderen Wegen importiert haben). Danach schließen Sie das Gerät an einen anderen Ihrer autorisierten Computer an. Sie werden gefragt, ob Sie Musik und Videos auf den anderen autorisierten Computer übertragen wollen. Falls der entsprechende Dialog nicht erscheint, gehen Sie in das ABLAGE-Menü und wählen Sie GEKAUFTE ARTIKEL VOM IPOD ÜBERTRAGEN. Den Rest erledigt das Gerät für Sie. Sollten Sie sich nicht sicher sein, wie Sie einen Computer dazu autorisieren, Ihre gekaufte Musik und die Videos abzuspielen, dann lesen Sie den folgenden Tipp.

---

iTipp: Automatische Autorisierung

Das Autorisieren ist eine automatische Sache: Wenn Sie Ihren iPod an einen anderen Ihrer Computer anschließen (etwa an einen Laptop), dann erscheint ein Dialog, der Sie darüber informiert, dass dies kein autorisierter Computer ist. Solange Sie aber die Grenze von fünf autorisierten Computern noch nicht erreicht haben, erlaubt es Ihnen, diesen Computer auf der Stelle zu autorisieren. Stark, oder?!

Mehrere simultane Downloads erlauben

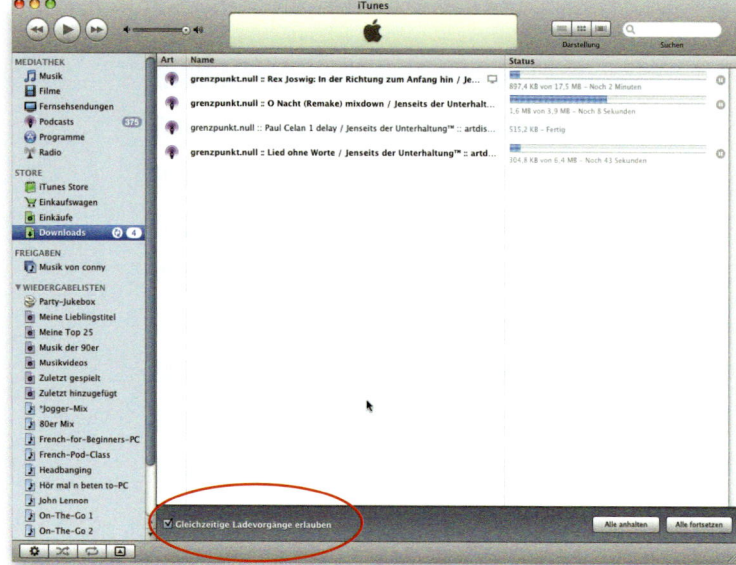

Wenn Sie Titel oder Videos im iTunes Store kaufen, werden diese in der Reihenfolge heruntergeladen, in der Sie sie erworben haben. Falls Sie jedoch sehr viel kaufen, werden Sie sich
freuen, dass es eine Option gibt, die es Ihnen erlaubt, mehrere Einkäufe gleichzeitig herunterzuladen. Um diese Option zu sehen, müssen Sie tatsächlich einen Titel herunterladen, weil
diese Option nur in diesem Fall angezeigt wird. Sobald der Titel heruntergeladen wird, klicken
Sie unter Store auf der linken Seite des iTunes-Fensters auf Downloads. In der unteren linken Ecke
des Hauptfensters finden Sie dann die Option Gleichzeitige Ladevorgänge erlauben.

Das Herunterladen aus dem iTunes Store auf später verschieben

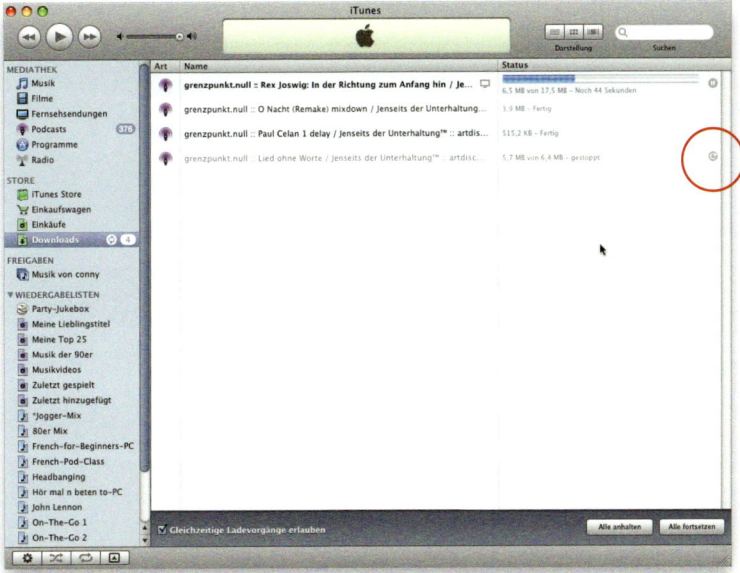

iTunes erlaubt es Ihnen, Ihre Downloads zu verwalten. Wenn Sie jetzt mehrere Titel (vielleicht ein ganzes Album) oder einen Film herunterladen, dann können Sie das Herunterladen unterbrechen und später fortsetzen, wenn es Ihnen besser passt. Das ist ungemein hilfreich, falls Sie damit begonnen haben, etwas herunterzuladen und wegmüssen, bevor das Herunterladen beendet ist. Keine Eile – Sie können einfach später weitermachen, genau an der Stelle, an der Sie unterbrochen haben. Dieser Download-Manager erscheint nur, wenn sie Musik, Videos oder Spiele aus dem iTunes Store herunterladen, er ist ansonsten in Ihrer Quellenliste nicht zu sehen. Wenn Sie etwas aus dem Store herunterladen, dann erscheint der GELADENE-DATEIEN-Link im STORE-Bereich direkt unter EINKÄUFE. Wenn Sie darauf klicken, sehen Sie eine Liste der Artikel, die Sie momentan herunterladen. Er kann bis zu drei Artikel gleichzeitig herunterladen. Wollen Sie mehr als drei Artikel herunterladen, dann können Sie die ausstehenden Dateien in die Reihenfolge ziehen, in der Sie sie herunterladen wollen. Wollen Sie einen laufenden Download unterbrechen, dann klicken Sie auf den kleinen PAUSE-Button, der rechts neben der Statusanzeige zu sehen ist. Um diesen Download fortzusetzen, klicken Sie auf den runden Button, der anstelle des PAUSE-Buttons erscheint. Um alle Downloads anzuhalten, klicken Sie auf ALLE ANHALTEN in der unteren rechten Ecke des Hauptfensters. Um alle Downloads auf einmal fortzusetzen, klicken Sie auf den ALLE FORTSETZEN-Button, der jetzt zu sehen ist. Wenn Ihre gesamte Musik (und/oder die Videos) heruntergeladen wurden, verschwindet der GELADENE DATEIEN-Link.

iTunes holt die Albumcover für Sie

Wenn Sie einen Titel im iTunes Store kaufen, wird das Albumcover automatisch mitgeliefert. Sind Sie jedoch auf anderen Wegen an die Musik gekommen (etwa durch den Import einer Audio-CD) und wollten das passende Albumcover haben, dann mussten Sie sich früher im Web auf die Suche begeben, hoffen, dass Sie das Cover finden und dies dann manuell in iTunes ziehen. Es war schon ziemlich furchtbar. Heute lachen wir natürlich über diese altmodische Vorgehensweise, da iTunes in den meisten Fällen automatisch online geht, das Albumcover sucht und es direkt an die richtige Stelle lädt. Das war es dann, es sei denn, iTunes kann es einfach nicht finden. Irgendwann tut es das jedoch. Vielleicht haben Sie nicht den richtigen Titelnamen eingegeben oder ihn falsch geschrieben oder Ihr Musikgeschmack ist so exotisch, dass selbst iTunes mit seiner riesigen Datenbank dessen Brillanz nicht würdigen kann. Sollte dieser Fall eintreten, müssen Sie es auf die alte Weise tun.

---

iTipp: CD-Cover holen

Wenn Sie Lieder von einer CD importieren und iTunes die Albumcover nicht für Sie holt, dann gehen Sie in das ERWEITERT-Menü und führen Sie den Befehl CD-COVER LADEN aus. Es erledigt diese Aufgabe dann für Sie.

Eine Wunschliste in iTunes anlegen

Falls es Musik, Fernsehsendungen oder Filme gibt, die Sie gern haben würden, sich aber momentan nicht leisten können, dann legen Sie eine Wunschliste im iTunes Store an. Theoretisch würden Sie diese Dinge kaufen, aber idealerweise bringen Sie Freunde oder Verwandte dazu, dies für Sie zu tun, Sie Fuchs. Und so richten Sie Ihre Wunschliste ein: Erzeugen Sie eine neue Wiedergabeliste (klicken Sie auf das Pluszeichen in der unteren linken Ecke von iTunes). Wenn Ihre neue Wiedergabeliste in der Quellenliste erscheint, nennen Sie sie »Wunschliste«. Wenn Sie dann beim Stöbern im iTunes Store ein Stück finden, das Sie gern zu Ihrer Wunschliste hinzufügen wollen, klicken und ziehen Sie es einfach auf Ihre Wunschlisten-Wiedergabeliste. Dadurch gelangt ein direkter Link (einschließlich der 30-sekündigen Vorschau) aus dem iTunes Store auf Ihre Wunschliste. Wenn Sie irgendwann das Geld (oder einen Spender) für einen dieser Artikel aufgetrieben haben, ist es einfach. Allerdings wird ein Titel nach dem Kaufen nicht von der Wunschliste entfernt – Sie müssen ihn schon manuell löschen (und denken Sie daran, dass er dabei nicht aus Ihrer Hauptbibliothek entfernt wird, sondern nur von dieser Wiedergabeliste). (Hinweis: Sie können nur Objekte von einer individuellen Vorschauseite des iTunes Store auf Ihre Wunschliste ziehen. Wenn Sie ein ganzes Musikalbum, einen Film oder eine Staffel einer Fernsehsendung hinzufügen wollen, müssen Sie einen Wunschlistenordner auf Ihrem Schreibtisch anlegen. Dann können Sie das Albumcover oder das Poster des Films bzw. der Fernsehsendung in diesen Ordner ziehen.)

Kapitel 11
Imaginary Player
Wiedergabelisten und Genius

He, es ist nicht leicht, ein Lied mit dem Wort »Playlist« darin zu finden (und für das Wort »Wiedergabeliste« sieht es noch schlechter aus. A.d.Ü.). Oder einen Film. Oder eine Fernsehsendung. Nachdem ich also eine Weile gesucht habe, war das Beste, was ich finden konnte, der Titel »Imaginary Player« von Jay-Z. Im iTunes Store gibt es zwei verschiedene Versionen dieses Titels – eine mit einer Explicit-Lyrics-Warnung (die Texte könnten empfindsame Gemüter verwirren) und eine mit einem Clean-Label. Normalerweise nehme ich die saubere Version, da ich ein anständiger Familienvater bin. (Einmal habe ich mir allerdings die Finger verbrannt, als ich die Clean-Version eines Lieds heruntergeladen hatte. Es handelte sich um den Song »1985« von Bowling for Soup. Meine Frau hörte ihn auf Radio Disney und erzählte mir davon. Als ich ihn im iTunes Store fand, gab es sowohl eine Explicit- als auch eine Clean-Version davon. Ich lud natürlich die Clean-Version für die Wiedergabeliste meines Sohnes auf meinen iPod. Allerdings unterscheidet sich Apples Definition von Clean ganz offensichtlich von derjenigen von Radio Disney. So lautet beispielsweise die zweite Strophe der Radio-Disney-Version des Lieds: »She was gonna be an actress. She was gonna be a star. She was gonna shake it, on the hood of Whitesnake's car«. [Auf Deutsch etwa: Sie wollte eine Schauspielerin sein. Sie wollte ein Star sein. Sie hat ihn auf der Motorhaube von Whitesnakes Auto geschüttelt.«] Der »shake it«-Teil ist nicht ganz eindeutig, mehr nicht. In der Clean-Version, die ich heruntergeladen habe, hieß es dann aber: »She was gonna shake her ass, on the hood of Whitesnake's car«. [»Sie hat ihren Arsch auf der Motorhaube von Whitesnakes Auto geschüttelt.«] Völlig arglos habe ich das meinem Sohn vorgespielt, selbstverständlich nur einmal, aber natürlich hat er sich diese Zeile sofort gemerkt. Kinder!) Dieses Kapitel handelt jedoch nicht von den zweideutigen Versionen eines Jay-Z- oder Bowling-for-Soup-Stücks, obwohl ich in diesem Fall wahrscheinlich viel mehr Bücher verkaufen könnte.

Eigene Wiedergabelisten anlegen

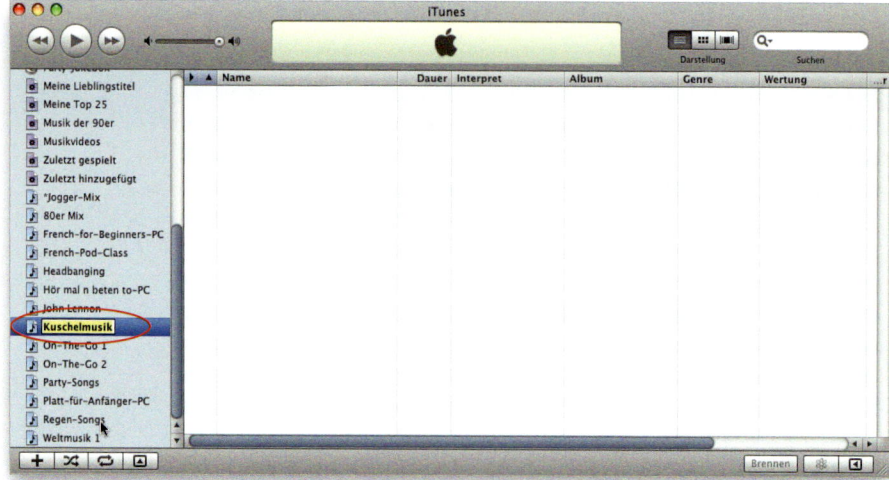

Wiedergabelisten sind quasi Ihre eigenen Sammlungen von Liedern (so könnten Sie Wiedergabelisten mit Kuschelsongs, mit Autofahrmusik oder mit Bombast-Rock aus den 80ern haben). Das
Anlegen von Wiedergabelisten erfordert nur zwei Schritte. Zuerst müssen Sie auf den Button
ERSTELLT EINE WIEDERGABELISTE in der unteren linken Ecke des iTunes-Fensters klicken. Ihre neue Wiedergabeliste taucht in der Quellenliste auf der linken Seite des iTunes-Fensters auf. Das Namensfeld der Liste ist bereits markiert, so dass Sie sie benennen können. Geben Sie einen Namen ein
und drücken Sie die ⏎-Taste, um ihn zu bestätigen. Klicken Sie dann in der Quellenliste auf das
Musik-Icon der Mediathek, damit Sie alle Lieder im iTunes-Fenster sehen können, anschließend
ziehen Sie Lieder aus der Musikbibliothek auf das Icon der neuen Wiedergabeliste und lassen sie
dort fallen. Um die Lieder in Ihrer Wiedergabeliste zu sehen (oder um die Wiedergabeliste abzuspielen), klicken Sie auf deren Icon in der Quellenliste.

Titel aus einer Wiedergabeliste entfernen

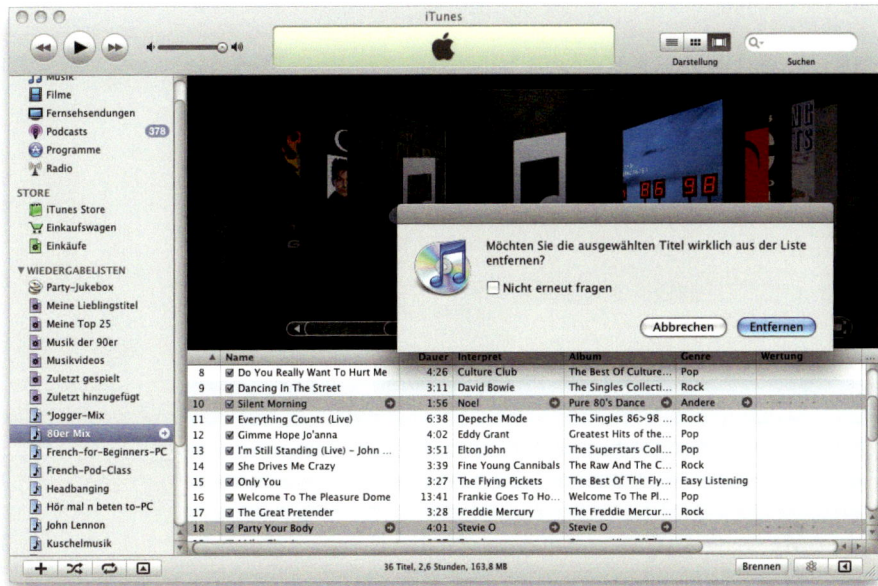

Wenn eine Wiedergabeliste einen Titel enthält, der einfach nicht da sein sollte (falls sich beispielsweise »Silent Morning« von Noel in Ihre 80er-Rock-Liste gemogelt haben sollte), können Sie ihn löschen, indem Sie ihn anklicken und dann die Löschtaste (PC: ⟵) auf Ihrer Tastatur drücken. Was tun Sie, wenn auch noch Stücke wie »Between You and Me'« oder »Party Your Body« irgendwie auf diesen Wiedergabelisten auftauchen? Mehrere schlimme Titel können Sie entfernen, indem Sie auf diese Titel ⌘ -klicken (PC: Strg -klicken) und dann die Löschtaste drücken (oder Sie Ctrl -klicken [PC: rechtsklicken] auf einen der ausgewählten Titel und wählen dann Löschen aus dem sich öffnenden Kontextmenü), wodurch diese lahmen Enten sofort von Ihrer Wiedergabeliste gewischt werden. (*Hinweis:* Damit werden diese Titel nur von der Wiedergabeliste gelöscht, nicht aus Ihrer iTunes-Musikbibliothek.)

---

iTipp: Titel nur zeitweise überspringen

Sollten Sie in einer Ihrer Wiedergabelisten einen Titel haben, den Sie nicht löschen, aber momentan auch nicht hören wollen, dann können Sie ihn zeitweise überspringen, indem Sie die Checkbox direkt vor dem Namen des Titels deaktivieren (es werden nur Lieder mit einem Häkchen abgespielt). Wenn Sie diesen Song später wieder anhören wollen, setzen Sie einfach wieder ein Häkchen in die entsprechende Checkbox.

Eine ganze Wiedergabeliste entfernen

Wenn Sie eine Wiedergabeliste angelegt haben, die Sie nun nicht mehr benötigen (etwa eine Weihnachtsliste, dabei ist es schon Februar), dann [Ctrl]-klicken (PC: rechtsklicken) Sie auf die Wiedergabeliste in der Quellenliste auf der linken Seite des iTunes-Fensters und wählen Sie LÖSCHEN aus dem Kontextmenü. Das war's – sie ist weg. Oder noch besser: Klicken Sie einfach auf die Wiedergabeliste in der Quellenliste und drücken Sie die Löschtaste (PC: [←]). *Hinweis:* Nur die Wiedergabeliste ist weg – die Titel aus Ihrer Musikbibliothek werden nicht entfernt.

Eine andere Methode zum Erzeugen von Wiedergabelisten

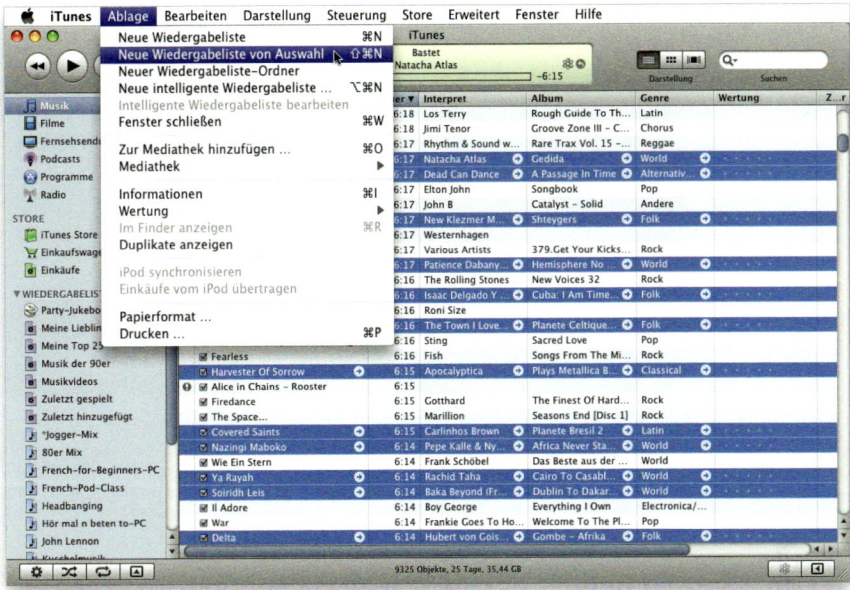

Wenn es in diesem Buch um das Erzeugen einer normalen Wiedergabeliste geht, dann meinen wir im Allgemeinen die Methode des Ziehens und Fallenlassens von Titeln aus Ihrer Musikbibliothek in die Wiedergabeliste. Es gibt jedoch noch einen anderen Weg, um eine eigene Wiedergabeliste anzulegen. ⌘-klicken (PC: Strg-klicken) Sie einfach auf alle Titel in Ihrer Musikbibliothek, die in der Wiedergabeliste auftauchen sollen, und wählen Sie dann im ABLAGE-Menü den Befehl NEUE WIEDERGABELISTE VON AUSWAHL (oder drücken Sie ⌘-⇧-N [PC: Strg-⇧-N]). Alle ausgewählten Titel finden sich dann auf einer neuen Wiedergabeliste wieder, die in der Quellenliste angezeigt wird; das Namensfeld ist dabei bereits markiert, so dass Sie nur noch den Namen der neuen Wiedergabeliste eintippen und ⏎ drücken müssen.

---

iTipp: In einem getrennten Fenster öffnen

Wenn Sie auf eine Wiedergabeliste klicken, dann erscheint diese Liste im Hauptfenster von iTunes und ersetzt dasjenige, das vorher sichtbar war (wie etwa Ihre Musikbibliothek). Falls Sie jedoch eine Wiedergabeliste in einem eigenen, schwebenden Fenster öffnen (und das Originalfenster geöffnet und unberührt lassen) wollen, dann doppelklicken Sie einfach auf deren Icon in der Quellenliste.

Eine Liste aus Ihren Wiedergabelisten erstellen

iTunes hilft Ihnen übrigens auch, wenn Sie eine gedruckte Liste einer (oder mehrerer) Ihrer Wiedergabelisten und deren Inhalt haben wollen (lachen Sie nicht – das ist ganz praktisch, falls Ihre Festplatte beschädigt wird und Sie schon eine Weile kein Backup mehr gemacht haben … oder noch nie). Ctrl -klicken (PC: rechtsklicken) Sie zuerst in der Quellenliste auf der linken Seite des iTunes-Fensters auf die Wiedergabeliste, die Sie drucken wollen, und wählen Sie aus dem Popup-Menü, das sich öffnet, den Befehl TITELLISTE EXPORTIEREN. Es erscheint ein Sichern-Dialog, in dem Sie angeben können, wo die Datei auf Ihrer Festplatte gespeichert werden soll. Klicken Sie anschließend auf SICHERN. iTunes exportiert Ihre Wiedergabeliste als Textdatei, deren Einträge durch Tabulatorzeichen getrennt sind. Sie können die Datei beispielsweise in einem Tabellen-kalkulations- oder Datenbankprogramm wie Microsoft Excel, FileMaker Pro usw. öffnen und dann ausdrucken.

Zwei Wiedergabelisten zu einer kombinieren

Falls Sie merken, dass Sie zwei ähnliche Wiedergabelisten haben (zum Beispiel eine mit dem Namen Hair Bands und eine unter der Bezeichnung 80s Rock Mix), können Sie diese zu einer Wiedergabeliste zusammenfassen (die Sie dann beispielsweise 80s Hair Bands nennen). Dazu klicken Sie eine der Wiedergabelisten an und ziehen sie auf die andere Liste – direkt in der Quellenliste. Sie sollten wissen, dass durch das Ziehen der Hair-Bands-Wiedergabeliste auf die 80s-Rock-Mix-Wiedergabeliste eine kombinierte Liste erzeugt wird, bei der die eine Liste in die andere Liste kopiert wird und alle Titel, die in beiden Listen standen, doppelt auftauchen, so dass Sie die Duplikate hinterher löschen müssen. Glücklicherweise löscht iTunes die Hair-Bands-Liste nicht. Sie ist immer noch da – mit allen Bon-Jovi-Schmachtfetzen.

Die Länge Ihrer Wiedergabeliste ermitteln

Sie wollen wissen, wie lang (in Tagen, Stunden, Minuten usw.) eine Ihrer Wiedergabelisten ist (oder wie lange es dauern würde, Ihre gesamte Musikbibliothek zu spielen)? Klicken Sie auf eine beliebige Wiedergabeliste (oder auf Ihre Musikbibliothek) und schauen Sie an den unteren Rand Ihres iTunes-Fensters. Sie sehen, wie viele Titel sich in Ihrer ausgewählten Wiedergabeliste befinden und wie lange es dauern würde, sie alle abzuspielen. Falls Sie auf die Zeit klicken, können Sie zwischen einer generischen Zeitangabe und einer ausführlichen Angabe in Stunden, Minuten und Sekunden umschalten.

---

iTipp: Vor dem Brennen die Zeit abschätzen

Beachten Sie auch die Gesamtgröße Ihrer Wiedergabeliste. Das ist vor allem dann sinnvoll, wenn Sie Wiedergabelisten auf CD brennen wollen, da Sie sich mit dieser kleinen, aber wertvollen Information eine Menge Frust ersparen – Sie können damit nämlich schon vor dem Brennen die Gesamtgröße Ihrer Dateien schätzen. (Hinweis: Denken Sie daran, dass die aufgeführte Gesamtgröße für Ihre komprimierten Dateien gilt, nicht für die unkomprimierten AIF-Dateien, die automatisch auf die Audio-CD gebrannt werden – daher das Wort »schätzen«.)

Ihre Titel nach Ihren Wünschen sortieren

Es gibt eine Reihe unterschiedlicher Methoden, um die Titel in Ihren Wiedergabelisten automatisch von iTunes sortieren zu lassen (z.B. alphabetisch nach dem Namen oder Interpreten, nach dem Genre, nach der Bewertung). Wie gehen Sie jedoch vor, wenn Sie die Lieder manuell anordnen wollen, damit sie *Ihrer* Reihenfolge entsprechen? Sie könnten sie einfach in Ihre gewünschte Reihenfolge ziehen, allerdings funktioniert dieses Ziehen-und-Fallenlassen nur innerhalb von Wiedergabelisten, nicht in der Hauptmusikbibliothek. Um die Titel auf diese Weise manuell zu sortieren, müssen Sie außerdem den allerersten Spaltenkopf auf der linken Seite anklicken, um diese Spalte zu aktivieren (diese Spalte enthält die jeweilige Track-Nummer, allerdings werden Sie diesen Namen nirgends finden), da nämlich ansonsten, das heißt, wenn eine der anderen Spalten (wie Interpret) aktiviert ist, die Lieder automatisch nach den Interpreten sortiert werden, nicht wahr?! Richtig! Klicken Sie also in die erste Spalte von links und beginnen Sie dann mit dem Sortieren. Oh ja, noch etwas – wenn die ZUFÄLLIGE WIEDERGABE eingeschaltet ist (das ist der zweite Button von links in der unteren linken Ecke des iTunes-Fensters), können Sie nicht manuell sortieren. Falls Sie also in einer Wiedergabeliste sind und die erste Spalte angeklickt haben, aber immer noch nicht sortieren können, dann liegt das wahrscheinlich daran, dass die zufällige Wiedergabe aktiviert ist. Schalten Sie sie aus, indem Sie den entsprechenden Button anklicken, und Sie können loslegen.

Die Spalten neu anordnen

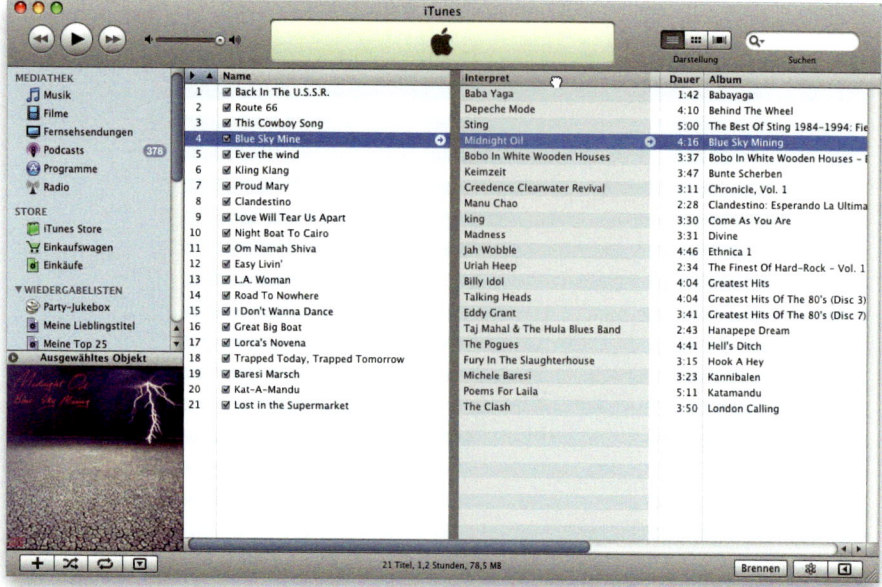

Wenn Ihnen die vorgegebene Reihenfolge der Spalten nicht gefällt (weil es Ihnen zum Beispiel
lieber wäre, wenn die Spalte mit den Interpreten als Drittes gleich nach der Spalte mit den Titelnamen käme), dann ändern Sie sie einfach. Klicken Sie den Spaltenkopf der Interpretenspalte
an und halten Sie die Maustaste gedrückt. Ziehen Sie sie anschließend nach links, bis sie dirckt
hinter der Namensspalte auftaucht (beim Bewegen der Spalte erscheint ein »Geisterbild« der
Spalte, so dass sie recht einfach an die gewünschte Stelle bewegt werden kann). Nachdem Sie
nun wissen, wie Sie das erledigen, können Sie die Spalten in beliebiger Reihenfolge anordnen
(mit Ausnahme der Track-Nummern und der Titelnamen, deren Ort festgelegt ist).

Den Sortiernamen ändern

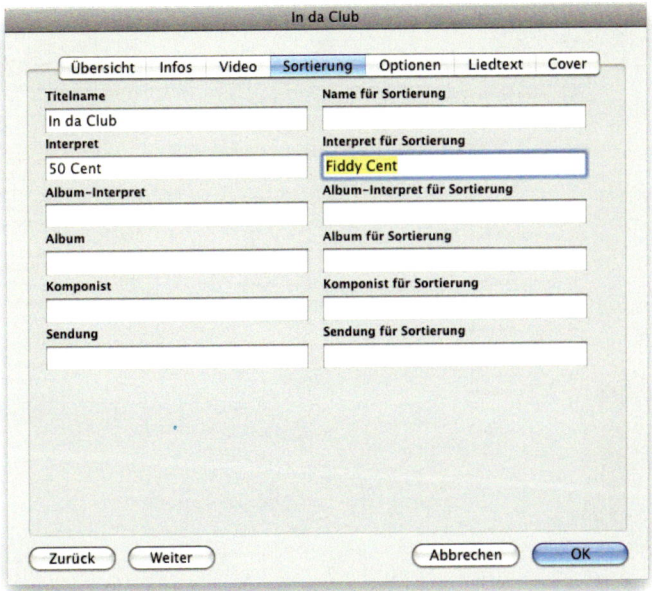

Falls es Ihnen nicht gefällt, wie iTunes Ihre Titel sortiert, dann können Sie ihnen zum Zwecke der Sortierung einen geheimen eigenen Namen oder Interpretennamen zuweisen (der Name scheint für Sie gleich zu sein, allerdings wird jetzt so sortiert, wie Sie das wollen). Wenn Sie z.B. Ihre Wiedergabelisten nach dem Interpreten sortieren und einen Titel von 50 Cent haben (»In da Club«, nicht wahr? Ich wusste es!), dann erscheint dieser am Ende Ihrer Liste. Das stellt ein Problem dar, wenn Sie eigentlich unter »F« wie »Fiddy Cent« suchen (zumindest suche ich dort immer). Um also einen geheimen Sortiernamen zu erzeugen, klicken Sie auf die Datei und drücken Befehl-I (PC: Strg-I). Im INFO-Fenster klicken Sie auf den Karteireiter SORTIERUNG. Dieser ist in zwei Seiten aufgeteilt: Die linke Seite zeigt das, was Sie in iTunes sehen (den tatsächlichen Interpreten, den tatsächlichen Namen usw.). Auf der rechten Seite wiederum steht, was iTunes dann benutzt, wenn es sortiert. Sie würden in das INTERPRETEN-Feld auf der rechten Seite deshalb »Fiddy Cent« eintippen und dann OK klicken. Jetzt wird 50 Cent unter »F« einsortiert. Clever, oder?!

Ihre Titel bewerten (und weshalb das sinnvoll ist)

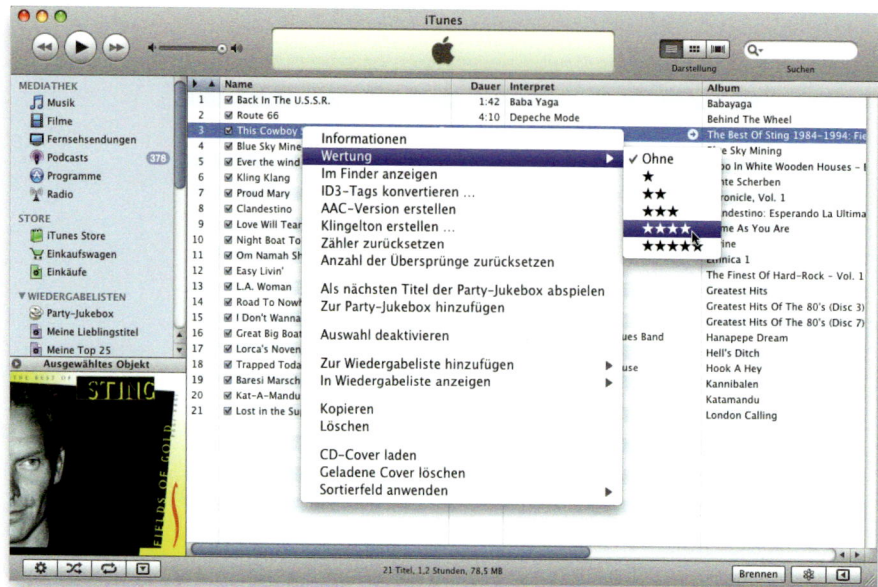

Auch wenn Sie wahrscheinlich alle Lieder mögen, die Sie in iTunes importiert haben (oder hätten Sie sie sonst importiert?), gibt es sicher einige in Ihrer Musikbibliothek, die Sie lieber haben als andere. Nun, Sie können – und sollten – alle Titel bewerten (mit Hilfe eines Fünf-Sterne-Bewertungssystems). Ein Grund besteht darin, dass iTunes alle Titel, die Sie mit vier oder fünf Sternen bewertet haben, automatisch in eine vorgegebene intelligente Wiedergabeliste namens Meine Lieblingstitel (je nach iTunes-Version) aufnimmt. Immer wenn Sie nur Ihre Lieblingstitel hören wollen, steht bereits eine Wiedergabeliste für Sie bereit (die laufend aktualisiert wird). Darüber hinaus können Sie Ihre Titel über die Spalte MEINE WERTUNG sortieren (indem Sie einfach darauf klicken) und auf der Grundlage Ihrer Bewertungen Ihre eigenen intelligenten Wiedergabelisten anlegen (siehe nächste Seite). Um einen Titel zu bewerten, klicken Sie direkt auf den Titel. Klicken Sie dann auf die linke Seite der Meine-Wertung-Spalte (im Hauptfenster von iTunes) und ziehen Sie dort nach rechts. Klicken Sie, bis Sie den ersten Stern sehen, und ziehen Sie nach rechts, bis der fünfte Stern »entzündet« ist. Um einen Stern zu löschen, ziehen Sie wieder nach links. Sie können eine Bewertung auch vergeben, indem Sie auf einen Titel Ctrl-klicken (PC: rechtsklicken) und dann Ihre Bewertung aus dem Kontextmenü wählen. *Hinweis:* Auf einem Mac können Sie den Titel sogar über das Dock des Mac bewerten, indem Sie auf das Dock-Symbol von iTunes klicken, die Maustaste gedrückt halten und dort Ihre Bewertung wählen. Auf einem Windows-PC rechtsklicken Sie auf das iTunes-Icon im Navigationsbereich der Taskleiste und wählen MEINE WERTUNG.

Mit Ihren Bewertungen arbeiten

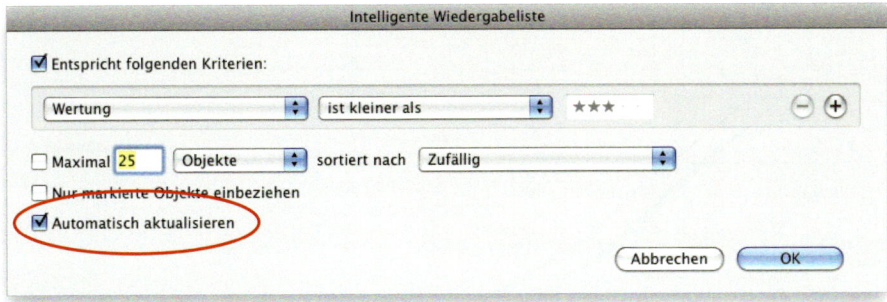

Nutzen Sie die Bewertungen Ihrer Titel: iTunes erzeugt automatisch eine intelligente Wiedergabeliste mit Ihren am besten bewerteten Titeln. Legen Sie doch (aus Gründen der Ausgewogen-
heit) einmal eine Wiedergabeliste mit den 25 am niedrigsten bewerteten Titeln an! Wählen Sie
dazu NEUE INTELLIGENTE WIEDERGABELISTE aus dem ABLAGE-Menü. Wählen Sie im folgenden Dialog aus
dem ersten Popup-Menü WERTUNG und aus dem zweiten Popup-Menü IST KLEINER ALS. Im dritten
Feld geben Sie drei Sterne an und klicken dann auf OK. Das war's. Achten Sie darauf, dass die
Checkbox AUTOMATISCH AKTUALISIEREN angeklickt ist (sie sollte standardmäßig aktiviert sein). Neue
Titel mit einer Wertung von einem oder zwei Sternen werden automatisch in diese intelligente
Wiedergabeliste aufgenommen.

---

iTipp: Intelligente Wiedergabelisten aktualisieren

*Da iTunes so viele Informationen über Ihre Titel und über Ihre Abspielgewohnheiten aufzeichnet,
kann es auf der Basis dieser Statistiken oder auf der Basis Ihrer persönlichen Vorlieben intelligente
Wiedergabelisten anlegen. Cool an den intelligenten Wiedergabelisten ist ihre Fähigkeit zur automatischen Aktualisierung. Wenn Sie also eine Änderung vornehmen (einen Titel abspielen, eine
Wertung ändern oder einen Titel mehrmals abspielen), werden diese intelligenten Wiedergabelisten
automatisch angepasst. Richtig stark wird es aber, wenn Sie Ihre eigenen intelligenten Wiedergabelisten erzeugen, die ebenfalls automatisch aktualisiert werden können. Versuchen Sie es – und sei
es nur einmal –, und die Macht der intelligenten Wiedergabelisten wird enthüllt.*

Mit Hilfe von Genres eine intelligente Wiedergabeliste anlegen

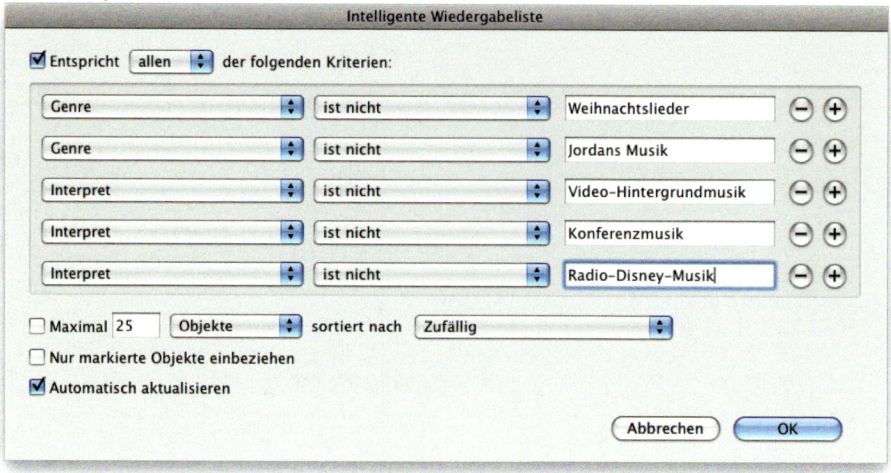

Sobald Sie Ihren iTunes-Songs eigene Genres zugewiesen haben, können Sie abgefahrene intelligente Wiedergabelisten erzeugen. Ich wollte beispielsweise einen Mix zum Autofahren herstellen, der nichts anderes als meine Musik enthält. Allerdings sollten keine Titel meines Sohnes (ich habe ihm erlaubt, auf meinem iPod eine Wiedergabeliste zu haben), keine Weihnachtslieder und keine Lieder, die ich für die Vertonung von Videos benutze, in der Liste auftauchen … klar so weit, oder?! Deshalb habe ich eine intelligente Wiedergabeliste erzeugt, indem ich die ⌥-Taste gehalten und dann auf den WIEDERGABELISTE-ERSTELLEN-Button in der unteren linken Ecke des iTunes-Fensters geklickt habe. Durch diesen Befehl wird der INTELLIGENTE-WIEDERGABELISTE-Dialog geöffnet. Im oberen Bereich habe ich unter ENTSPRICHT ALLEN DER FOLGENDEN KRITERIEN aus dem ersten Popup-Menü GENRE gewählt. Im zweiten Popup-Menü habe ich den Eintrag IST NICHT festgelegt und dann im Textfeld das unerwünschte Genre eingetragen (»Weihnachtslieder«). Anschließend habe ich auf das Pluszeichen rechts neben dem Feld geklickt, um ein weiteres Kriterium hinzuzufügen. Ich nahm in den Popup-Menüs die gleichen Einträge vor und trug in das Textfeld »Jordans Musik« ein. Das Ganze wiederholte ich für »Video-Hintergrundmusik«, »Konferenzmusik« und »Radio-Disney-Musik«. Schließlich sorgte ich noch dafür, dass die Checkbox AUTOMATISCH AKTUALISIEREN aktiviert ist. Als ich OK klickte, wurde meine »Autofahr-Mix«-Wiedergabeliste erzeugt, auf der keiner der unerwünschten Titel auftauchte. Wenn ich nun einen neuen Titel hinzufüge (der einem nicht blockierten Genre angehört), gelangt dieser automatisch auf meine intelligente Autofahr-Mix-Wiedergabeliste.

Eine intelligente Wiedergabeliste Ihrer am seltensten gespielten Titel anlegen

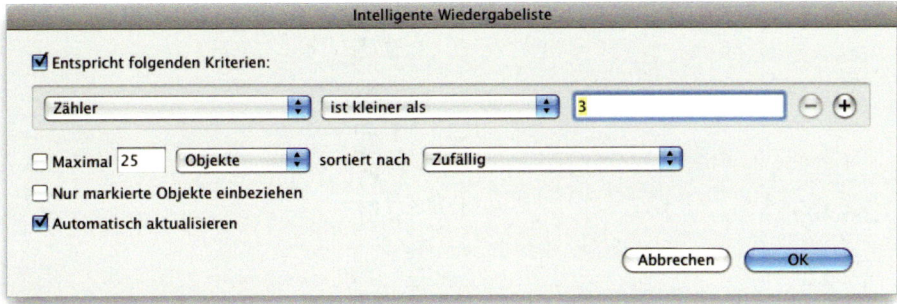

Wenn Sie Tausende (oder zumindest Hunderte) von Titeln auf Ihrem iPod haben, dann gibt es wahrscheinlich Klänge, die Sie nicht allzu oft zu hören bekommen. Suchen Sie eine tolle Idee für eine intelligente Wiedergabeliste? Lassen Sie iTunes eine erzeugen, auf der Titel stehen, die Sie selten (oder überhaupt noch nicht) gespielt haben. Drücken Sie zuerst die ⌥-Taste und klicken Sie auf den WIEDERGABELISTE-ERSTELLEN-Button in der unteren linken Ecke des iTunes-Fensters. Wählen Sie im daraufhin erscheinenden Dialog aus dem ersten Popup-Menü unter ENTSPRICHT FOLGENDEN KRITERIEN die Option ZÄHLER. Geben Sie im zweiten Menü IST KLEINER ALS an und tippen Sie in das Textfeld den Wert »3« (oder einen anderen niedrigen Wert) ein. Achten Sie darauf, dass die Checkbox AUTOMATISCH AKTUALISIEREN aktiviert ist, und klicken Sie auf OK. Es wird nun eine neue intelligente Wiedergabeliste mit Ihren am seltensten gespielten Titeln erzeugt. Sobald Sie diese Lieder mehr als dreimal (oder was auch immer Sie angegeben haben) gehört haben, verschwinden sie dank der automatischen Aktualisierung von der Liste. Sie könnten eine Variante dieser Liste erzeugen, indem Sie im ersten Popup-Menü ZULETZT GESPIELT, im zweiten Popup-Menü VOR DEM und im Textfeld ein Datum, das mehrere Monate zurückliegt, angeben. Wenn Sie OK klicken, erzeugt iTunes eine intelligente Wiedergabeliste, die nur aus solchen Titeln besteht, die Sie einige Monate lang schon nicht mehr gehört haben.

Eine intelligente Wiedergabeliste für kurze Reisen

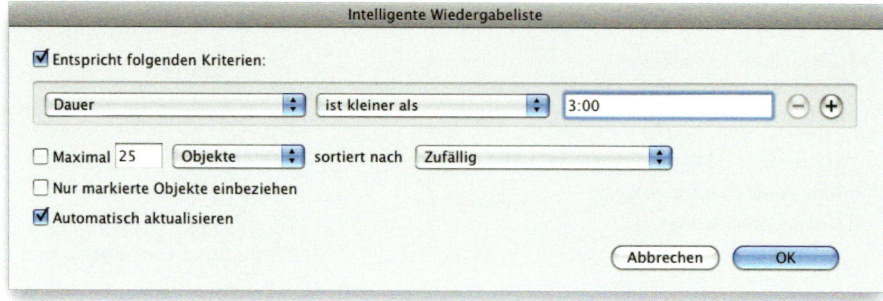

Falls Sie nur 10 Minuten bis zu Ihrem Arbeitsplatz brauchen (Sie Glücklicher), dann wollen Sie wahrscheinlich nicht die ganze Zeit nur einen einzigen langen Titel anhören, oder? Wieso legen Sie sich dann nicht eine intelligente Wiedergabeliste an, die nur kurze Titel enthält? Das geht so: Option-klicken Sie auf den WIEDERGABELISTE-ERSTELLEN-Button, um eine intelligente Wiedergabeliste zu erzeugen. Wählen Sie im ersten Popup-Menü des Dialogs DAUER und im zweiten Popup-Menü IST KLEINER ALS und geben in das Textfeld »3:00« ein. Wenn Sie nun auf dem Weg zur Arbeit diese intelligente Wiedergabeliste abspielen, dann können Sie drei vollständige Titel anhören und haben außerdem wenigstens ein Drittel des vierten Titels geschafft.

---

iTipp: Titel, die Sie vor einer Woche gehört haben

Lust auf eine weitere Idee für intelligente Wiedergabelisten? Wie wäre es damit – wollen Sie die gleichen Titel hören, die Sie genau vor einer Woche gehört haben? Nun, wenn Sie Ihre intelligente Wiedergabeliste erzeugen, geben Sie im ersten Popup-Menü ZULETZT GESPIELT und im zweiten Popup-Menü AM an und tippen in das Textfeld das Datum von vor genau einer Woche ein. Es wird eine neue intelligente Wiedergabeliste erzeugt, auf der exakt die Titel sind, die Sie vor einer Woche gehört haben. Sie könnten diese Liste »Déjà vu« nennen. Ist nur so eine Idee.

Auf zur Party mit der Party-Jukebox

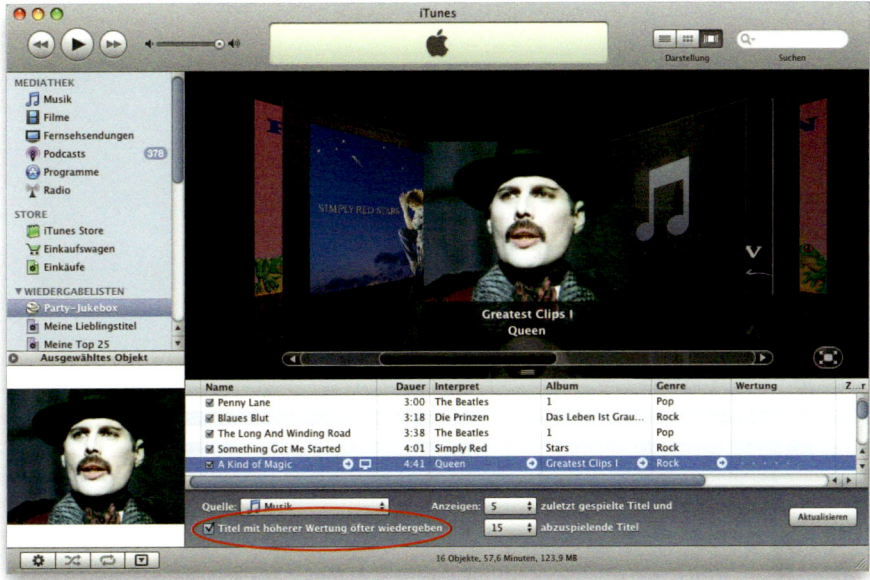

Die Party-Jukebox ist eine weitere coole iTunes-Funktion, die Apple 2004 eingeführt hat. Anstatt einfach nur zufällig Titel auszuwählen (wie der normale Befehl ZUFÄLLIGE WIEDERGABE), spielt Party-Jukebox eher Titel, die Sie höher bewertet oder oft abgespielt haben, so dass Sie im Prinzip mehr Lieblingstitel zu hören bekommen als bei der normalen zufälligen Wiedergabe. Sie können Party-Jukebox sogar dazu bringen, Ihre höher bewerteten Lieder zu bevorzugen, indem Sie PARTY-JUKE-BOX in der Quellenliste auf der linken Seite des iTunes-Fensters anklicken. Wenn die Optionen der Party-Jukebox am unteren Rand des iTunes-Fensters auftauchen, dann aktivieren Sie die Check-box TITEL MIT HÖHERER WERTUNG ÖFTER WIEDERGEBEN. Ihre »Party-Steuerung« ist hier aber noch nicht zu Ende. Zu den weiteren Unterschieden zwischen der Party-Jukebox und der normalen zufälligen Wiedergabe gehören: Sie können sehen, was bereits gespielt wurde, Sie können sehen, was als Nächstes kommt, und Sie haben eine Menge Kontrolle darüber. Sie können mit den Steuerungen im unteren Teil des iTunes-Fensters einen Titel überspringen, löschen, nach oben in der Wieder-gabeliste verschieben usw. Party-Jukebox stellt also die Titel zu einer Liste zusammen, aber als »Party-DJ« haben Sie das letzte Wort, was gespielt wird und wann dies geschieht.

Party-Jukebox von einer Wiedergabeliste

Hier kommt eine großartige Methode, um Zeit zu sparen, wenn Sie eine Party-Jukebox zusammenstellen: Nehmen Sie als Grundlage für die Jukebox eine bereits existierende Wiedergabeliste. Anstatt beispielsweise für die Party-Jukebox einfach zufällig Titel aus Ihrer Musikbibliothek zu nehmen, wie vorgegeben ist, lassen Sie die Titel aus einer bestimmten Wiedergabeliste kommen. Stellen Sie sich vor, Sie haben eine Themen-Party (z.B. eine Disco-Nacht). Jetzt können Sie für die Party-Jukebox zufällige Titel aus Ihrer Disco-Wiedergabeliste nehmen. Gehen Sie folgendermaßen vor: Wenn Sie auf PARTY-JUKEBOX klicken, dann erscheinen die Titel im Hauptfenster. Im unteren Teil des Fensters jedoch (wo sich die Steuerungen für die Party-Jukebox befinden) sehen Sie das Popup-Menü QUELLE (das standardmäßig auf MUSIK gesetzt ist). Wählen Sie hier die Wiedergabeliste, die Sie als Basis für Ihre Party-Jukebox einsetzen wollen, und Sie sind fertig.

---

iTipp: Ein Album bewerten

Neben einzelnen Titeln können Sie auch gleich ganze Alben bewerten. Öffnen Sie dazu die DARSTELLUNGSOPTIONEN im DARSTELLUNG-Menü und aktivieren Sie die Checkbox ALBUMWERTUNG. Im iTunes-Fenster erscheint nun eine neue Spalte. Wenn Sie mit dieser Spalte ein Album bewerten, bekommen alle Titel dieses Albums die gleiche Wertung. Falls Sie die Titel einzeln bewerten, wird automatisch eine durchschnittliche Wertung auf der Grundlage der Einzelwertungen berechnet.

Wiedergabelistenmüll mit Ordnern abbauen

Es ist ziemlich einfach, eine wahre Manie für Wiedergabelisten zu entwickeln. Bevor Sie sich versehen, haben Sie 1.600 Wiedergabelisten – eine für jede Stimmung, jede Gelegenheit, jedes Genre, jede Band, jede mögliche Autofahrt, jede … (ich denke, Sie haben's kapiert). Sie wissen, dass Sie ein Problem haben, wenn es 11 Minuten dauert, durch die Quellenliste zu scrollen. Falls Sie endlich Klarheit in Ihre Sammlung aus Wiedergabelisten bringen wollen, können Sie in iTunes (ab Version 5) Ordner für Wiedergabelisten in die Quellenliste einfügen, um alle Ihre Wiedergabelisten mit einem gemeinsamen Thema an einer Stelle zu organisieren. Beispielsweise könnten Sie einen Ordner namens »Partys« anlegen, in dem Sie alle Listen ablegen, die Sie bei Ihren Partys benutzen (Ihren Rave-Mix, den Burning-Man-Mix, den Diddy-Party-Mix, den Salsa-Party-Mix usw.). Wenn Sie die Listen einzeln sehen wollen, dann erweitern Sie einfach den Ordner (wie oben gezeigt). Um einen Wiedergabelistenordner anzulegen, gehen Sie in das ABLAGE-Menü und wählen den Befehl NEUER ORDNER. Der neue Ordner erscheint in der Quellenliste. Sie können nun ganz einfach verwandte Wiedergabelisten direkt in diesen Ordner ziehen.

---

iTipp: Einen Ordner abspielen

Wenn Sie mehrere Wiedergabelisten in einen Ordner gepackt haben, können Sie diesen Ordner »abspielen«. Es werden dann nur die Wiedergabelisten aus diesem Ordner verwendet. Sie könnten also alle Ihre Rockmusik-Listen in einen Ordner legen und auf einmal abspielen, indem Sie diesen Ordner wählen. Und falls Sie sich das jetzt fragen – ja, Sie können Unterordner anlegen.

Intelligente-Wiedergabelisten-Idee für DJs

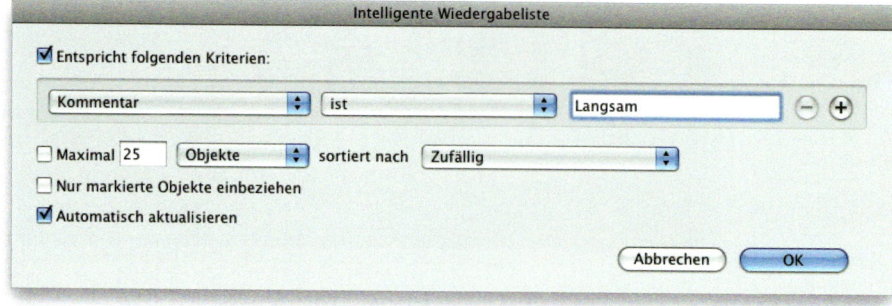

Stellen Sie sich einmal vor, Sie wollen als DJ in der nächsten Woche eine Party mit Ihrem iPod versorgen. Sicher brauchen Sie eine Menge tanzbarer Titel. Darüber hinaus müssen Sie aber auch eine Wiedergabeliste mit langsamen Songs zum Kuscheln mitbringen. Mit Hilfe einer intelligenten Wiedergabeliste können Sie alle langsamen Titel, die Sie benötigen, ganz schnell zusammenfassen. Gehen Sie einfach durch Ihre Musikbibliothek und ⌘-klicken (PC: Strg-klicken) Sie auf jeden Titel, von dem Sie annehmen, dass Sie ihn verwenden können. Wenn Sie alle langsamen Titel ausgewählt haben, drücken Sie ⌘-I (PC: Strg-I), um den Dialog INFORMATION FÜR MEHRERE TITEL zu öffnen. Geben Sie in das Kommentarfeld das Wort LANGSAM ein und klicken Sie OK, um allen ausgewählten Liedern diesen Kommentar hinzuzufügen. Gehen Sie nun in das ABLAGE-Menü und wählen Sie NEUE INTELLIGENTE WIEDERGABELISTE. Im INTELLIGENTE-WIEDERGABELISTE-Dialog wählen Sie aus dem ersten Popup-Menü KOMMENTAR und aus dem zweiten Popup-Menü IST. In das Textfeld geben Sie LANGSAM ein. Wenn Sie OK klicken, werden alle langsamen Titel in ihrer eigenen Wiedergabeliste zusammengefasst. Wiederholen Sie das Ganze für die Dance-Titel – fügen Sie jeweils den Kommentar »Dance-Titel« hinzu und erzeugen Sie auf die gleiche Weise eine intelligente Wiedergabeliste.

Intelligente-Wiedergabelisten-Idee: keine versauten Texte

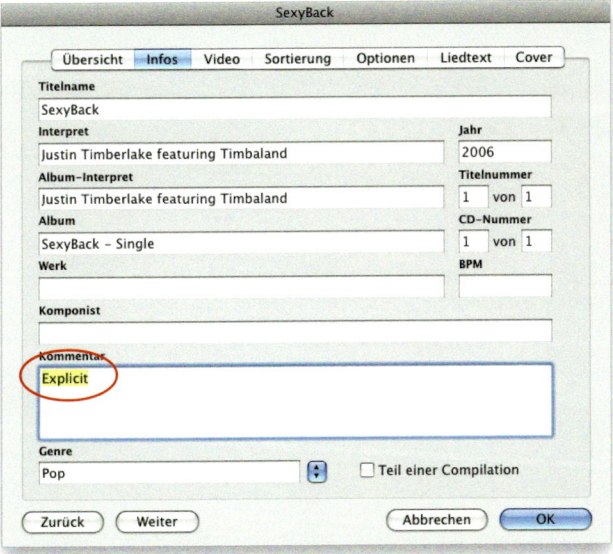

Wenn Sie eine Wiedergabeliste haben, die eine Menge aktueller Titel enthält, dann können Sie darauf wetten, dass einige der Songtexte nicht ganz jugendfrei sind (Apple versieht solche Titel in seinem iTunes Store mit der Warnung »Explicit« in Form eines roten Zeichens neben dem Namen des Lieds). Wahrscheinlich haben Sie schon Titel mit unanständigen Texten heruntergeladen. Und auch wenn Ihnen diese Texte ja möglicherweise gefallen sollten (ts ts), wollen Sie vermutlich nicht, dass sie in voller Lautstärke aus Ihrer Autoanlage ertönen, wenn Ihr siebenjähriger Sohn auf dem Rücksitz sitzt. Die Lösung? Eine intelligente Wiedergabeliste Ihrer Lieblingstitel, die automatisch Titel mit unanständigen Texten ausschließt. Der erste Schritt besteht darin, Ihre Titel beim Herunterladen mit einem Stichwort zu kennzeichnen. Wenn Sie einen expliziten Titel herunterladen, dann klicken Sie sofort darauf, drücken ⌘-I (PC: Strg-I) und klicken im Info-Dialog auf den Karteireiter INFO. Geben Sie in das Kommentarfeld das Wort EXPLICIT ein und klicken Sie auf OK. Wählen Sie nun im ABLAGE-Menü NEUE INTELLIGENTE WIEDERGABELISTE. In dem sich öffnenden Dialog wählen Sie aus dem ersten Popup-Menü WIEDERGABELISTE, aus dem zweiten Popup-Menü IST und aus dem dritten Popup-Menü die Liste mit all Ihren Lieblingstiteln (einschließlich der mit den nicht jugendfreien Texten). Klicken Sie dann auf das Pluszeichen, um ein weiteres Kriterium hinzuzufügen. Im ersten Popup-Menü wählen Sie KOMMENTAR und im zweiten Popup-Menü ENTHÄLT NICHT. In das Textfeld geben Sie EXPLICIT ein. Klicken Sie auf OK, um eine neue Wiedergabeliste mit all Ihren Lieblingstiteln anzulegen, ausgenommen denjenigen mit den versauten Texten.

Intelligente-Wiedergabelisten-Idee: tolle 80er Titel

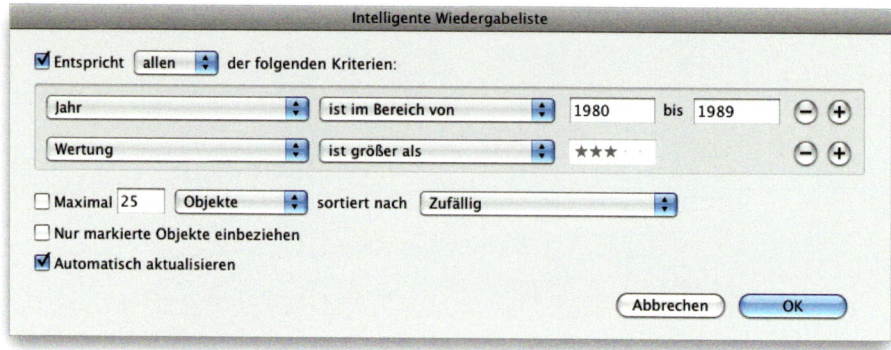

Okay, jetzt wollen Sie eine Liste haben, in der sich nur Ihre Lieblingstitel aus den 80er Jahren befinden. Gehen Sie folgendermaßen vor: Wählen Sie im ABLAGE-Menü den Befehl NEUE INTELLIGENTE WIEDERGABELISTE. Wenn die Dialogbox erscheint, wählen Sie im ersten Popup-Menü JAHR und im zweiten Popup-Menü IST IM BEREICH VON. Geben Sie in die beiden Felder rechts daneben »1980« und »1989« ein. Klicken Sie dann auf das Pluszeichen, um ein weiteres Kriterium hinzuzufügen. Wählen Sie aus dem ersten Popup-Menü WERTUNG und aus dem zweiten Popup-Menü IST GRÖSSER ALS. Im Sternefeld wählen Sie drei Sterne. Klicken Sie dann auf OK. Jetzt erhalten Sie eine Wiedergabeliste aus den Titeln Ihrer Musikbibliothek, die in den 80er Jahren veröffentlicht wurden. Mit einer Bewertung von vier und fünf Sternen handelt es sich ausschließlich um Ihre Lieblingstitel.

---

iTipp: Eine Wiedergabeliste Ihrer neuen Musik ▬

Sie wollen eine Wiedergabeliste mit Ihrer neuesten Musik hören? Gehen Sie in das ABLAGE-Menü und wählen Sie NEUE INTELLIGENTE WIEDERGABELISTE. In der sich öffnenden Dialogbox wählen Sie aus dem ersten Popup-Menü HINZUGEFÜGT und aus dem zweiten Popup-Menü INNERHALB DER LETZTEN. In das Textfeld geben Sie »30« ein, wählen TAGE aus dem vierten Popup-Menü und klicken auf OK. Es erscheint eine neue intelligente Wiedergabeliste nur mit Ihren neuen Titeln. Wenn Sie diese Liste noch mehr aufbohren wollen (so dass sie nur Ihre am höchsten bewerteten Titel enthält), dann klicken Sie auf das Pluszeichen, um ein weiteres Kriterium hinzuzufügen. Wählen Sie WERTUNG IST GRÖSSER ALS VIER STERNE und klicken Sie auf OK.

Intelligente-Wiedergabelisten-Idee: Ihre wahren Top 100

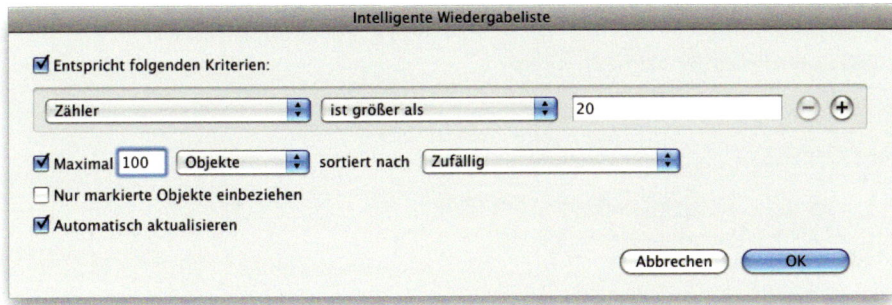

Hier ist eine großartige Methode, um eine Liste Ihrer wirklichen Lieblingstitel zusammenzustellen (die sogar Titel enthalten könnte, von denen Sie nicht einmal wussten, dass es Ihre Lieblingstitel sind). Wählen Sie im ABLAGE-Menü NEUE INTELLIGENTE WIEDERGABELISTE. In der sich öffnenden Dialogbox wählen Sie aus dem ersten Popup-Menü ZÄHLER und aus dem zweiten Popup-Menü IST GRÖSSER ALS. In das Textfeld geben Sie den Wert »20« ein. Aktivieren Sie dann die Checkbox MAXIMAL, geben Sie »100« ein und wählen Sie OBJEKTE. Klicken Sie nun auf OK. Es erscheint eine neue intelligente Wiedergabeliste, die nur Ihre am häufigsten gespielten Titel enthält – Ihre wahren Top 100.

---

iTipp: Eine intelligente Wiedergabeliste normal machen

Gefällt Ihnen der momentane Inhalt einer Ihrer intelligenten Wiedergabelisten? Dann lassen Sie iTunes diese Liste in eine normale Wiedergabeliste umwandeln (damit sie nicht mehr automatisch angepasst wird). Und so geht's: Klicken Sie die intelligente Wiedergabeliste an und ziehen Sie auf das Wort »Wiedergabelisten«. Der gesamte Wiedergabelistenbereich wird markiert. Wenn Sie die Maustaste loslassen, wird eine normale Wiedergabeliste mit dem Inhalt Ihrer intelligenten Wieder-gabeliste erzeugt.

Intelligente-Wiedergabelisten-Idee: Ihre besten Alben

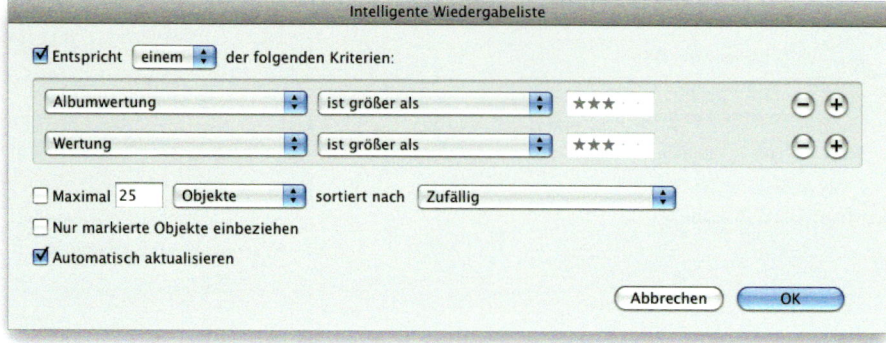

Ich erwähnte bereits (in einem iTipp), dass Sie die durchschnittliche Wertung für ein Album erzeugen und anzeigen können (bzw. dass Sie gleich ganze Alben auf einmal bewerten können). Mit dieser Funktion lässt sich auch eine ziemlich clevere intelligente Wiedergabeliste Ihrer am besten bewerteten Alben (mit vier oder mehr Sternen) herstellen. Das ist cleverer, als es klingt, und zwar aus folgendem Grund: Zu Ihrer intelligenten Wiedergabeliste werden komplette Alben mit vielen hoch bewerteten Titel hinzugefügt (weil es genügend hoch bewertete Titel auf dem Album gibt, um eine durchschnittliche Wertung von vier oder mehr Sternen zu erreichen). Falls es aber, wie auf den meisten Alben, nur einige gute Titel auf dem Album gibt, dann werden von diesen Alben nur die hoch bewerteten Titel hinzugefügt und nicht diejenigen, die Sie immer überspringen. Wählen Sie NEUE INTELLIGENTE WIEDERGABELISTE aus dem ABLAGE-Menü. In dem sich öffnenden Dialog geben Sie im ersten Popup-Menü ALBUMWERTUNG an, aus dem zweiten Popup-Menü wählen Sie IST GRÖSSER ALS und aus dem Wertungsfeld wählen Sie drei Sterne. Klicken Sie dann auf das Pluszeichen, um weitere Kriterien hinzuzufügen. Aus dem ersten Popup-Menü wählen Sie WERTUNG, aus dem zweiten Popup-Menü IST GRÖSSER ALS und dann geben Sie im Wertungsfeld drei Sterne an. Und jetzt kommt das Wesentliche: Aus dem ENTSPRICHT-Popup-Menü oben in der Dialogbox wählen Sie EINEM. Klicken Sie OK, um eine Wiedergabeliste der besten Titel aller Ihrer Alben zu erstellen.

Intelligente-Wiedergabelisten-Idee:
Titel, die Sie eine Weile nicht gehört haben

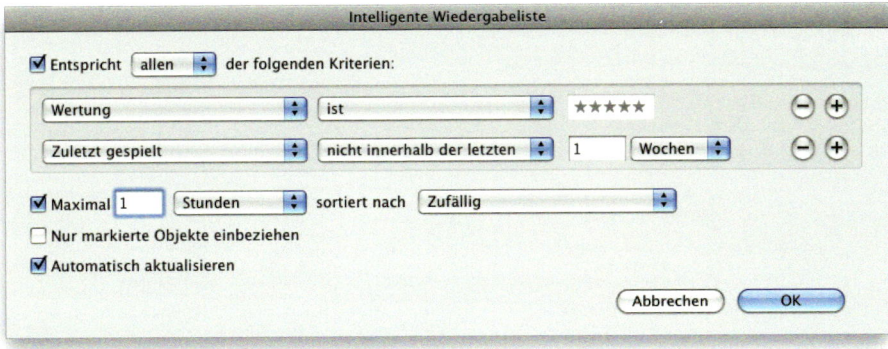

Erfahren Sie, wie Sie eine Wiedergabeliste erzeugen, die eine Stunde lang ist und die besten Titel enthält, die Sie in der vergangenen Woche nicht gehört haben. Der Knüller: Sie wird ständig und automatisch aktualisiert. Wählen Sie im ABLAGE-Menü NEUE INTELLIGENTE WIEDERGABELISTE. In dem sich öffnenden Dialog wählen Sie aus dem ersten Popup-Menü WERTUNG und aus dem zweiten Popup-Menü IST. Im Wertungsfeld geben Sie fünf Sterne an. Fügen Sie eine weitere Zeile mit Kriterien hinzu und wählen Sie aus dem ersten Popup-Menü ZULETZT GESPIELT sowie aus dem zweiten Popup-Menü NICHT INNERHALB DER LETZTEN. In das Textfeld geben Sie »1« ein und wählen WOCHEN aus dem Popup-Menü. Aktivieren Sie dann die Checkbox MAXIMAL, geben Sie »1« in das Textfeld ein und wählen Sie STUNDEN aus dem Popup-Menü. Das Popup-Menü SORTIERT NACH muss auf ZUFÄLLIG gesetzt sein. Klicken Sie auf OK. Jetzt hören Sie nur die besten Titel, die in der letzten Woche nicht gespielt wurden.

Erzeugen Sie eine Genius-Wiedergabeliste in iTunes

In iTunes 8 hat Apple die »Genius«-Wiedergabeliste eingeführt. Diese optionale Funktion ist standardmäßig deaktiviert. Wenn Sie die Genius-Funktion zum ersten Mal benutzen, dann klicken Sie unter Wiedergabelisten auf Genius und betätigen Sie in dem sich öffnenden Dialog den Genius aktivieren-Button. Folgen Sie den Anweisungen, um *Ihre* Genius-Wiedergabeliste einzurichten. Wenn Sie fertig sind, dann sehen Sie ein Genius-starten-Icon in der unteren rechten Ecke des iTunes-Hauptmenüs. Klicken Sie darauf, um die Genius-Funktion einzuschalten. iTunes sendet anonym Informationen über Ihre Titel oder Wiedergabelisten an den iTunes Store (die »Wolke«), um sie mit anderen zu vergleichen, die einen ähnlichen Musikgeschmack haben. Die Ergebnisse werden zurück an Ihr iTunes gesandt.

Wenn Sie nun einen Titel in Ihrer Bibliothek auswählen, dann können Sie auf das Genius-starten-Icon klicken und bekommen eine Liste mit Titeln in der Genius-Leiste angezeigt. Im oberen Teil der Liste sehen Sie andere Titel dieses Interpreten, die Sie möglicherweise auch kaufen wollen, darunter befinden sich Empfehlungen für ähnliche Titel, die Ihnen ebenfalls gefallen könnten. Andere Möglichkeiten, die Genius-Wiedergabeliste zu benutzen, stelle ich Ihnen auf der nächsten Seite vor.

Die Genius-Wiedergabeliste benutzen

Sie haben jetzt also die Genius-Listen für »Another One Bites the Dust« von Queen. Was können Sie mit diesen Informationen anfangen? Nun, zunächst einmal könnten Sie einen weiteren Titel oder ein Album von Queen kaufen, falls Sie Lust haben.

Oder Sie ändern die Anzahl der Titel in der Liste, indem Sie oben im Menü den Wert 50, 75 oder sogar 100 einstellen. Sie können sogar eine Wiedergabeliste dieser Titel erzeugen, indem Sie auf WIEDERGABELISTE SICHERN klicken. Oder Sie löschen die Genius-Seitenleiste, indem Sie auf AKTU-ALISIEREN klicken, und holen sich neue Empfehlungen für einen anderen Titel.

Um die Genius-Seitenleiste ein- oder auszublenden, klicken Sie auf den nach rechts weisenden Pfeil neben dem Genius-Icon in der unteren rechten Ecke des Fensters (oder wählen Sie GENIUS-SEITENLEISTE EINBLENDEN bzw. GENIUS-SEITENLEISTE AUSBLENDEN aus dem DARSTELLUNG-Menü).

Kapitel 12
Tip Drill
Coole iTunes-Tipps

⏩ Sie glauben sicher, »Tip Drill« für ein Kapitel über iTunes-Tipps ist so perfekt, wie ein Name nur sein kann. Der Name ist absolut passend und außerdem ist es der Name eines Titels von Nelly und der Name einer DVD-Dokumentation (die den Nelly-Song gleichen Namens enthält – und von ihm inspiriert wurde). Wenn ich »Tip Drill« höre, dann muss ich als alter NFL-Football-Fan (Go Bucs!) an eine Übung denken, bei der der Pass von einem Mitglied der Verteidigung »angetippt« wird, wodurch er leichter abzufangen ist. NFL-Teams üben ständig diese Tip Drills, weshalb alle die Luft anhalten, wenn in einem echten Spiel ein Pass getippt wird, weil er vermutlich nicht durchkommt. Als mir also ein Titel namens »Tip Drill« über den Weg lief, war ich hingerissen. Momentan gibt es ihn nicht im iTunes Store und das ist wahrscheinlich gut so. Als ich nämlich im Web nach dem Text gesucht habe, musste ich erfahren, dass »Tip Drill« ein sehr unanständiger Song ist. Er ist sogar ausgesprochen unanständig. Hätte mein elfjähriger Sohn diesen Song gehört, dann gäbe es wahrscheinlich nicht genug Seife, um den ganzen Dreck wieder aus seinen Ohren auszuwaschen. Gäbe es diesen Song im iTunes Store, dann wäre die Explicit-Warnung vermutlich nicht stark genug dafür. Ich habe also nach der DVD gesucht, die (Überraschung!) von unanständigen Dingen handelt. Um sicherzugehen, dass dieses Kapitel als »jugendfrei« eingestuft wird, wollen wir von unserer Song-oder-Filmtitel-für-Kapitelnamen-Regel ein bisschen abweichen und die NFL-Definition von »Tip Drill« stattdessen benutzen. Danke für Ihr Verständnis.

Sanfte Übergänge zwischen Titeln einfügen

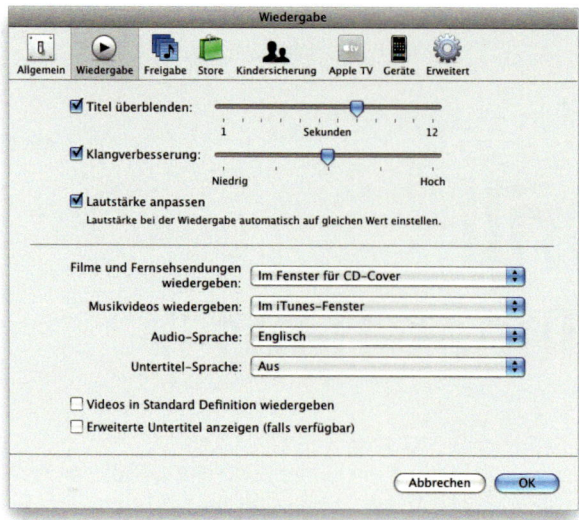

Wie würde es Ihnen gefallen, wenn zwischen zwei Titeln keine einfache Lücke wäre, sondern ein Titel am Ende ausgeblendet und der nächste Titel am Anfang eingeblendet werden würde, wie das im Radio manchmal zu hören ist? iTunes kann das automatisch – man bezeichnet das als »Überblenden«. Sie können solche speziellen Blenden hinzufügen, indem Sie in die ITUNES-EINSTELLUNGEN gehen (unter dem ITUNES-Menü auf dem Mac, unter dem BEARBEITEN-Menü auf einem Windows-PC) und auf das WIEDERGABE-Icon klicken. Als Nächstes aktivieren Sie die Checkbox TITEL ÜBERBLENDEN. Wenn Sie eine schnellere (oder langsamere) Blende zwischen Titeln haben wollen, dann betätigen Sie den entsprechenden Regler. Die Blenden werden in Sekunden gemessen. Ziehen Sie also für längere Überblenden den Regler nach rechts und für kürzere nach links.

---

iTipp: Abkürzungen in den iTunes Store

Wenn Sie auf Titel in Ihrer iTunes-Musikbibliothek klicken, dann sehen Sie nach rechts weisende Pfeile. Dabei handelt es sich um Kürzel, die Sie zu weiteren Titeln dieses Interpreten führen. Wenn Sie auf einen Pfeil klicken, wird der iTunes Store gestartet.

Ihre Originaltitel finden (für ein leichteres Backup)

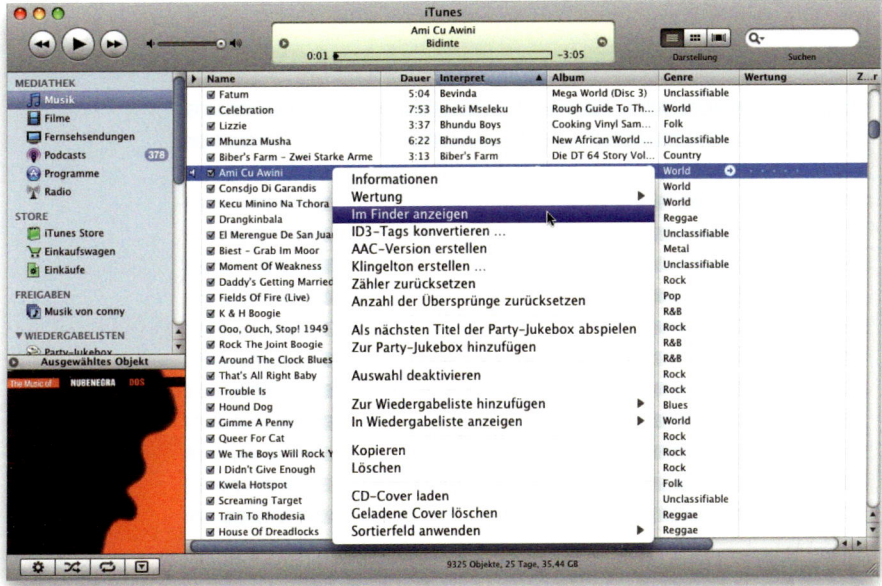

Das Sichern Ihrer Titel ist wichtig für den Fall, dass mit Ihrer Festplatte einmal etwas schiefgeht. Sollten Sie jedoch nicht alle Ihre Songs im iTunes-Ordner gesammelt haben (wie in Kapitel 8 gezeigt), dann kann es ziemlich schwierig werden, alle Originaltitel zu finden, die gesichert werden sollen. Nun, hier kommt ein Trick, der Ihnen das Leben erleichtern kann. Um den Ablageort des Originaltitels auf Ihrer Festplatte zu finden, Ctrl -klicken (PC: rechtsklicken) Sie einfach auf den Titel in Ihrer Wiedergabeliste oder Musikbibliothek und wählen dann aus dem Popup-Menü, das sich öffnet, IM FINDER ANZEIGEN (auf dem Mac) oder IM WINDOWS EXPLORER ANZEIGEN (auf dem Windows-PC). Der Ordner, in dem sich der Titel befindet, erscheint im Vordergrund, so dass es einfach ist, ihn auf ein Sicherungsmedium zu kopieren.

---

iTipp: Die Schriftgröße ändern

Die Standardschriftgröße ist in iTunes recht klein, was cool ist, wenn Sie 15 sind. Sind Sie jedoch älter (etwa 18 oder 19), dann wollen Sie die Schrift vielleicht ein bisschen größer haben. Dazu gehen Sie in die ITUNES-EINSTELLUNGEN (auf dem Mac unter dem ITUNES-Menü, auf einem Windows-PC unter dem BEARBEITEN-Menü) und klicken auf das ALLGEMEIN-Icon. Sie finden dort Popup-Menüs für den Text der Quellen (Menüs und solche Dinge) und den Text für Titel (Text, den Sie in den Wiedergabelisten und der Bibliothek sehen). Wählen Sie GROSS aus dem Popup-Menü, um die Schriftgröße zu vergrößern.

Anfangs- und Endpunkte eines Titels bearbeiten

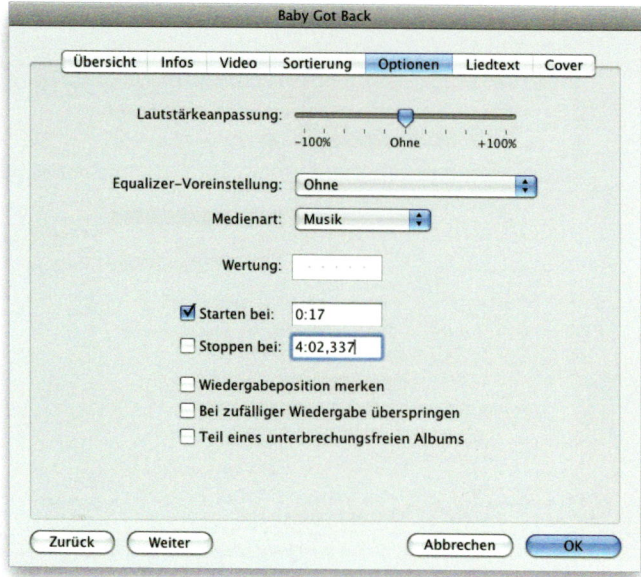

Festlegen zu können, wann ein Titel beginnt (oder endet), ist wichtiger, als Sie vielleicht glauben. Beispielsweise beginnt der Song »Baby Got Back« von Sir Mix-A-Lot damit, wie zwei Valley-Girls über den Hintern eines anderen Mädchens herziehen. Beim ersten Mal ist das noch lustig, aber beim zehnten oder elften Mal reicht es dann. Glücklicherweise erlaubt es Ihnen iTunes, diesen Teil komplett zu überspringen, indem Sie die Anfangszeit für dieses Lied festlegen. Und so geht's: Zuerst müssen Sie feststellen, wo genau in dem Lied der »gute Teil« beginnt. Spielen Sie dazu das Lied von Anfang an und notieren Sie sich die Zeit, die vergangen ist, bis die Musik tatsächlich beginnt (in »Baby Got Back« ist dieser Zeitpunkt nach 17 Sekunden erreicht). Jetzt Ctrl -klicken (PC: rechts-klicken) Sie in Ihrer Musikbibliothek (oder Wiedergabeliste) auf den Titel, den Sie bearbeiten wollen, und wählen Informationen aus dem Kontextmenü. Auf dem Karteireiter Optionen sehen Sie die Checkboxen für die Anfangs- und Endzeiten. Klicken Sie auf Starten bei und geben Sie 0:17 ein. Das war's. Beim Abspielen werden die Valley-Girls ausgelassen und es geht gleich zur Musik.

---

iTipp: Die Informationen des nächsten Titels bearbeiten

Hier sind zwei kleine Buttons, die die meisten Leute im Info-Dialog übersehen – Zurück und Weiter. Mit Hilfe dieser Buttons können Sie den nächsten (oder vorherigen) Titel in der aktuellen Wiedergabeliste oder Musikbibliothek bearbeiten, ohne den Dialog zu schließen. Klicken Sie einfach auf Weiter und es erscheinen die Informationen für den nächsten Titel, bereit zum Bearbeiten.

Mit Hilfe der Albumcover navigieren

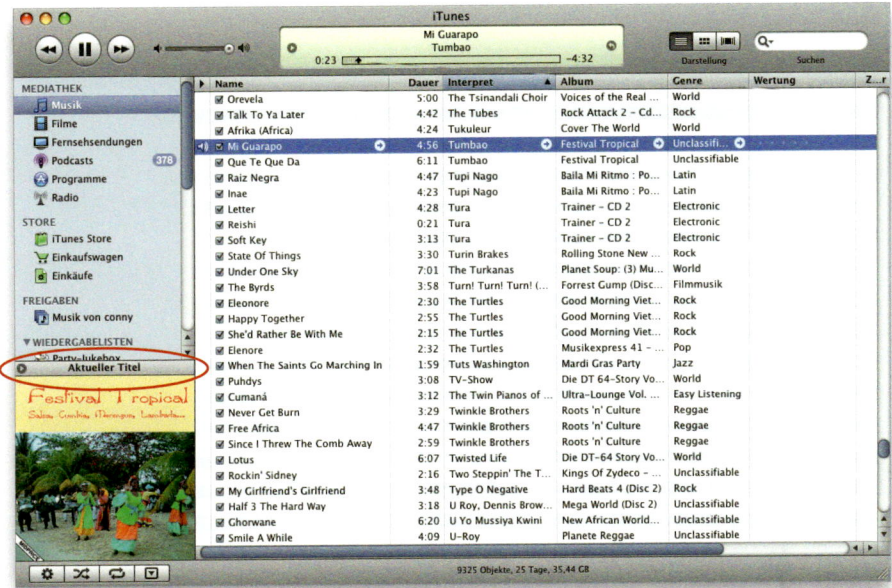

Sie werden bemerkt haben, dass in der unteren linken Ecke des iTunes-Fensters das Albumcover angezeigt wird, wenn Sie auf einen Titel in iTunes klicken (zumindest wenn Sie den Cover-anzeigen-Button in der unteren linken Ecke des Fensters angeklickt haben – es ist der vierte Button in der Reihe). Direkt über dem Albumcover sehen Sie die Wörter Ausgewähltes Objekt, was bedeutet, dass Sie das Cover für den gerade ausgewählten Titel sehen. Wussten Sie aber, dass Sie diese Funktion so ändern können, dass iTunes anstelle des Albums des ausgewählten Titels das Cover desjenigen Titels anzeigt, der gerade abgespielt wird? Richtig – klicken Sie einfach über dem Albumcover direkt auf die Wörter Ausgewähltes Objekt. Sie ändern sich auf Sie hören. Auch wenn Sie nun auf andere Titel klicken, zeigt iTunes weiterhin das Cover für den Titel an, der gerade abgespielt wird. Krass.

---

iTipp: Ein Cover zu mehreren Titeln zuweisen

Wenn Sie ein Albumcover haben, das Sie auf mehrere Titel des gleichen Albums (oder auf eine ganze CD mit Titeln) anwenden wollen, dann ⌘-klicken (PC: Strg-klicken) Sie einfach auf alle Titel, für die das Albumcover gelten soll, anschließend Ctrl-klicken (PC: rechtsklicken) Sie auf einen Titel und wählen »Informationen« aus dem sich öffnenden Kontextmenü. Jetzt ziehen Sie die Abbildung des Covers in das dafür vorgesehene Feld und lassen sie dort fallen. Das Bild erscheint dann bei allen ausgewählten Titeln.

Ein Albumcover löschen

Falls Sie bei einem Ihrer Titel ein Cover haben, das Ihnen nicht mehr gefällt, dann löschen Sie es einfach. Ctrl-klicken (PC: rechtsklicken) Sie dazu auf den Titel und wählen Sie aus dem Kontextmenü INFORMATIONEN. Wenn sich die Dialogbox öffnet, klicken Sie auf den Karteireiter COVER. Klicken Sie dann auf das Cover im Vorschaufenster. Der LÖSCHEN-Button, der sich unter dem Vorschaufenster befindet, wird aktiviert. Klicken Sie darauf und das Cover verschwindet!

Ihre eigenen CD-Booklets drucken

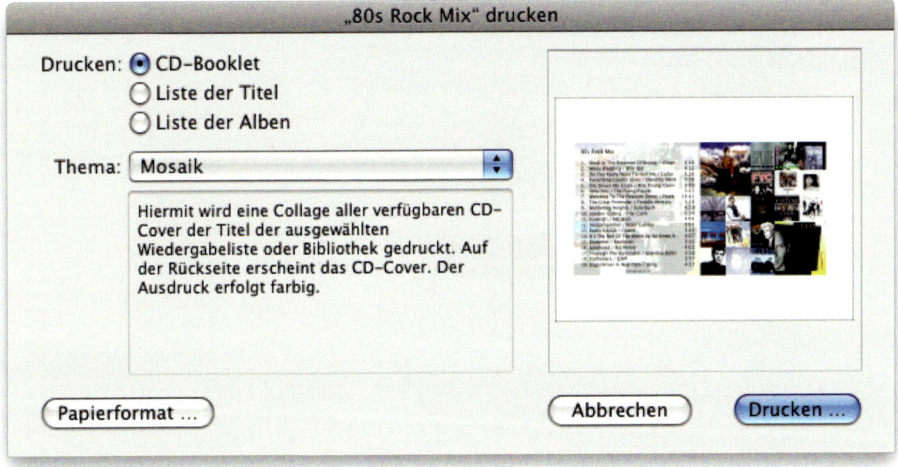

Wenn Sie eine Ihrer Wiedergabelisten auf CD gebrannt haben, können Sie über iTunes ein CD-Booklet ausdrucken, damit Sie den Überblick darüber behalten, was sich auf den gebrannten CDs befindet. Wählen Sie zuerst die Wiedergabeliste aus, die Sie auf CD gebrannt haben, indem Sie sie in der Quellenliste auf der linken Seite des iTunes-Fensters anklicken. Gehen Sie dann in das ABLAGE-Menü und wählen Sie DRUCKEN. Klicken Sie im Druckdialog auf DRUCKEN: CD-BOOKLET (falls das noch nicht ausgewählt ist). iTunes stellt automatisch eine Liste der Titel in dieser Wiedergabeliste mit den entsprechenden Laufzeiten zusammen. Es gibt sogar ein Popup-Menü, in dem Sie aus einer Auswahl professionell aussehender Themen für Ihr Booklet wählen können, wie etwa einer solchen mit mehreren oder einzelnen Albumcovern (eine Vorschau sehen Sie auf der rechten Seite des Druckdialogs). Nachdem Sie ein Thema gewählt haben, klicken Sie auf DRUCKEN, wählen die Papiergröße oder den Drucker im folgenden Dialog und warten darauf, dass Ihr CD-Booklet aus dem Drucker kommt.

Titel- und Albumlisten drucken

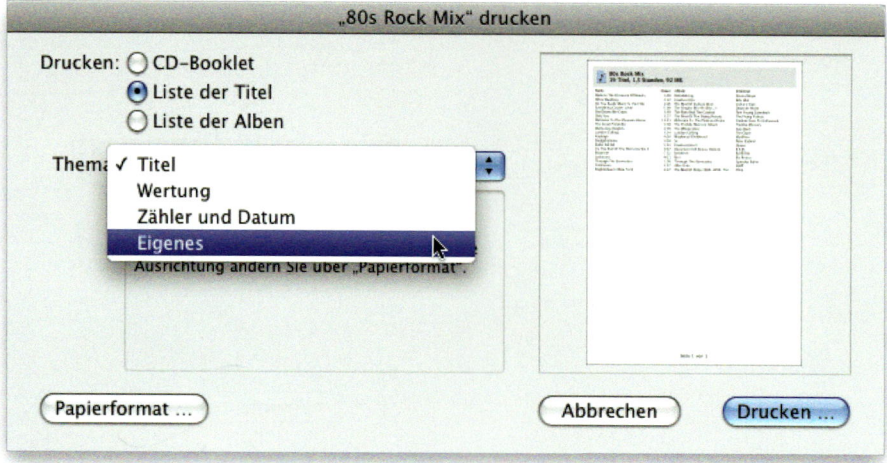

Neben CD-Booklets können Sie mit iTunes auch vollständige Listen mit Titeln, Alben oder Ihrer gesamten iTunes-Musikbibliothek drucken (das ist vor allem dann prima, wenn Ihr Computer verloren geht, gestohlen wird oder einen schrecklichen, grausigen Tod stirbt). Dabei ist es nicht nur möglich, einfache Listen zu drucken. Nein, Sie haben auch die Kontrolle darüber, wie viele Informationen in diesen Listen angezeigt werden. Für einfache Wiedergabelisten können Sie beispielsweise festlegen, ob Titelname, Interpret, Albumname, Laufzeit usw. in die Liste aufgenommen werden sollen. Sie können aber auch ein Layout vorgeben, das Ihre persönlichen Bewertungen enthält. Die Listen können das Datum des letzten Abspielens eines Titels enthalten. Sie können aber auch das komplette iTunes-Fenster drucken – es liegt an Ihnen (Sie legen das ganz einfach im Thema-Popup-Menü fest, das zu sehen ist, wenn Sie DRUCKEN aus dem ABLAGE-Menü wählen und auf den Radiobutton LISTE DER TITEL klicken). Falls Sie Ihre gesamten Alben drucken wollen, klicken Sie stattdessen auf den Radiobutton LISTE DER ALBEN. Sie erhalten dann sowohl die Albumcover (falls die Titel welche besitzen) als auch eine Liste der Titel dieser Alben, die in Ihrer Wiedergabeliste auftauchen.

Der ultimative Platzsparer

MiniPlayer auf einem Mac

MiniPlayer auf einem Windows-PC

Wenn Sie sich eine Wiedergabeliste in iTunes anhören, ist es eigentlich nicht notwendig, alle Tracks, die Wiedergabelisten, die gerade nicht abgespielt werden, Ihre Musikbibliothek und überhaupt den ganzen anderen Kram anzuschauen, der nur Platz wegnimmt. Um zur ultimativ platzsparenden Version von iTunes (dem sogenannten iTunes MiniPlayer) zu gelangen, klicken Sie einmal auf das grüne Pluszeichen in der oberen linken Ecke des iTunes-Fensters (auf einem Mac). iTunes verwandelt sich in den MiniPlayer. Auf einem Windows-PC wählen Sie ZUM MINIPLAYER WECHSELN aus dem ERWEITERT-Menü (oder drücken ⌊Strg⌋-⌊M⌋). Das Beste ist, dass Sie weiterhin Zugriff auf alle wichtigen Steuerelemente haben – START, ZURÜCKSPULEN, VORWÄRTSSPULEN, LAUTSTÄRKE und AUSWERFEN. Um wieder zum großen iTunes-Fenster zurückzukehren, klicken Sie erneut auf den grünen Knopf (Mac) oder Sie klicken auf den MAXIMIEREN-Button (Windows).

---

iTipp: Den MiniPlayer im Vordergrund behalten

Der iTunes MiniPlayer ist so klein, dass er immer im Vordergrund vor anderen offenen Anwendungen bleiben kann (damit die Steuerung immer sichtbar ist, falls Sie sie einmal brauchen – etwa wenn Ihr Chef reinkommt). Gehen Sie einfach in die ITUNES-EINSTELLUNGEN (unter dem ITUNES-Menü auf einem Mac, unter dem BEARBEITEN-Menü auf einem Windows-PC), klicken Sie dann auf das Icon ERWEITERT. Aktivieren Sie die Checkbox MINIPLAYER IMMER IM VORDERGRUND HALTEN, dann klicken Sie OK. Jetzt können Sie iTunes steuern, ohne Ihre offenen Anwendungen verlassen zu müssen.

Ihre Titel konvertieren

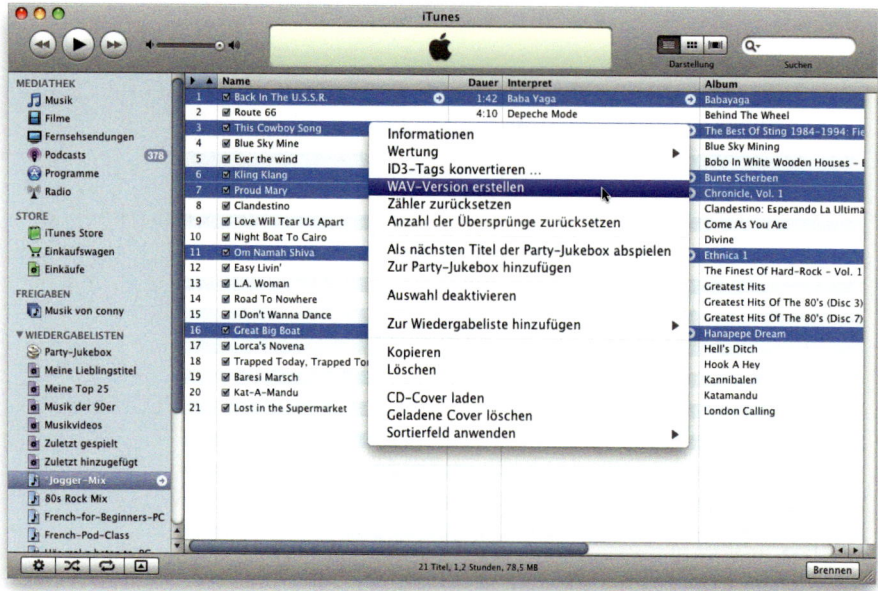

Hier kommt ein Geheimtipp für das Konvertieren Ihrer importierten Titel in das WAV-Format (zum Abspielen auf praktisch jedem CD-Player). Klicken Sie in den iTunes-Einstellungen (auf dem Mac unter dem iTunes-Menü, auf einem Windows-PC unter dem Bearbeiten-Menü) auf das Allgemein-Icon und wählen Sie Importeinstellungen. Im Importieren-mit-Popup-Menü geben Sie WAV-Codierer an. Klicken Sie zweimal OK. Als Nächstes gehen Sie zu Ihrer Wiedergabeliste (oder der Musikbiblio-thek) und klicken bei gedrückter ⌘-Taste (PC: Strg-Taste) auf die Titel, die Sie in das WAV-Format wandeln wollen. Nachdem Sie sie ausgewählt haben, Ctrl-klicken (PC: rechtsklicken) Sie auf einen der ausgewählten Titel und wählen aus dem Kontextmenü WAV-Version erstellen. Die konvertierten Versionen Ihrer Titel erscheinen direkt unter den jeweiligen Original-MP3- oder M4A-Versionen in Ihrer Musikbibliothek. Falls Sie übrigens diese WAV-Dateien in einem anderen Ordner auf Ihrer Festplatte ablegen wollen, drücken und halten Sie die ⌥-Taste (PC: ⇧-Taste), bevor Sie WAV-Version erstellen aus dem Kontextmenü wählen. Bei Titeln, die im geschützten AAC-Format vorliegen (wie etwa bei Titeln aus dem ITS), funktioniert das nicht.

---

iTipp: Wie man Alben zufällig abspielt

Wussten Sie, dass Sie in iTunes die zufällige Wiedergabe auch für Alben einstellen können? iTunes würfelt in diesem Fall die Alben durcheinander – NICHT nur die Titel auf den Alben. Gehen Sie in das Steuerung-Menü, wählen das Untermenü Zufällige Wiedergabe und wählen Sie Nach Alben anstelle von Nach Titeln.

Wiedergabelisten zwischen Computern verschieben

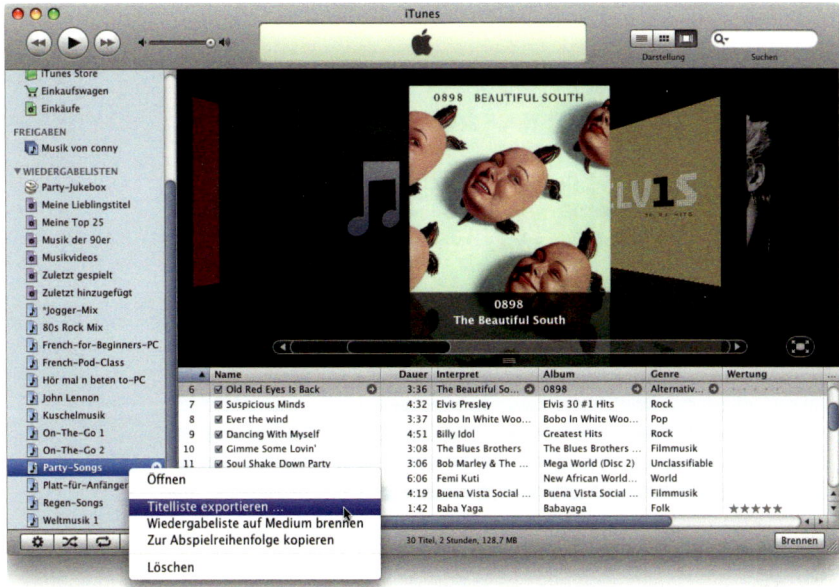

Wenn Sie mehr als einen Computer besitzen (zum Beispiel eine Desktop-Maschine und einen Laptop), dann wollen Sie vielleicht auf beiden Rechnern auf Ihre Wiedergabelisten zugreifen, oder?! Nun, Sie könnten ein drahtloses Netzwerk einrichten, blah, blah, blah, oder Sie könnten einfach Ihre Wiedergabeliste auf dem Desktop-Rechner exportieren und diese Liste dann in iTunes auf Ihrem Laptop importieren. Und so geht's: Ctrl -klicken (PC: rechtsklicken) Sie auf die Wiedergabeliste, die Sie exportieren wollen, und wählen Sie TITELLISTE EXPORTIEREN aus dem sich öffnenden Kontextmenü. Jetzt übertragen Sie diese Wiedergabeliste auf den anderen Computer (kopieren Sie sie auf ein USB-Laufwerk, brennen Sie sie auf CD, schicken Sie sie sich selbst als E-Mail, was auch immer), gehen dann in das ABLAGE-Menü und wählen MEDIATHEK/WIEDERGABELISTE IMPORTIEREN. Suchen Sie die exportierte Wiedergabelistendatei und klicken Sie auf ÖFFNEN – diese Wiedergabeliste ist nun in iTunes auf Ihrem Laptop. Ahhh, aber da gibt es einen Haken. (Sie wussten, dass es nicht so einfach sein kann, nicht wahr?). Was Sie importiert haben, ist eine »Liste« mit Titeln – es sind nicht die Titel selbst. Wenn die Titel selbst nicht in der iTunes-Musikbibliothek auf dem »anderen« Computer auftauchen, müssen Sie die eigentlichen MP3- und AAC-Dateien auch übertragen (auch diese könnten Sie auf CD brennen oder Sie benutzen Ihren iPod als Festplatte [wie das funktioniert, erfahren Sie in Kapitel 4]). Nachdem Sie die Titel auf Ihren Laptop kopiert (und im iTunes-Musik-Ordner abgelegt) haben, können Sie Ihre importierten Wiedergabelisten verwenden, um diese Titel anzuhören.

Ihre Musik über ein Netzwerk freigeben

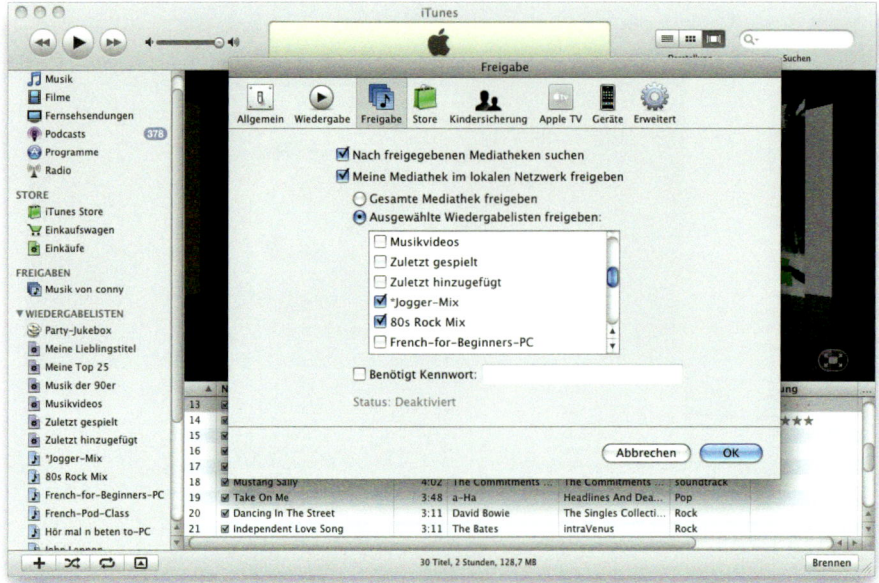

Wenn Sie an ein Netzwerk angeschlossen sind (zuhause, im Büro, in der Schule usw.), dann können Sie anderen Leuten im Netzwerk erlauben, einigen (oder allen) Ihrer iTunes-Wiedergabelisten zu lauschen. Es dauert nur fünf Sekunden, das alles einzurichten. Klicken Sie zuerst in den iTunes-Einstellungen (unter dem iTunes-Menü auf einem Mac, unter dem Bearbeiten-Menü auf einem Windows-PC) auf das Freigabe-Icon. Aktivieren Sie dann die Checkbox Meine Mediathek im lokalen Netzwerk freigeben. Das war's. Standardmäßig gibt iTunes Ihre gesamte Musik frei; falls Sie sich jedoch auf einige Wiedergabelisten beschränken wollen, dann klicken Sie auf Ausgewählte Wiedergabelisten freigeben und setzen in der Liste vor den entsprechenden Wiedergabelisten ein Häkchen. Klicken Sie OK. Wenn nun andere Leute im Netzwerk iTunes starten, sehen sie den Eintrag Freigaben in ihrer Quellenliste. Hier finden sie eine Liste der Leute (Sie selbst eingeschlossen), die ihre Wiedergabelisten freigeben. Diese können auf Ihre Wiedergabelisten klicken, Ihre Titel sehen und entscheiden, welche sie sich anhören wollen – als würden sie sich auf ihren eigenen Festplatten befinden (aber keine Bange, sie können die Lieder weder auf ihre Festplatten noch auf ihre iPods kopieren, nur anhören während der Freigabe). (*Hinweis:* Um deren freigegebene Musik zu sehen, klicken Sie im Dialog auf Nach freigegebenen Mediatheken suchen.) Wenn Sie sich vom Netzwerk abmelden, gehen Ihre Wiedergabelisten mit Ihnen. Wollen Sie, dass nur bestimmte (unglaublich coole) Leute Ihre freigegebenen Listen benutzen können, dann klicken Sie auf die Checkbox Benötigt Kennwort und geben Sie ein Passwort ein. Jetzt haben nur solche Personen Zutritt zu Ihrer besonderen Welt, denen Sie das Passwort verraten haben. Welch großartige Chance für elitäres Gehabe!

iTunes Radio Orchid!

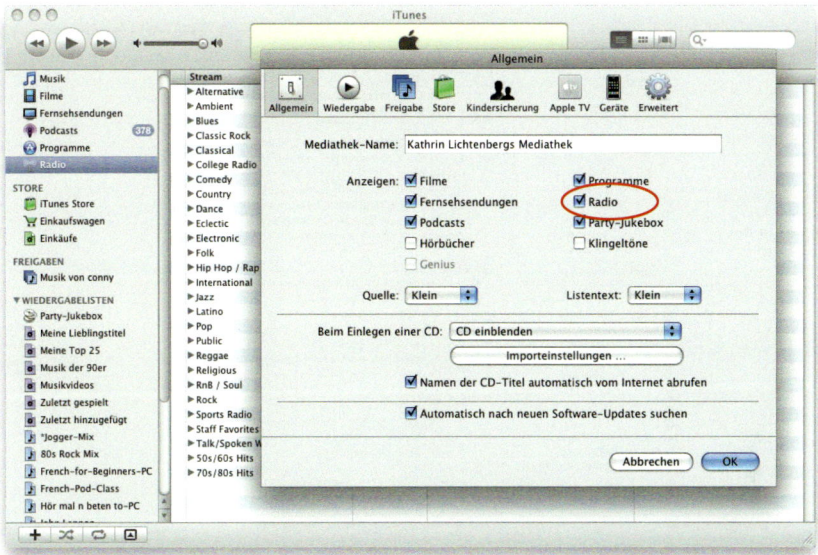

In diesem Buch betrachten wir iTunes meist nur als eine Methode zum Organisieren und Abspielen Ihrer importierten CDs und heruntergeladenen Titel. Wenn Sie eine Internetverbindung haben, dann gibt es noch eine andere, wenig bekannte Seite von iTunes, und das ist iTunes Radio. Nun, es ist auch kein UKW-Rundfunk, sondern es handelt sich um eine Liste mit Hunderten von Internetradiosendernn, die 20 unterschiedliche Genres abdecken und alles von Reggae bis Talk, von Metal bis Klassik (und alles dazwischen) senden. Viele Leute kennen diese coole verborgene Funktion wahrscheinlich deshalb nicht, weil sie aus der Darstellung der Quellenliste ausgeblendet ist. Um die aktuelle Liste der Stationen zu sehen, gehen Sie zu den iTunes-Einstellungen (auf dem Mac unter dem iTunes-Menü, auf einem Windows-PC unter dem Bearbeiten-Menü) und klicken auf das Icon Allgemein. Aktivieren Sie im Bereich Anzeigen (im oberen Teil des Dialogs) die Checkbox Radio. Jetzt erscheint ein Radio-Link in der Quellenliste. Wenn Sie darauf klicken, sehen Sie eine Liste der Radiogenres. Um die Stationen zu sehen, die momentan in einem bestimmten Genre senden, doppelklicken Sie auf den Namen des Genres. Wollen Sie einer Radiostation lauschen, dann doppelklicken Sie einfach auf den Namen dieser Station in der Liste.

Wiedergabelisten aus Ihren Lieblingssendern

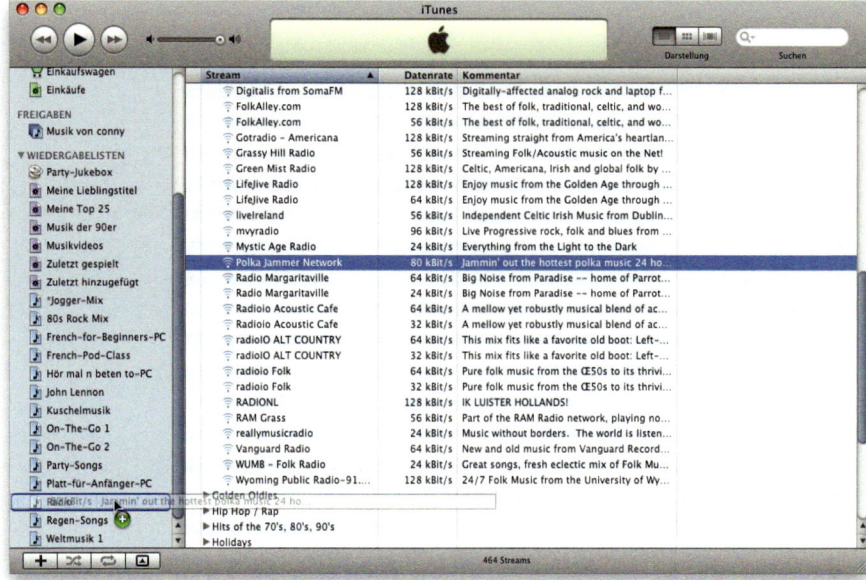

In Ihrer Gegend gibt es eine begrenzte Anzahl von UKW-Radiosendern und von diesen schalten Sie wahrscheinlich nur einige gelegentlich ein (zuhause oder im Auto). Durch iTunes-Streaming-Internet-Radio haben Sie Zugriff auf Hunderte von Sendern. Aber auch wenn es Hunderte sind, werden Sie Ihre paar Lieblingssender haben. Glücklicherweise ist es einfach, den Überblick über Ihre Favoriten zu behalten – setzen Sie sie genau wie Musiktitel in eine Wiedergabeliste. Klicken Sie zuerst auf den WIEDERGABELISTE-ERSTELLEN-Button in der unteren linken Ecke des iTunes-Fensters, nennen Sie Ihre Wiedergabeliste »Radio« und klicken Sie dann auf den RADIO-Link in der Quellenliste. Suchen Sie die Sender, die Sie mögen, und ziehen Sie sie direkt auf Ihre Radio-Wiedergabeliste. Wenn Sie sie das nächste Mal hören wollen, klicken Sie auf die Wiedergabeliste und doppelklicken auf Ihren Lieblingssender, um das Streaming zu starten.

---

iTipp: Titelinformationen im Radio

Ähnlich den Satellitenradios übertragen viele dieser Streaming-Internet-Radiosender den Namen und den Interpreten der Titel, die sie spielen. Um den Namen und den Interpreten des aktuellen Titels zu sehen, schauen Sie in die iTunes-Statusanzeige. Übrigens, da Sie sich an einer beliebigen Stelle während eines Titels in den Sender einschalten können, entspricht die Anzeige der verstrichenen Zeit nicht der Zeit, die in dem Titel tatsächlich verstrichen ist, sondern sie gibt an, wie lange Sie schon dieser Station zuhören. Mit Hilfe dieser Angabe können Sie feststellen, ob Sie Internetradio-süchtig sind und professionelle Hilfe in Anspruch nehmen sollten.

Zeit für visuelle Effekte

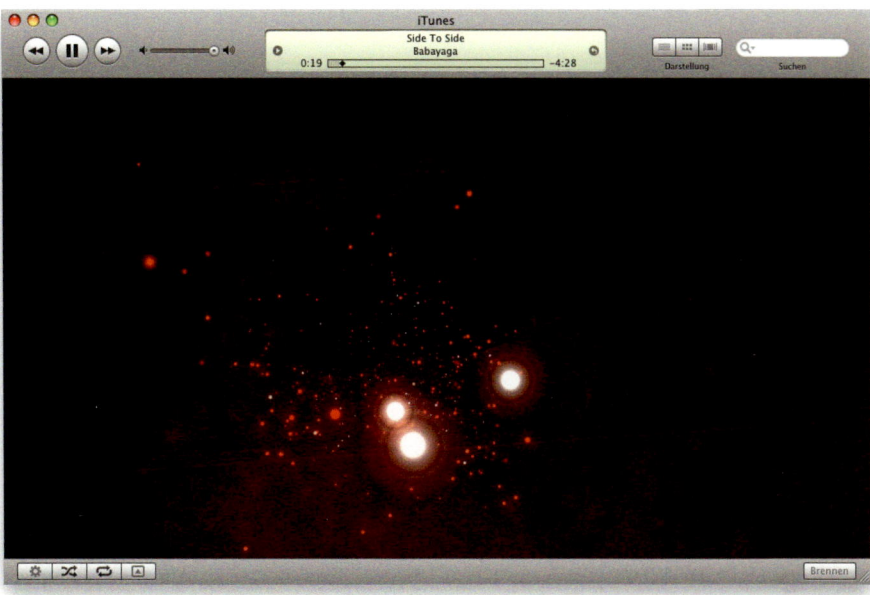

Falls es Sie immer schon interessiert hat, wie das Leben Ihrer Eltern sich anfühlte, als diese in ihren 20ern waren, dann drücken Sie ⌘-T (PC: Strg-T). Dadurch werden die visuellen Effekte von iTunes eingeschaltet (der sogenannte Visualizer). Weshalb hat Apple diese abgefahrenen Effekte in iTunes eingebaut? Damit Ihre Eltern sie entdecken und kein Problem damit haben, einen Computer und einen iPod zu kaufen (he, das ist möglich). Wie auch immer, die Bilder, die der Visualizer erzeugt, sind wirklich cool, da sie auf die Musik reagieren, die Sie in iTunes abspielen, und schon das Zuschauen wird Sie in andere Sphären versetzen. *Warnung:* Was auch immer Sie tun, kaufen Sie auf keinen Fall die Single »Are You Experienced?« von Jimi Hendrix (im ITS) und lassen sie mit aktiviertem Visualizer laufen, wenn Ihre Eltern gerade da sind und Ihnen über die Schulter gucken. Sie werden total ausrasten (und vielleicht ihre Arbeit aufgeben).

---

iTipp: Effekte in voller Bildschirmgröße

Normalerweise übernimmt der Visualizer Ihr iTunes-Fenster. Wir wollen es aber richtig wissen – auf dem gesamten Bildschirm. Um den Visualizer (siehe oben) zu starten, drücken Sie ⌘-F (PC: Strg-F). Lehnen Sie sich nun zurück und starren Sie direkt auf den Bildschirm. Lassen Sie sich in eine hypnotische Trance fallen und melden Sie sich krank: »Tut mir leid, ich kann heute nicht kommen. Ich bin hypnotisiert.« Um übrigens Ihre bildschirmfüllende Trance zu beenden, drücken Sie die Esc-Taste auf Ihrer Tastatur. Um von der Vollbilddarstellung wieder zurück zum Visualizer im iTunes-Fenster zu gelangen, drücken Sie erneut ⌘-F (PC: Strg-F).

Den Effekt verstärken

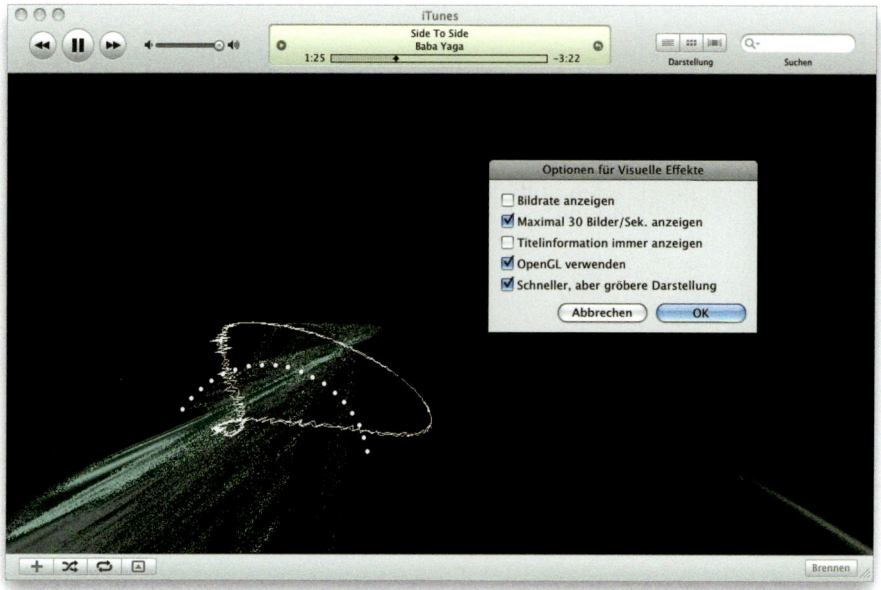

Wenn Sie einen schnellen Computer haben, dann läuft der Visualizer sehr schnell, ohne Ruckeln, Stottern oder andere Störungen. Falls Sie jedoch iTunes auf einem Computer betreiben, der schon einige Jahre auf dem Buckel hat, dann müssen Sie die Leistung der visuellen Effekte wahrscheinlich ein wenig aufpeppen, damit sie auf Ihrer Maschine ihr psychedelisch Bestes geben (schließlich bilden sanfte visuelle Effekte den besten Weg zur Harmonie von Geist und Körper – und diesem ganzen Quatsch). Wenn der Visualizer innerhalb des iTunes-Fensters »visualisiert« (nicht im Bildschirmmodus), gehen Sie in das Darstellung-Menü unter Visuell und wählen Optionen. Die Dialogbox Optionen für Visuelle Effekte öffnet sich. Hier können Sie die Bildrate anzeigen und/oder verlangsamen lassen und eine schnellere (aber gröbere) Darstellung festlegen. *Hinweis:* Falls Ihre Maschine schneller ist (Sie Glücklicher), ist Optionen ausgegraut. Klicken Sie in diesem Fall zuerst auf iTunes Classic Visualizer und dann auf Optionen, um in das Menü zu gelangen.

---

iTipp: Das Apple-Logo visualisieren

Okay, nehmen wir einmal an, Sie fummeln an den visuellen Effekten herum und einige Freunde schauen vorbei. Lassen Sie sie direkt in die Mitte des Bildschirms starren, sagen Sie ihnen, dass sie sich auf ihr inneres »Chi« konzentrieren sollen und dass sich früher oder später das spirituelle Epizentrum aller coolen Dinge enthüllen wird. Während sie sich auf ihr inneres Chi konzentrieren, bewegen Sie langsam Ihre Hand auf die Tastatur und drücken die Taste B, wodurch das Apple-Logo eingeblendet wird – direkt in der Mitte – und die Quelle aller coolen Dinge enthüllt.

Die visuellen Effekte steuern

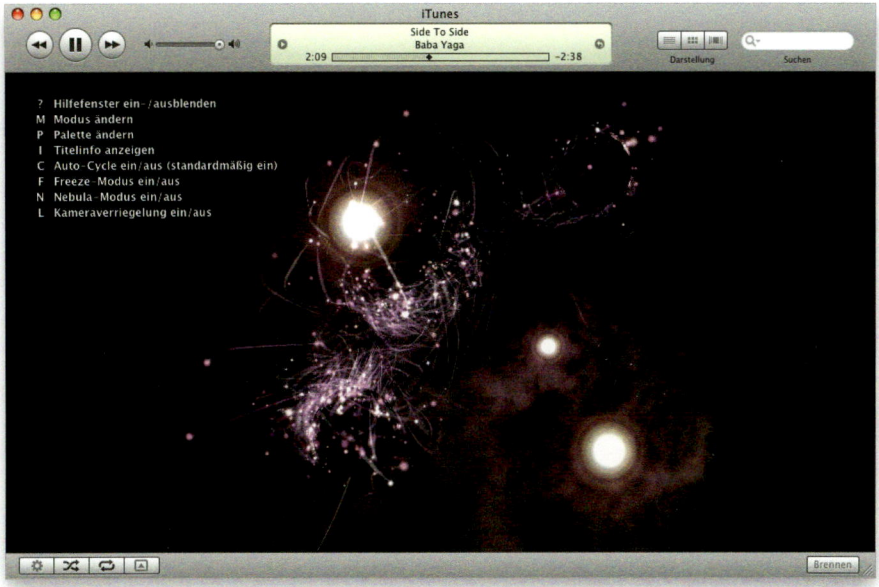

Falls Sie glauben, dass der Visualizer einfach nur eine zufällige Menge von zufälligen visuellen Effekten ist, die total zufällig daherkommen, dann, mein Freund, habe ich eine überraschende Neuigkeit für Sie – das sieht nur so aus. Tatsächlich können Sie einige Aspekte des Visualizers steuern, während er … nun ja … visualisiert. Drücken Sie während der Ausführung das Fragezeichen (?), damit eine Liste der grundlegenden Befehle in der unteren linken Ecke erscheint. Sie sehen, dass es unterschiedliche Eintastenbefehle gibt, die Sie ausführen können, während er läuft, um ihn nach Lust und Laune zu verändern. Wie lauten also diese Eintastenwunder? Wählen Sie eine Option aus und drücken Sie die entsprechende Taste auf der Tastatur, um das festzustellen.

Extreme visuelle Effekte

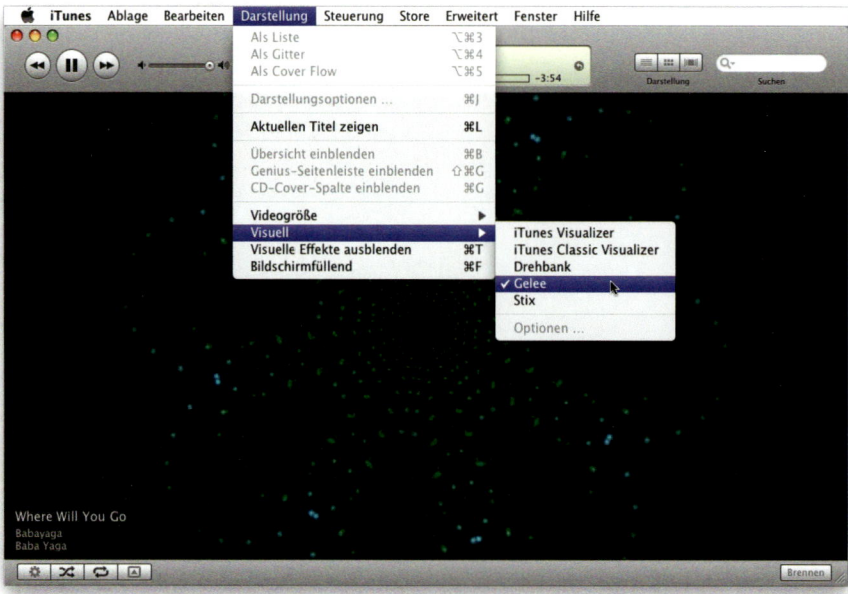

Wenn der Visualizer läuft und ein neuer Titel beginnt, werden der Name des Titels, der Interpret, das Albumcover (falls vorhanden) und der Name des Albums einige Momente lang in der unteren linken Ecke des Bildschirms angezeigt und anschließend langsam wieder ausgeblendet (um das psychedelische Muster nicht abrupt zu stören, das gleich wieder den Bildschirm und vielleicht sogar Ihr Leben übernimmt). Falls Sie allerdings die Titelinformationen stehen lassen wollen, gehen Sie in das DARSTELLUNG-Menü und wählen OPTIONEN im Untermenü VISUELL. Aktivieren Sie die Checkbox TITELINFORMATIONEN IMMER ANZEIGEN. Gibt es für den Titel ein Albumcover, wird auch dies angezeigt. Im VISUELL-Menü gibt es außerdem die Optionen DREHBANK, GELEE und STIX (für die schnelleren Maschinen). Probieren Sie sie aus – hypnotisierend! (Auch diese Funktionen können je nach Computer und iTunes-Version variieren.)

---

iTipp: Visualizer von Drittanbietern

Irgendwann werden Sie sich andere visuelle Effekte wünschen. Wahrscheinlich landen Sie auf einer Website wie soundspectrum.com und laden Visualizer-Plug-ins von einem Dritthersteller herunter. Sie installieren die Plug-ins, indem Sie sie in den Plug-ins-Ordner von iTunes legen (auf dem Mac finden Sie ihn im Home-Verzeichnis in der Library im iTunes-Ordner, auf einem Windows-PC im Programmdateien-Ordner im iTunes-Ordner; dort legen Sie einen »Plug-ins«-Ordner an). Nach der Installation finden Sie die Plug-ins im unteren Teil des iTunes-VISUELL-Menüs.

Die Lautstärke zwischen den Titeln ausgleichen

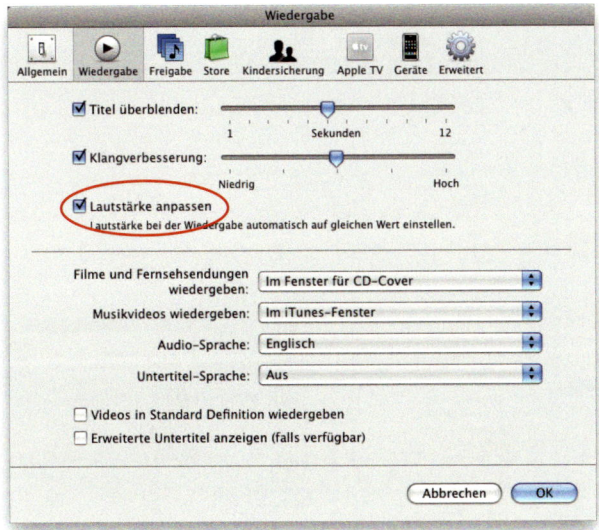

Eine der Tücken eines eklektizistischen Musikgeschmacks besteht darin, dass nicht alle Titel in der gleichen Lautstärke aufgenommen sind. Falls beispielsweise der erste Titel auf Ihrer Wiedergabeliste das »Konzert für Klavier No. 21 in C-Dur, K 467, 2. Satz, Andante« ist und der folgende Titel »I'm a Dog« von Kid Rock, dann muss ich Ihnen sagen, dass Sie vermutlich am Anfang von »I'm a Dog« nach dem Lautstärkeregler hechten werden. Gäbe es doch nur eine Möglichkeit, Klavierkonzerte und Rock-Rap-Titel mit der gleichen Lautstärkeeinstellung abzuspielen. Überraschung! Es gibt eine: Sie heißt LAUTSTÄRKE ANPASSEN. Diese iTunes-Einstellung erlaubt es Ihnen, die Lautstärke zwischen Titeln automatisch auszugleichen. Gehen Sie zu den iTUNES-EINSTELLUNGEN (unter dem iTUNES-Menü auf dem Mac oder dem BEARBEITEN-Menü auf einem PC) und klicken Sie auf das WIEDERGABE-Icon. Danach klicken Sie auf die Checkbox LAUTSTÄRKE ANPASSEN, um die automatische Lautstärkeanpassung zu aktivieren. Wenn Sie nun von Frank Sinatra direkt zu Metallica kommen, erhalten Sie einen sanften Übergang (zumindest, was die Lautstärke betrifft).

---

iTipp: Lautstärke anpassen mit der Tastatur

Falls Sie die Lautstärke während des Abspielens eines Titels ändern wollen, dann müssen Sie nicht zur Maus greifen und bis in die obere linke Ecke wandern, sondern Sie können die Lautstärke direkt über die Tastatur regeln. Um den Sound aufzudrehen, drücken Sie ⌘-↑ (PC: Strg-↑) und um sie wieder abzuregeln (wenn das Ordnungsamt eintrifft), drücken Sie ⌘-↓ (PC: ⌘-↓).

Besserer Sound für Ihre Musik

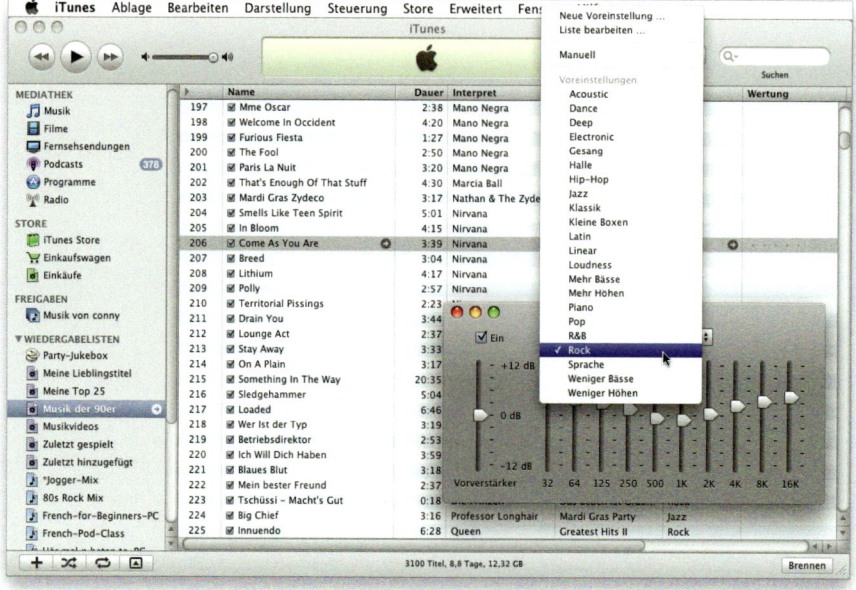

Der Equalizer (EQ) von iTunes ist standardmäßig flach eingestellt, was in etwa so ist, als würden Sie die Bass- und Tiefenregler an Ihrem Autoradio auf null stellen (der Ausdruck flach beschreibt diesen Zustand ganz gut, denn so klingt auch Ihre Musik – flach). Mit Hilfe des in iTunes eingebauten Equalizers können Sie jedoch dafür sorgen, dass Ihre Musik deutlich besser klingt, und Sie müssen nicht einmal verstehen, wie EQs funktionieren – es gibt bereits Voreinstellungen, die zu der Musik passen, die Sie hören. Und so schalten Sie den EQ von iTunes ein: Gehen Sie in das FENSTER-Menü und wählen Sie EQUALIZER. Im oberen Teil des EQUALIZER-Dialogs befindet sich ein Popup-Menü mit VOREINSTELLUNGEN – wählen Sie hier die Art der Musik, die Sie hören. iTunes erzeugt die optimale EQ-Einstellung. Falls Sie Ihre eigene Einstellung erzeugen wollen, benutzen Sie die Regler (Bass auf der linken Seite, Mitteltöne in der Mitte und Höhen auf der rechten Seite).

---

iTipp: Eigene EQ-Voreinstellungen anlegen

Falls Sie Ihre eigene EQ-Einstellung erzeugt haben (ich habe das für meinen Laptop getan, indem ich von der Voreinstellung R&B ausgegangen bin und die Bassregler verändert habe), können Sie sie als eigene Voreinstellung speichern. Nachdem Sie den EQ zufriedenstellend eingerichtet haben, wählen Sie NEUE VOREINSTELLUNG aus dem VOREINSTELLUNGEN-Popup-Menü im EQUALIZER-Dialog. Geben Sie Ihrer Voreinstellung in dem folgenden Dialog einen Namen. Wenn Sie OK klicken, dann wird Ihre Voreinstellung zu dem VOREINSTELLUNGEN-Popup-Menü hinzugefügt und entsprechend der alphabetischen Reihenfolge einsortiert.

Individuelle EQ-Einstellungen für Titel

Ich weiß, was Sie jetzt denken: »Okay, Scott, ich habe meinen EQ für iTunes auf Rock eingestellt, aber einige meiner Musiktitel sind R&B, einige sind Klassik und einige sind Dance. Meine Rocktitel klingen also großartig, aber der Rest wird mit dem EQ für Rockmusik abgespielt, so dass er nicht so toll klingt.« Richtig. Aus diesem Grund erlaubt es Ihnen iTunes, einzelnen Titeln EQs zuzuweisen, so dass Sie einen R&B-EQ für R&B-Titel und einen Klassik-EQ für klassische Stücke verwenden können. Und so geht's: Drücken Sie ⌘-J (PC: Strg-J), um die DARSTELLUNGSOPTIONEN zu öffnen. Setzen Sie dann in der Checkbox EQUALIZER ein Häkchen. In Ihrem iTunes-Fenster erscheint eine Equalizer-Spalte. Um einem Titel einen EQ zuzuweisen, klicken Sie auf den Titel und wählen dann den gewünschten EQ aus dem Popup-Menü der EQ-Spalte.

---

iTipp: Den EQ für mehrere Titel einstellen

Es kann eine Weile dauern, wenn Sie allen Titeln ihre eigenen EQ-Einstellungen zuweisen wollen. Mit folgendem Trick sparen Sie viel Zeit: Klicken Sie zuerst auf die Genre-Spalte, um alle Titel nach dem Genre zu sortieren. Anschließend ⇧-klicken Sie auf den ersten und den letzten Titel in einem Genre. Jetzt Ctrl-klicken (PC: rechtsklicken) Sie auf einen der ausgewählten Titel und wählen Informationen aus dem Kontextmenü, um den Dialog INFORMATION FÜR MEHRERE TITEL zu öffnen. Wählen Sie aus dem Popup-Menü EQUALIZER-VOREINSTELLUNG einen EQ-Wert und klicken Sie dann auf OK.

In wie vielen Wiedergabelisten taucht ein Titel auf?

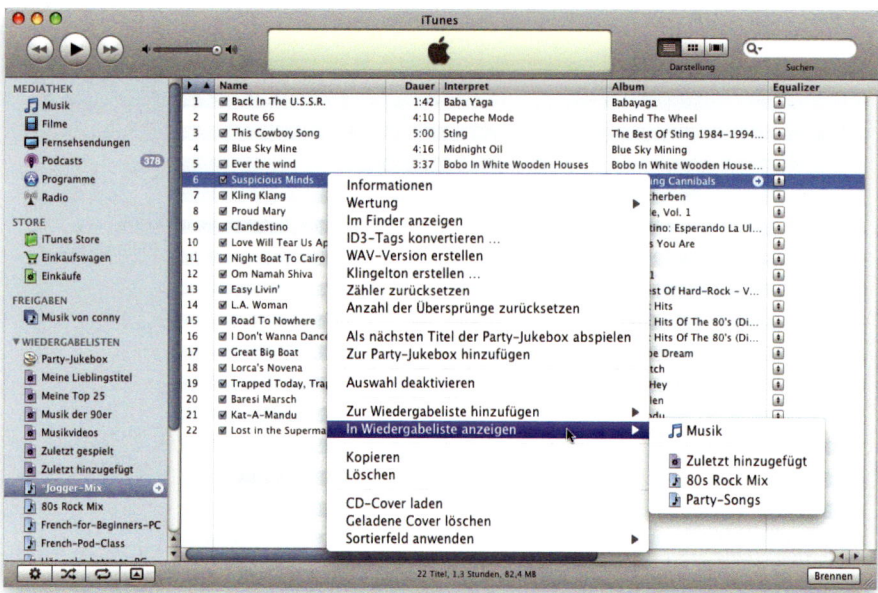

Falls es Ihnen vorkommt, als würden Sie einen bestimmten Titel viel zu oft hören, dann kann das daran liegen, dass dieser Titel in mehreren verschiedenen Wiedergabelisten auftaucht, so dass Sie die Listen wechseln können und den Titel trotzdem immer wieder hören. Glücklicherweise gibt es eine Möglichkeit, um exakt festzustellen, in wie vielen (und in welchen) Wiedergabelisten ein bestimmter Titel steht – Ctrl -klicken (PC: rechtsklicken) Sie auf einen Titel und wählen Sie aus dem Kontextmenü, das sich daraufhin öffnet, den Befehl IN WIEDERGABELISTE ANZEIGEN, um eine Aufstellung der Wiedergabelisten zu erhalten, die diesen Titel enthalten. Wenn diese Aufstellung sehr lang ist, dann dürfte Ihnen klar werden, weshalb Sie ihn so oft hören.

---

iTipp: Duplikate finden

Da Sie wahrscheinlich irgendwann Hunderte, wenn nicht sogar Tausende von Titeln in iTunes und viele unterschiedliche Wiedergabelisten haben werden, dürften Sie nicht überrascht sein, wie schnell es passiert, dass Sie mehr als eine Kopie eines Titels haben (vielleicht mit einem etwas anderen Namen oder einfach nur in verschiedenen Wiedergabelisten oder in Form unterschiedlicher Versionen desselben Titels). Zum Glück ist es leicht, die Duplikate loszuwerden – gehen Sie in das ABLAGE-Menü und wählen Sie DUPLIKATE ANZEIGEN. Sie erhalten eine Liste aller doppelten Titel. Wenn Sie zwei (oder mehr) Kopien haben, können Sie die zu löschenden Titel anklicken und die Löschtaste (PC: ⬅) auf Ihrer Tastatur drücken.

Durchstöbern Sie Ihre Wiedergabeliste mit Cover Flow

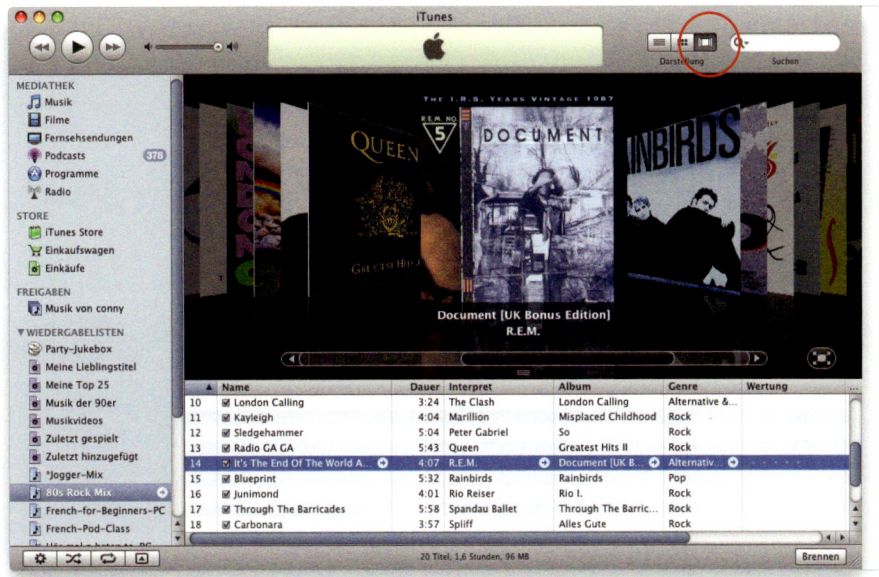

Cover Flow ist die anschaulichste (und sicher coolste) Methode, um Ihre iTunes-Musikbibliothek (oder eine Wiedergabeliste) zu durchstöbern – fast wie die CD-Sammlung zuhause oder in einem Plattenladen. Zum Starten klicken Sie auf das dritte Anzeige-Icon von links (in der oberen rechten Ecke des iTunes-Fensters, in der Abbildung oben mit dem Kreis). Die Cover werden über der Listenansicht angezeigt. Es gibt drei Möglichkeiten, um in Ihren Covern zu blättern: (1) Ziehen Sie den Schiebebalken direkt unterhalb der Cover, (2) benutzen Sie die ←/→-Tasten auf Ihrer Tastatur oder (3) klicken Sie auf eines der angezeigten Albumcover; auch wenn es teilweise verdeckt ist, kommt es dann nach vorn. Wenn Sie bei einem Cover stoppen, werden die Titelinformationen in der Liste direkt unter der Cover-Flow Ansicht angezeigt. Um den Titel zu hören, doppelklicken Sie entweder auf das Albumcover selbst oder auf den markierten Titel in der Liste. In der Cover-Flow-Darstellung können Sie natürlich auch wieder unterschiedliche Sortiermethoden wählen (nach Titelnamen, nach Genre, nach Bewertung usw.), indem Sie auf die entsprechenden Spaltenköpfe in der darunterliegenden Liste klicken.

---

iTipp: Zum richtigen Titel springen

Falls in der Cover-Flow-Ansicht die Titelnamenkategorie in der Listendarstellung markiert ist, können Sie die ersten Buchstaben des gewünschten Titels eintippen. iTunes springt dann zum ersten Titel in der Wiedergabeliste, der mit diesen Buchstaben beginnt. Das funktioniert auch bei Interpret und Album, wenn sie markiert sind.

Durchstöbern Sie Ihre Wiedergabeliste in der Gitteransicht

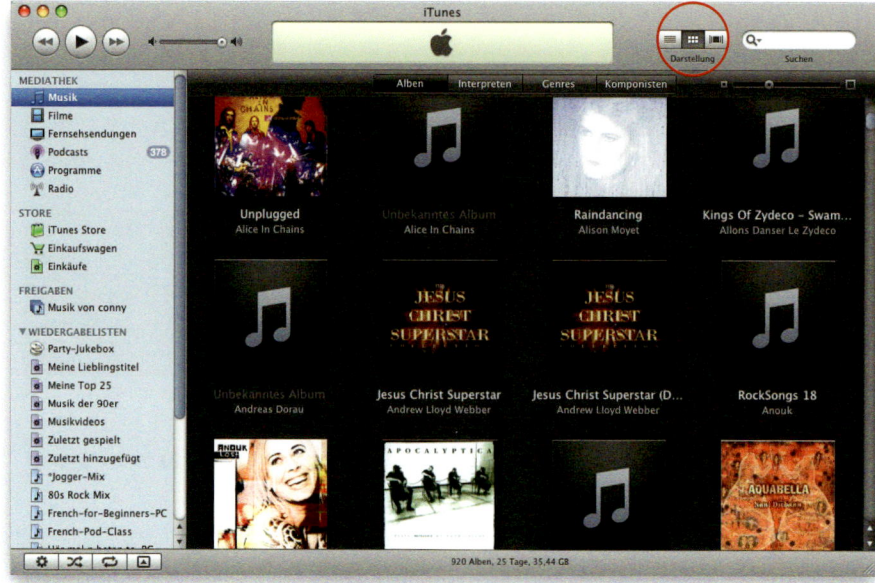

Seit iTunes 8 gibt es eine weitere Ansicht – die Gitteransicht – für die iTunes-Mediathek, die genau wie Cover Flow die Musik mit den Albumcovern zeigt. Sie wechseln in die Gitteransicht, indem Sie auf das mittlere Icon oben rechts im iTunes-Fenster klicken.

Wenn Sie ein Album finden, das Sie sich anhören wollen, dann doppelklicken Sie darauf. Der erste Titel von diesem Album wird abgespielt. Sie können die Gitteransicht auch nach Alben, Interpreten, Genres oder Komponisten aufstellen lassen. Auf diese Weise lässt sich die gesuchte Musik leicht finden. Falls Sie z.B. auf den Genres-Button klicken (oben in der Mitte des Gitterfensters), können Sie sich Ihre Rock-, Jazz- oder Alternative-Musik anhören, ohne sie erst suchen und eine Wiedergabeliste oder eine intelligente Wiedergabeliste anlegen zu müssen.

Die Albumcover sind auch noch da

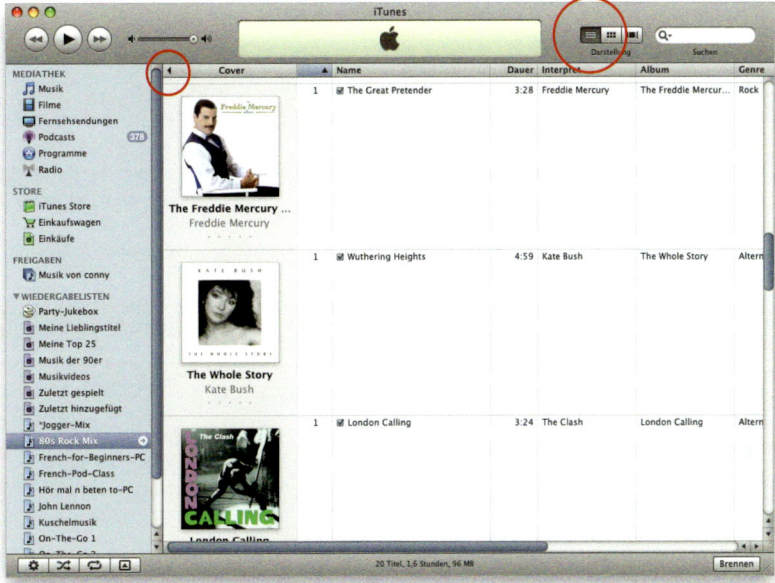

Falls Sie in früheren iTunes-Versionen die Darstellung in Gruppen mit Albumcovern benutzt haben (große Albumcover auf der linken Seite des Hauptfensters, Titelinformationen auf der rechten Seite), dann werden Sie möglicherweise annehmen, dass Apple diese Ansicht zugunsten der Gitteransicht entfernt hat. Nicht doch, sie ist noch da. Sie greifen lediglich auf andere Weise darauf zu. Wechseln Sie zuerst in die Listendarstellung, indem Sie auf das entsprechende Icon klicken. Sie werden ein kleines Dreieck in der oberen linken Ecke des Hauptfensters bemerken. Wenn Sie darauf klicken, wird die Spalte mit den Albumcovern aufgedeckt. Ein erneuter Klick lässt diese Spalte wieder verschwinden.

Stichwortverzeichnis